SPRICHWÖRTER SIND GOLDES WERT

Parömiologische Studien zu Kultur, Literatur und Medien

Herausgegeben von
Wolfgang Mieder

Mit Beiträgen von

**Elizabeth Alnemy
Angi Baxter
David A. Carmichael
Caroline Cole
Allen Evans
Florian Gutmann
Dženeta Karabegović
Adrian Krummenacher
Wolfgang Mieder
Anna T. Olson
Christine Wittmer**

"Proverbium"
in cooperation with the
Department of German and Russian

The University of Vermont
Burlington, Vermont
2007

Supplement Series

of

Proverbium
Yearbook of International Proverb Scholarship

Edited by Wolfgang Mieder

Volume 25

ISBN 0-9770731-7-3

Manufactured in the United States of America
by Queen City Printers Inc.
Burlington, Vermont

Wir widmen diese Studien unserem Mitstudenten
Hank Schaefer
und danken ihm für die so großzügige Finanzierung
unseres gemeinsamen Buches.

.

Allen Evans, Wolfgang Mieder, Adrian Krummenacher, Anna T. Olson, Florian Gutmann, Christine Wittmer, Angi Baxter, Elizabeth Alnemy, Dženeta Karabegović, Caroline Cole, David A. Carmichael (von links nach rechts)

Inhalt

Vorwort ix

Vorwort

Im Herbstsemester 1999 habe ich zusammen mit fünf Magisterstudentinnen und Magisterstudenten am Institut für Germanistik und Slawistik an der University of Vermont (Burlington, Vermont, USA) ein Sprichwort-Seminar durchgeführt. Unsere Seminararbeiten sind dann im folgenden Jahr mit dem Titel *Sprichwörter bringen es an den Tag: Parömiologische Studien zu Lessing, Brecht, Zuckmayer, Kaschnitz, Kaléko und Eschker* (Burlington, Vermont: The University of Vermont, 2000) als Buch erschienen. Diese volkskundlich-literarische Zusammenarbeit war ein ungemein positives Erlebnis für uns alle, und als Professor war ich selbstverständlich äußerst stolz auf meine jungen Studierenden.

Als ich nun im Frühjahrssemester 2007 erneut die willkommene Gelegenheit hatte, ein umfassendes Sprichwort-Seminar anzubieten, war ich sehr erfreut, daß sich zehn Teilnehmerinnen und Teilnehmer eingeschrieben hatten. Es gab allerdings einen großen Unterschied: die jungen Leute bereiteten sich nicht bereits auf den Magister vor, sondern sie waren alle sogenannte „undergraduate students", das heißt, sie waren noch im germanistischen Grundstudium und keineswegs gediegene Wissenschaftlerinnen und Wissenschaftler. Dennoch entschloß ich mich, auch dieses Mal wieder ein gemeinsames Buch mit meinen fleißigen Studierenden zu verfassen. Als ich ihnen mitteilte, daß sie für dieses anspruchsvolle Projekt sehr gewissenhaft und enthusiastisch mitarbeiten müßten, waren sie alle dennoch sofort bereit. Heute kann ich überzeugt feststellen, daß dieses Seminar ein unvergeßliches Ereignis für uns alle darstellt.

Das Resultat sind nun unsere elf Seminararbeiten, die wir unter dem Titel *Sprichwörter sind Goldes wert: Parömiologische Studien zu Kultur, Literatur und Medien* (Burlington, Vermont: The University of Vermont, 2007) vorlegen. Die Beiträge befassen sich mit dem Gebrauch und der Funktion von Sprichwörtern und Redensarten in Film, Literatur, Medien, Medizin, Musik, Politik, Religion, Sport und Werbung. Hinzu kommen zahlreiche Illustrationen, die überzeugend aufzeigen, welche große Rolle die sprichwörtliche Sprache in der Ikonographie spielt. Natürlich sind alle Beiträge auf Deutsch verfaßt, auch wenn sich etliche Themen mit angloamerikanischem Sprachmaterial befassen. Zusammen bilden die einzelnen Kapitel einen interessanten Überblick in die mannigfaltige Verwendung von Sprichwörtern und Redensarten in der sprachlichen und bildhaften Kommunikation.

An dieser Stelle möchte ich mich als Seminarleiter nochmals ganz herzlich bei meinen so interessierten und engagierten Studentinnen und Studenten für ihre großartige Mitarbeit bedanken. Ich werde Elizabeth Alnemy, Angi Baxter, David A. Carmichael, Caroline Cole, Allen Evans, Florian Gutmann, D⬚eneta Karabegovi⬚, Adrian Krummenacher, Anna T. Olson und Christine Wittmer nie vergessen. Es war nicht leicht für mich als Herausgeber, die Beiträge in einer gewisen Ordnung unter einen Hut zu bringen. Klar war jedoch, daß die Arbeit mit dem Sprichworttitel „Aller Anfang ist schwer" an erster Stelle stehen würde. Ich hatte für meine Seminararbeit den Titel „Übung macht den Meister" gewählt, womit das Schlußkapitel gegeben war. Diese beiden Sprichwörter bilden sozusagen den Rahmen für unsere studentischen Sprichwortstudien. Hinzufügen möchte ich noch, daß ich mein Thema so gewählt habe, daß ich eine ganze Reihe meiner ehemaligen Studentinnen und Studenten zu Wort kommen lassen konnte, nämlich Adrienne Bean, Geoffrey L. Belanger, Janet Besserer, Veronika Lorenc Carter, Jeanine Cogan, Colleen Crook, Alena D'Aran, Jennifer Davis, Daniel Gilfillan, Eva-Maria Goy, Valentina Griffin, Sara Holub, Martha Ann McKenna, Susan Essex Luce, Folke-Christine Möller-Sahling, Andreas Nolte, Betsy Pennebaker, Susan Powers, Dorothee Racette, Erin Regan, Vicky Reithinger, Carolyn Poley Rossinsky, Namik Sevli⬚, Irjasen Sunj, Stephan Vdoviak und Gabriele Wurmitzer.

Wir danken Hope Greenberg und Janet Sobieski für ihre Hilfe bei der Herstellung unseres Buches, das wir unserem Mitstudenten Hank Schaefer in Dankbarkeit für seine Finanzierung des Projekts widmen. Dieses Buch soll nicht nur der Wissenschaft dienen sondern auch eine Erinnerung an ein einmaliges Seminarerlebnis sein.

Juli 2007   Wolfgang Mieder

„Aller Anfang ist schwer"
J. Anton Andrés *Sprichwörter für vier Singstimmen mit Klavierbegleitung*

Caroline Cole

Als J. Anton André sein Musikstück mit dem Sprichworttitel „Aller Anfang ist schwer" anfing, konnte er sich nicht vorstellen, dass es heute immer noch Schwierigkeiten mit diesem kleinen Stück geben würde. Andrés *Sprichwörter für vier Singstimmen mit Klavierbegleitung* (1807) ist wichtig für die Sprichwörterforschung, da es ein sehr gutes Beispiel für Sprichwörter in der Musik ist. Außerdem ist es auch interessant für die Musikforschung, weil dieser Kanon nicht nur Andrés wirklich gutes Talent und seine kreative Verbindung von Sprichwörtern und Musik zeigt, sondern auch die Identifikationsprobleme gewisser Komponisten in der Musikgeschichte illustriert.

Leider wurde Andrés Stück nicht als sein Kanon sondern als der von Joseph Haydn identifiziert. Obwohl die *Allgemeine Musikalische Zeitung* dieses Identifikationsproblem 1870 korrigierte (vgl. Chrysander, Oppel, St. 1870), hält man Haydn fälschlicherweise immer noch für den Komponisten, was sich sogar in der Sprichwörterforschung widerspiegelt (vgl. Röhrich und Mieder 1977, 99). Es ist noch schlimmer für André in der musikalischen Welt, weil dieses Stück selten gespielt oder diskutiert wird. In der Diskussion dieses Stückes ist es zuerst wichtig, etwas über André zu erfahren, bevor man die Form der *Sprichwörter* analysiert und die Identifikationsprobleme diskutiert. Andrés kleines Sprichwörterstück ist wirklich originell und kreativ, und eine Reflexion darüber ist für die Musik- und die Sprichwörterforschung gleichermaßen von Bedeutung.

Johann Anton André ist im Oktober 1775 in Offenbach geboren. Als er ein Kind war, lernte er Klavier und Geige spielen und nahm außerdem Gesangsunterricht. Er hatte auch Talent als Komponist; er komponierte seine ersten Stücke, als er sechs Jahre alt war. J. Anton André studierte 1792-1793 in Mannheim mit G.J. Vollweiler Musikkomposition. Danach ging er bis 1796 an die Universität Jena. Zur selben Zeit erkrankte sein Vater und starb. Nach dessen Tod reiste Anton André im Auftrag des Musikverlags, den ihm sein Vater hinterließ. Er hatte 15 Kinder und befaßte sich vor allem mit Mozart. 1803 wurde er Kapellmeister für Landgraf Ludwig X. von Hessen und komponierte Klaviermusik, Orchestermusik, Schulwerke, Lieder, Bühnenwerke usw. J. Anton André ist im April 1842 in Offenbach gestorben.

Als Komponist hatte André Talent, aber während dieser Zeit (in der Klassik) gab es viele Komponisten, die wirklich außerordentlich gut waren: zum Beispiel Mozart, Haydn, Beethoven und Schubert. André war sicherlich ein guter Komponist, auch wenn er nicht besonders originell war. Er schrieb meistens im Stil Mozarts und Haydns, aber von Zeit zu Zeit komponierte er etwas sehr Kreatives. Er schreibt über sich selbst als Komponist:

As a creative artist I did not become what I might have. While I was young I wrote well, but without planning or direction; after I had begun to think for myself and had learnt something, I was too old to recast my knowledge as fundamentally as only a child can. (Sadie 2001, 620)

Eines der originellsten Stücke von André ist *Sprichwörter für vier Singstimmen mit Klavierbegleitung, in Musik gesetzt und seinem Freunde Paul Wranisky gewidmet,* sein 32. Werk. André komponierte *Sprichwörter* im Jahre 1807, und das kleine Werk wurde schon damals als „ein wunderlicher, und wirklich origineller Einfall beschrieben, der ... zu einem sehr belustigenden und gewiss lobenswerthen Werkchen benutzt ist" (Anonym 1807, 799).

André wählte sechs Sprichwörter aus und verband sie mit der Musik, so daß die Musik die Bedeutung der Sprichwörter beschreibt. Die sechs Sprichwörter sind:

Aller Anfang ist schwer
Große Sprünge gerathen selten
Gleich und gleich gesellt sich gern
Jedem das Seine
Allzuviel ist ungesund
Ende gut, alles gut

Der Komponist fing seinen Kanon mit dem Sprichwort „Aller Anfang ist schwer" an; ein Sprichwort, das wirklich die Musik beschreibt. Die Sopranstimme und das Klavier fangen im halben Viervierteltakt *moderato, quasi adagio* an. Die Melodie ist sehr schwer, mit Versetzungszeichen und großen Intervallen, besonders der von A bis G. Das Wort „Anfang" ist auch sehr lang gesungen – von Takt 1-3 und „schwer" ist wirklich schwer und noch länger von

Takt 5-14. Die zweite Sopranstimme fängt in Takt 4 mit einem D an, der Tenor in Takt 9 mit G und Baß in Takt 12 mit D. Am Ende von Takt 17 ist eine Fermate, und die Stimmen singen „Aller Anfang ist schwer" zusammen in einem Choral. Die vier Singstimmen bauen einen schönen, gut gemachten Kanon.

Das nächste Sprichwort ist „Große Sprünge gerathen selten." André benutzt sehr große Intervalle für diese großen Sprünge. Einer dieser Sprünge ist mehr als eine Oktave. Der Sopran fängt auch diesen Teil an. Der Sopran und der Tenor singen ein D und der zweite Sopran und der Baß ein A. Der zweite Teil von „große Sprünge" hat noch höhere Sprünge – der Sopran hat eine doppelte Oktave von D bis D, was sehr schwer zu singen ist. In der *Allgemeinen Musikalischen Zeitung* heisst es, dass diese großen Sprünge so groß sind, „so dass zu wetten stehet, es werden vielen auch die hier vorgeschriebenen grossen Sprünge nicht gerathen. Nach solcher Arbeit müssen die Singenden etwas Geruhigeres haben, und es verlangen die Zuhörerinnen nach etwas Sauftem!" (Anonym 1807, 800). Die vier Stimmen kommen am Ende dieses Teils für anderthalb Takte zu „gerathen selten" zusammen.

„Gleich und gleich gesellt sich gern" ist der längste Teil dieses Kanons. Das Sprichwort fing im Takt 33 mit den zwei Sopranen an und dauert bis Takt 81. Der Tenor und Baß singen im Takt 34, und dieser Teil ist ein schöner Choral: „das ist denn ein ehrliches Cantabile von Seiten des Ernstes ebenfalls recht gut geführt" (Anonym 1807, 800). André schrieb *dolce* für das Klavier, was „süß" oder „schön" bedeutet. Die Stimmen spiegeln das Sprichwort durch den Choral wider – die zwei höheren Stimmen singen verschiedene Töne, aber denselben Rhythmus. Die zwei tieferen Stimmen singen oft andere Rhythmen als die höheren, aber Tenor und Baß singen zusammen.

Wichtig zu bemerken ist, dass André einen Choralstil und nicht einen Kanon für diesen Teil wählt. Ein Kanon ist ein Musikstück, in dem zwei oder mehr Stimmen dieselbe Melodie haben aber in anderen Takten anfangen, um die Harmonie zu bauen, zum Beispiel im ersten Teil „Aller Anfang ist schwer." Ein Choral hat meistens vier Stimmen, und sie haben oft denselben oder ähnlichen Rhythmus. Die vertikale Harmonie ist wichtig in einem Choral, und die vier Stimmen spielen eine gleich bedeutende Rolle, um das Musikstück aufzubauen. Das steht im Gegensatz zu einem Lied, in dem ein oder zwei Stimmen die Melodie haben während die anderen nur die Begleitung sind.

André benutzt Wiederholungen zwischen den Stimmen in „Gleich und gleich gesellt sich gern." Die Soprane sind gleich, auch der Tenor und Baß, und die zwei Paare wiederholen den Rhythmus und die Motive (sie gesellen sich gern, könnte man sagen). Aber die Wiederholung ist nicht eigentlich ein Kanon wie vorher – die Wiederholung erklärt durch die Musik die Idee des Sprichworts. Ein paarmal singen die vier Stimmen zusammen – Takte 64-67, 71-72, 74-75 und 79-81.

Der nächste Teil ist der originellste und komischste Teil des Kanons. „Technisch angesehen, ist dieser Satz wirklich ein kleines Kunststück ..." (Anonym 1807, 801). Die vier Stimmen singen *forte* und ein bisschen schneller (*poco allegro*) zusammen: „Jedem das Seine." Für diesen Teil benutzte ich den ersten Sopran, um die Takte zu zählen. Der Baß fängt mit einem C im Viervierteltakt an. Takt 87 singt der erste Sopran mit einem G, aber im Dreivierteltakt. Der Tenor singt auch ein G, aber er fängt Takt 92 in dem Sechsachteltakt an. Der zweite Sopran fängt im Takt 94 mit einem C an, aber im Zweivierteltakt. Der arme Klavierspieler ist im Dreivierteltakt mit der rechten Hand und im Viervierteltakt mit der linken Hand. Die linke Hand ist auch für eine kurze Zeit im Sechsachteltakt.

Dieser Teil ist ziemlich kurz, nur Takt 82-108, aber er ist besonders interessant. Er klingt eigentlich wie ein normaler Kanon. Obwohl André in vier verschiedenen Taktarten schrieb, ist der Rhythmus meistens zusammen und die Taktstriche sind anders. Die Musik erscheint eigentlich komplizierter als sie ist – die vier Stimmen und das Klavier spielen zusammen, obwohl sie in anderen Takten anfangen. Die Stimmen (Tenor und die linke Hand für die Klavierbegleitung) teilen den Takt in drei Achtelnoten (für den Sechsachteltakt) und die anderen Stimmen in zwei, aber der Takt bleibt gleich. Es ist auch nicht ein Kanon – der Rhythmus für diese Stimmen ist anders – wirklich „Jedem das Seine."

Dieser „Jedem das Seine" Teil ist anders, weil die Zuhörer eigentlich nicht bemerken, wie kompliziert es den Musikern erscheint. Er ist schnell, und die Stimmen sind nicht zusammen für die Worte und Töne, aber André schafft auf jeden Fall eine schöne Harmonie. Viele Komponisten haben solche Musik gemacht – sie spielen mit etwas Visuellem. Es ist wie ein Scherz zwischen Komponisten und Musikern, weil es nur bildlich und nicht musikalisch repräsentiert ist. Trotzdem glaube ich, dass die vier Stimmen sich genug voneinander unterscheiden, um die Zuhörer zu überzeugen, dass die vier Stimmen wirklich anders sind.

Als ein anderes komisches Spiel läßt André auf das Sprichwort „Jedem das Seine" den Phraseologismus „Allzuviel ist ungesund" folgen, als ob er sich über den vorigen Teil ein bisschen lustig machen will. „Allzuviel ist ungesund" ist kurz – nur von Takt 109-118, und es ist ein langsamer *andante moderato*, schöner Teil. André benutzt das Sprichwort hier durch die Kleinheit dieses Teils – allzuviel ist ungesund, also gibt es nur 8 Takte. Er wählte auch einen Choralstil, und er ist einfach und nicht kompliziert – oder, nicht zu viel.

Laut der *Allgemeinen Musikalischen Zeitung* „hat man sich durch diese Worte gleichsam den Kopf wieder zurecht gerückt, so fängts lustig, wie bey einer schulmeisterlichen Friedenskantate, an: 'Ende gut, alles gut!' was dann, ebenfalls komisch und zugleich kunstgemäss ausgeführt, den Beschluss macht" (Anonym 1807, 802). Von Takt 119-152 gibt es den „Ende gut, alles gut" Teil. Dieser ist noch einmal im Choralstil, und er beginnt und endet mit *piano*. Er ist nur *forte* in Takt 43 in den Worten „Ende gut, alles gut" und ist danach *piano*. Der ganze Teil ist schnell (*vivace*) bis zum Ende. Die Harmonie ist fröhlich in G-Dur. Vielleicht wählte André G-Dur wegen des Wortes „gut," aber das ist nur meine Spekulation. Die einzigen komplizierten Takte ergeben sich durch die Tonleiter in Takt 135 für den Baß und 139 für den ersten Sopran. Diese Tonleiter ist besonders schwer für den Sopran – von G bis B – eine Oktave und ein Fünftel. Das repräsentiert vielleicht „alles." Das umfasst sicherlich nicht alle Töne in dem Stück, aber Baß und Sopran singen zweimal durch die G-Dur Tonleiter, was „alles" für G-Dur ist. Die Stimmen singen zwei G-Dur Akkorde am Ende von „gut." Das Ende ist wirklich „gut," und nach dem Sprichwort sollte auch alles gut sein.

Der anonyme Aufsatz in der *Allgemeinen Musikalischen Zeitung* schließt mit diesem Absatz:

> Diese detaillierte Anzeige wird genug seyn, das Werkchen heitern Freunden der Tonkunst, die aber schon beträchtliche Fortschritte in derselben gemacht haben müssen, zu empfehlen. Wir Deutschen besitzen so wenig wahrhaft komische Lieder und andere dergleichen Gesänge, und die

wir besitzen, sind grösstentheils im Text niedrig und albern,
oder in der Musik gemein und abgedroschen: Hr. A. zeigt
durch das hier durchgegangene Werkchen, er habe ein so
gutes Talent, diesen Mangel abstellen zu helfen, dass Rec.
ihn dazu auffordern möchte, gewiss, es werde durch ihn
manches Angenehme in dieser Gattung zu Stande kommen
und das Publikum werde, was ihm in dieser Art Schatzba-
res geboten würde, sattsam unterstützen und dem Verf.
verdanken. (Anonym 1807, 802)

André war vielleicht nicht ein so bedeutender Komponist wie seine
Altersgenossen, z. B. Haydn, aber er hatte sicherlich ein bisschen
Talent als Komponist. Der lobende Artikel von 1807 illustriert das
Talent; *Sprichwörter* ist ein wirklich originelles Stück, und es ver-
anschaulicht Andrés Tendenzen. „Occasionally there are surprising
outbursts of genius [...]. Nor are the works lacking in eccentricities"
(Sadie 2001, 620) Seine Innovation mit den Taktarten in „Jedem
das Seine" ist auch typisch, ähnlich wie „string quartets opp. 22 and
54 nicknamed 'Poissons d'avril', where each instrument plays in a
different metre" (Sadie 2001, 620). Es ist klar, dass die Harmonie in
diesen Streichquartetten nicht besonders interessant ist, und die
Harmonie ist auch meistens in dem *Sprichwörter* Stück einfach,
aber diese einfache Harmonie ist dennoch ein gutes musikalisches
Mittel.

Andrés Tendenzen sind gut geeignet für ein kleines Kunststück.
Für eine Sinfonie oder ein Quartett machen einfache und vielleicht
mittelmäßige Harmonien, Melodien und Motive nicht besonders
einprägsame Werke, aber diese sind gut für ein Stück wie *Sprichwörter*. Es wird interessant und originell durch das Spiel zwischen
dem Text (die sechs Sprichwörter) und der Musik; André braucht
keine außerordentlichen Harmonien, um das Stück sehr interessant
und lustig zu machen.

Betreffs der Auswahl der Sprichwörter sei erwähnt, dass das
Sprichwort „Aller Anfang ist schwer" und das Sprichwort „Ende
gut, alles gut" einen Rahmen für den Kanon bilden. Das Phrasem
„Große Sprünge gerathen selten" verstärkt die vorhergehende Weisheit, dass aller Anfang schwer ist. Natürlich kann man sich gegen-
seitig unterstützen, indem man gemeinsame Sache macht, wie es
das Sprichwort „Gleich und gleich gesellt sich gern" zum Ausdruck
bringt. Wiederum besteht das Leben nicht nur aus Solidarität, denn

manchmal gilt eben auch das Sprichwort „Jedem das Seine." Das dann folgende Sprichwort „Allzuviel ist ungesund" will vielleicht ausdrücken, dass zuviel Kollektivismus und Individualismus auch nicht richtig sind. Wo aber ein ausgeglichenes und massvolles Dasein existiert, da gibt es ein umfassendes gutes Ende. Leider ist Andrés kleiner Kanon als ein Werk von Haydn berühmt geworden. 1869 erschien dieses Stück als: „**Sprüchwörter** für Sopran, Alt, Tenor, und Bass, componiert von **Jos. Haydn.** In Partitur gebracht und herausgegeben von Adolf Kaim, Chorregent in Biberach." Kaim schrieb eine Einleitung: „Die Sprüchwörter von Jos. Haydn, wohl eine der interessantesten Compositionen des grossen Meisters, erscheinen hier zum ersten Male und sind gewiss werth, ans Licht gezogen zu werden." (St. 1870, 73). Er erzählt eine Geschichte über Haydns Besuch in dem Kloster Ochsenhausen, wo er *Sprüchwörter* komponiert hat. Interessanterweise hebt Kaim „Jedem das Seine" hervor und beschreibt „Haydn's Genie, Humor und heitere Laune. – Wie charakteristisch ist z. B. 'Jedem das Seine' [mit] 4 Stimmen, wovon jede in einer anderen Taktart singt!!" (St. 1870, 73)

Mehrere Musikhistoriker reagierten schnell gegen diese Idee. L. v. St. schrieb einen Artikel für die *Allgemeine Musikalische Zeitung,* in dem er erklärt, was mit diesem Stück passiert ist und beweist, dass *Sprichwörter* eigentlich von André stammt. Dieser Artikel verursachte einen kleinen Streit. Adolf Kaim veröffentlichte eine andere Auflage von *Sprichwörter* mit einer Einleitung, die Haydn nochmals als den richtigen Komponisten hinstellt: „die Composition ist schon deshalb merkwürdig, weil zwei Väter auf dasselbe Kind ihrer Laune Anspruch machen" (Chrysander 1870, 133). L. v. St. fand das originelle Manuskript und benutzte auch den 1807 anonym erschienenen Artikel über *Sprichwörter* als Beweis, dass André der richtige Komponist war, wie „im IX. Jahrgange der Allgemeinen Leipziger Musikzeitung vom Jahre 1807 S. 799-802 unter Angabe sämmtlicher Hauptthemata eingehend und günstig beurtheilt ist" (St. 1870, 74).

Zwei andere Autoren, Friedrich Chrysander und W. Oppel, schrieben auch Artikel für die *Allgemeine Musikalische Zeitung* mit mehr Beweisen, dass André wirklich der richtige Komponist war. Es ist klar, dass *Sprichwörter* von André und nicht von Haydn ist, jedoch wird *Sprichwörter* immer noch oft als ein Stück von Haydn betrachtet. Dies ist vielleicht der Fall wegen Kaims Beharrlichkeit

und sicherlich wegen Haydns berühmtem Namen. Chrysander diskutiert die Kopie von *Sprichwörter*, die Kaim gefunden hatte:

> Der Pfarrer Gams macht aber einen merkwürdigen Zusatz;
> er schreibt: „So viel ich mich noch erinnere – ganz be-
> stimmt aber kann ich es nicht behaupten – hat Härle zu mir
> gesagt, dass seine Sprüchwörter Haydn selbst geschrieben,
> aber diese behalte er für sich." Das ist eine gar merkwürdi-
> ge Aeusserung. Zunächst sehen wir hieraus, dass die von
> Härle mehrfach vorgezeigte und zur Copie hergegebene
> „Klosterhandschrift" von diesem doch nicht für Haydn's
> Manuscript, also nicht für das wirklich Original ausgege-
> ben wurde. (Chrysander 1870, 134)

Oppel hatte auch Beweise – er kannte Andrés Handschrift und erklärte, dass *Sprichwörter* wegen der Handschrift sicherlich von André ist. Oppel bemerkte auch, wie ich schon erwähnt habe, dass Andrés Streichquartett „*Poissons d'avril*" dieselbe Technik benutzt wie
in dem „Jedem das Seine" Teil: jede Stimme mit einer verschiedenen Taktart. Oppel stellte auch fest, dass ein hohes D für den ersten
Sopran merkwürdig ist, wenn Haydn das Stück für ein Mönchsklo-
ster geschrieben hätte, weil dieser Ton viel schwerer für einen
männlichen Sopran als für eine Frau ist (Oppel 1870, 164-165).

Ohne Zweifel ist *Sprichwörter* von André, nicht von Haydn,
obwohl es sicher ist, dass André im Stil von Haydn schrieb. Die
Allgemeine Musikalische Zeitung hatte andere Artikel über Haydn
und André, und es ist wichtig zu bemerken, dass André auch Probleme während seines Zeitalters hatte, weil sein Stil dem Haydns so
ähnelt. H. C. Robbins Landon diskutiert in seinem Buch *Haydn:
Chronicle and Works* einen veröffentlichen Streit zwischen André
und Herrn Z (Zelter), wo der letzter André beschuldigt, dass er
Haydns Musik kopiert hatte. Der ganze Streit ist wirklich lustig:

> The composer 'A------', whom Zelter criticizes for having
> copied Haydn turns out to be Johann Anton André, Jr. (he
> signs himself 'Ant. André') who wrote a trenchant 'Anti-
> Kritik' which the *AMZ* published in its *Intelligenz-Blatt No.
> X* (March 1799); this 'Anti-Kritik' was read by 'Z' who
> added some rough footnotes of his own. The whole is then
> capped by an open letter to André by the well-known Leip-

zig organist *Thomaskantor* and *Kapellmeister*, August
Eberhard Müller. (Landon 1977, III, 459)

Obwohl Zelter Andrés Musik kritisiert, erkannte er, dass André
mindestens auch ein bisschen Talent hatte:

> And simple inspirations of genius don't make fugues ... [O-
> therwise] you will produce something like the brand new
> work by the young A------ [Johann Anton André], which I
> received recently, and which would seem to be a *pendant*
> to that Haydn Symphony ... Herr A------ is certainly not
> without talent, otherwise I would not have taken the trouble
> to mention him here. (Landon 1977, III, 340)

André antwortete Zelter in seiner Anti-Kritik:

> Flattering though it would be for me to have my Symphony
> considered a clear *pendant* to the cited Haydn work in Hr.
> Z's essay, even if I could accept such a position, alas, my
> Symphony was already written in the Summer of 1794 and
> Haydn's did not become known to me until one year there-
> after. (Landon 1977, III, 460)

Zelter war nicht begeistert von Andrés Anti-Kritik und schrieb dazu:

> Hr. André Junior of Offenbach, who as his notes will show
> absolutely refuses to be called 'Junior' – took it upon him-
> self to send in this article, which bears witness to the wri-
> ter's impudence, and only shows up his own ignorance and
> uncertainty. (Landon 1977, III, 459)

Zelter kritisierte Andrés musikalische Kenntnisse und auch seinen
Charakter, aber er erkannte trotz Andrés haydnischen Tendenzen
an, dass André nicht ganz ohne Talent komponierte.

Es ist auch wichtig zu bemerken, dass Zelters und Andrés Streit
während Haydns Leben passierte, aber Haydn antwortete nicht.
Wenn André wirklich Haydns Musik kopiert hätte, hätte Haydn sich
melden können. Haydn hat sicherlich André irgendwie kennenge-
lernt, weil Andrés Musikverlag so viele Ausgaben von Haydns
Werken veröffentlicht hat (vgl. Landon 1977, IV, 490-495).

Zelter hätte André nicht so stark kritisieren sollen. Haydn war
einer der berühmtesten und fruchtbarsten Komponisten dieser Zeit.

Sicherlich verglichen die Musikkritiker fast alle Komponisten mit Haydn. Viele waren wahrscheinlich gute Komponisten, aber sie schienen minderwertig oder langweilig im Vergleich mit Haydn. Es ist klar, dass André ein ehrlicher Mann und ziemlich guter Komponist war. Nicht alle seine Werke sind gut oder denkwürdig, aber *Sprichwörter* ist sicherlich eine Ausnahme. *Sprichwörter* ist ein lustiges, gut gemachtes Musikstück. Es könnte für ein Konzert eine schöne Veränderung von den zu oft gespielten Stücken von berühmteren Komponisten sein. Andrés Verbindung von Musik und Sprichwörtern ist auch sehr überzeugend gemacht – dieser kleine Kanon ist eines der bedeutendsten Musikstücke für die Sprichwörterforschung. Ich hoffe, dass Musiker und Parömiologen Interesse haben, um dieses kleine Werk weiter zu studieren. Auf jeden Fall sollte man es auch gelegentlich vor einem Publikum spielen und singen, um deutlich zu zeigen, dass Musik und Sprichwörter gut zusammen passen.

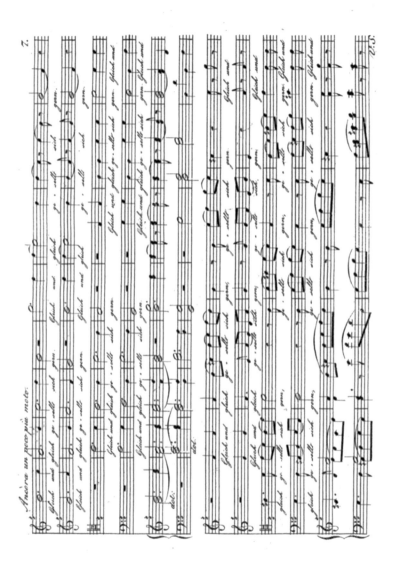

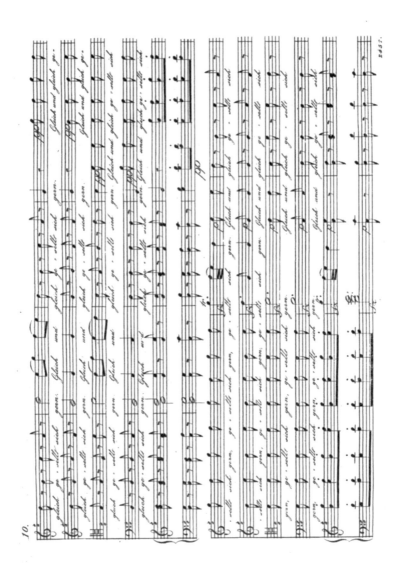

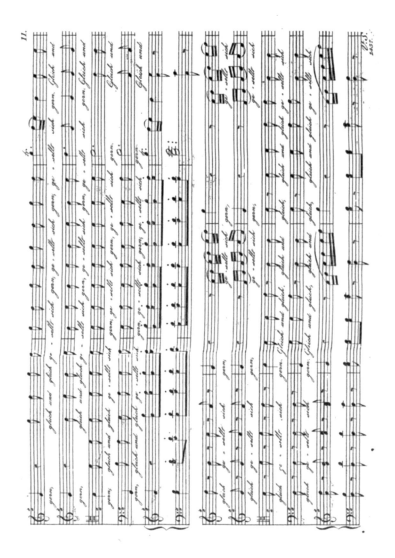

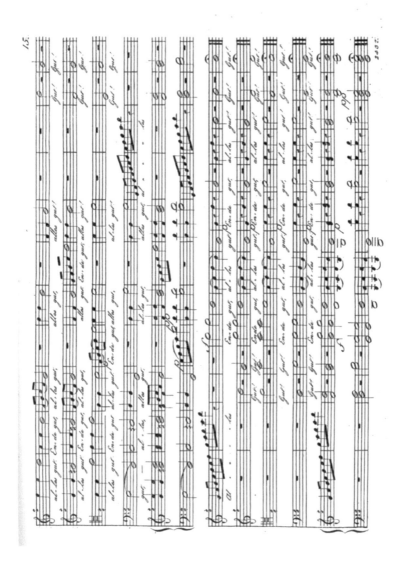

Bibliographie

Ich danke Jake Barickman von der Universitätsbibliothek für seine Hilfe bei der Beschaffung des Musikstücks und einiger Sekundärliteratur.

André, Anton. „Sprichwörter für vier Singstimmen mit Klavierbegleitung: in Musik gesetzt und seinem Freunde Paul Wranizky gewidmet." Offenbach am Main: Joh. André, 1807.

Anonym. „Recension." *Allgemeine Musikalische Zeitung*, 50 (9. September 1807), 799-802.

Chrysander, Friedrich. „André's musikalische 'Sprüchwörter' noch einmal." *Allgemeine Musikalische Zeitung*, 10 (9. März 1870), 133-134.

Finscher, Ludwig (Hrsg). *Die Musik in Geschichte und Gegenwart*. Stuttgart: Bärenreiter-Verlag, 1999. Personenteil I, S. 658-662.

Hoboken, Anthony van (Hrsg). *Joseph Haydn: Thematisch-bibliographisches Werkverzeichnis*. Mainz: B Schott's Söhne, 1978. Bd II, S. 238.

Landon, H. C. Robbins. *Haydn: Chronicle and Works*. Bd. III: „Haydn in England, 1791-1795." Bloomington: Indiana University Press, 1977. S. 340, 459-460, 492-493.

Landon, H. C. Robbins. *Haydn: Chronicle and Works*. Bd. IV: „The Years of 'The Creation' 1796-1800." Bloomington: Indiana University Press, 1977. S. 250, 490-495.

Landon, H. C. Robbins. *Haydn: Chronicle and Works*. Bd V: „The Late Years 1801-1809." Bloomington: Indiana University Press, 1977. S. 317.

Löffler, Heinrich. „Originalität und Konvention: Zur Sprache der Musikkritik." In: *Wörter Verbindungen*. Hrsg. von Ulrich Breuer und Irma Hyvärinen. Frankfurt am Main: Peter Lang, 2006. S. 197-211.

Oppel, W. „André's Sprüchwörter, hoffentlich zum letzten Male." *Allgemeine Musikalische Zeitung*, 10 (9. März 1870), 164-165.

Röhrich, Lutz und Wolfgang Mieder. *Sprichwort*. Stuttgart: Metzler, 1977. S. 99.

Sabban, Annette. „Zur textbildenden Rolle von Phrasemen – mit einer Analyse von Musik-Moderationen und Kulturnachrichten im Hörfunk." In: *Wörter-Verbindungen. Festschrift für Jarmo Korhonen*. Hrsg. von Ulrich Breuer und Irma Hyvärinen. Frankfurt am Main: Peter Lang, 2006. S. 197-211.

Sadie, Stanley (Hrsg). *The New Grove Dictionary of Music and Musicians*. 2. Aufl. New York: Grove Dictionaries Inc, 2001. Bd. I, S. 618-621.

St., L. v. „Ueber die angeblich von J. Haydn componierten 'Sprüchwörter'." *Allgemeine Musikalische Zeitung*, 10 (9. März 1870), 73-74.

Wander, Karl Friedrich Wilhelm (Hrsg). *Deutsches Sprichwörter-Lexikon* (4. Band „Sattel bis Wei"). Darmstadt: Wissenschaftliche Buchgesellschaft, 1964.

Willberg, Max. „Die Musik im Sprachgebrauch, in Sprichwörtern, in Redensarten, im Schrifttum." *Muttersprache*, 3 (1963), 201-221.

Zurdo, Ma Teresa. „La música y la danza en el 'refranero': perspektiva multilingüe." *Paremia*, 12 (2003), 67-72.

„An Apple a Day" und „Feed a Cold"
Sprichwörtliche Ersatzmedizin für das amerikanische Heim und Herz

Elizabeth Alnemy

In jeder Kultur gibt es eine Art Volksmedizin [Abb.1]. Zum Beispiel heißt die Volksmedizin in China „Traditional Chinese Medicine" und in Indien existiert „Ayurveda" oder „Knowledge of Life." Auch wird in Amerika „apitherapy" benutzt, wobei Bienen eingesetzt werden, um Autoimmunkrankheiten, wie Arthritis, zu heilen (vgl.Wikipedia 2007-Folk Medicine). Bevor es Ärzte gab, brauchten die Menschen praktische, hilfreiche Ideen, um Krankheiten zu kurieren, die heute noch angewandt werden. Deshalb haben sich medizinische Sprichwörter über Jahre hinweg bewahrheitet. Sie sind leicht verständliche, allgemeine Ratschläge, auf die man zurückgreift, weil sie „tried and true" sind. Sie werden mündlich überliefert und häufig nicht aufgeschrieben (vgl. Wikipedia 2007-Folk Medicine). Selten bieten sie mehr als Weisheit, Beobachtungen und natürliche Heilmittel an. Eine erfolgreiche Behandlung ist nicht garantiert, aber für die Leute, die an die Medizin glauben, ist oft der Glaube selbst genug, um sich besser zu fühlen. Auch bei medizinischen Sprichwörtern findet man diese Volksweisheiten und Informationen wieder. Folgerichtig sind sie genau so allgemein wie die Medizin, aus der sie gekommen sind. Sie diskutieren alle Bereiche und Aspekte des Lebens und der Gesundheit: Essen, Tod, Ärzte, Krankheiten. Interessant aber ist, dass nie spezifische Krankheiten wie AIDS oder Typhus genannt werden, sondern nur Symptome wie etwa Kopfschmerzen. Da jede Gesellschaft eigene Krankheiten hat, hat auch jede Sprache unterschiedliche medizinische Sprichwörter (vgl. Mieder 1993, 152).

Zwei unglaublich populäre und einzigartige medizinische Sprichwörter im Englischen sind jedoch sehr spezifisch und oft die einzigen, die die Leute kennen. Diese sind „An apple a day keeps the doctor away" und „Stuff (feed) a cold, starve a fever" (Mieder 2003, 23 und 36). Man findet beide überall: in der Werbung, in medizinschen Artikeln, in Karikaturen und in der Alltagssprache. Beide haben auch etwas mit der Ernährung zu tun. „An apple a day" meint eine bestimmte Frucht und „Stuff (feed) a cold" beinhaltet auch eine Nahrungsberatung. Wegen der Popularität der Sprichwörter sind sie ein großer Teil der Kultur und der Volksmedizin, die nicht nur theoretisch verwendet wird, sondern auch praktische Anwendung findet. Obwohl der Wahrheitsgehalt nicht immer richtig ist, ist der Gebrauch doch sehr weit verbreitet. In meiner Familie wurden diese Sprichwörter auch oft benutzt. Meine Mutter hatte die Sprichwörter als Lebensweisheit adoptiert und benutzte sie als Regeln für die Heilung von Krankheiten und zur Beschreibung der Essgewohnheiten. Ich hatte sie oft gehört, aber vor dieser Arbeit wusste ich fast nichts von den beiden Sprichwörtern. Weil ich eine gemeinsame Geschichte mit diesen Sprichwörtern habe und weil ich sehr an der Medizin interessiert bin, wählte ich diese zwei sehr bekannten Sprichwörter aus. In diesem Aufsatz werden die Geschichte, Begründung,Validität und die heutige Benutzung dieser Sprichwörter erklärt. Ich zeige auch an Beispielen der Reaktionen von Medizinern die kontroverse Aussage der beiden Phraseologismen. Ich machte eine Umfrage von 100 Leuten, um zu sehen, wie oft man „An apple a day keeps the doctor away" und „Feed a cold, starve a fever" benutzt, und ob an sie geglaubt wird. Am Ende der Arbeit gibt es auch zusätzliche Bilder, die die Informationen weiter erklären. Diese Arbeit versucht die Verbreitung und die Herkunft dieser Sprichwörter zu erklären. Daher wird man die Entwicklung der Sprichwörter von damals bis heute verstehen, und es wird verdeutlicht, warum man trotz der hoch entwickelten Medizin immer noch an den Wahrheitsgehalt dieser Sprichwörter glaubt.

„An apple a day keeps the doctor away" wurde zuerst in England als ein walisisches Sprichwort gefunden, obwohl die genaue Geschichte und der Anfang des Sprichwortes unbekannt ist (vgl. Titelman 2000, 14-15, Mieder 1993, 162). 1866 tritt das Sprichwort in der Zeitschrift *Notes and Queries* auf: „Eat an apple on going to bed, / And you'll keep the doctor from earning his bread" (Mieder 1993, 163). Eine andere frühe Variante, die 1913 in Amerika gefunden wurde, sagte: „Ait a happle avore gwain to bed, and you'll make the doctor beg his bread" (Hill u.a. 1984, 2). Seit dem 19. Jahrhundert ist dieses Sprichwort unglaublich populär geworden. Es gibt spezifische Gründe, warum sein Ursprung in Großbritannien liegt und warum der *Apfel* benutzt wurde. Äpfel sind ein wichtiger Teil der britischen Geschichte, und der besondere Nährwert dieses Obstes hatte vielen Leute dabei geholfen, das Verhungern und Krankheiten zu verhindern. Die gesundheitlichen Vorzüge des Apfels als Heilmittel waren schon in der frühen Volksmedizin bekannt, und zwar bevor die Menschen von Vitaminen wussten. Äpfel sind auch wichtig in der christlichen Religion und Mythologie. Für den Katholizismus und die heidnischen Religionen hatte dieses Obst zentrale Bedeutung. Deshalb war die Frucht schon vor dem Aufkommen des Sprichwortes allgemein als Mahlzeit, Medizin und religiöses Symbol anerkannt. Obwohl Leute heute den Apfel noch oft in einem religiösen Kontext finden, benutzen wir dieses Sprichwort dennoch mit Lust. Vielleicht denkt man an dieses Sprichwort, wenn man einen Apfel isst oder es in der Werbung liest. Und obwohl das Sprichwort zwar nicht *absolute* Gültigkeit hat, ist der Apfel noch ein wichtiger Teil der Ernährungsgewohnheiten, und viele Leute essen auch heute noch einen Apfel pro Tag aus gesundlichen Gründen.

Im Folgenden werden die Geschichte des Apfels in England, sein Gebrauch in der Medizin und der Kommunikation sowie seine religiösen und volkstümlichen Assoziationen erklärt, um zu zeigen, warum dieses Apfel-Sprichwort aufkam. Ich zeige auch den modernen Gebrauch dieses Sprichwortes in Verbindung mit seiner Verbreitung und mit Bezug auf das Obst allgemein. Daraus wird deutlich werden, warum der Apfel mehr als jede andere Frucht „keeps the doctor away."

Der Apfel ist eine sehr alte Frucht. Alle Varianten des Apfels stammen von den zwei Sorten *Malus silvestris* und der kleineren, ungenießbaren *Malus pumila* ab, die vor allem zwischen dem Schwarzen und Kaspischen Meer angebaut wurden. Beide wurden von Vögeln über Asien und Europa nach Großbritannien gebracht (vgl. Roberts 2001, 30). Die M. silvestris ist nach Jonathan Roberts eine essbare Variante der M. pumila und lässt sich überall, von der Türkei über Palästina, Ägypten und bis Griechenland finden (vgl. Roberts 2001, 30). Sogar im alten Rom und Griechenland wurden schon Äpfel gegessen und nach F.A. Roach werden sie seit ca. 6500 v. Chr. kultiviert angebaut (Roach 1985, 77). Als die Römer im ersten Jahrhundert vor Christus die Briten besiegten, fanden sie dort die *Malus pumila*, die in Großbritannien seit der Jungsteinzeit zu Hause ist. Die Kelten dieses Landes nannten den Apfel *abhall* und auf Kornisch hieß das Obst *avall* (vgl. Roberts 2001, 35). Mit den Römern kam aber nicht nur die *M. silvestris* nach Großbritannien, sondern auch die Kunst des Anbaus und das Christentum, worauf aber später noch mehr eingegangen wird. Bei Ausgrabungsarbeiten wurden neben Apfelsamen und -stängeln auch Hinweise auf andere Früchte wie Trauben, Kirschen und Pflaumen gefunden, die neben dem Verzehr auch für die Zubereitung von alkoholischen Getränken wie Wein verwendet wurden (vgl. Roach 1985, 77). An diesen Tatsachen kann man sehr schön sehen, dass die Äpfel schon lange vor dem Aufkommen des Sprichwortes eine große Rolle im Leben der Menschen spielten.

Nach der normannischen Eroberung im Jahre 1066 verbreitete sich der Apfelanbau besonders, da nun die Klöster anfingen, die Frucht für sich zu entdecken. Die Normannen brachten bessere Sorten nach England und lehrten, wie man Apfelwein macht. Auch wurden Obstgärten immer populärer, und im 18. Jahrhundert gab es sie überall in Großbritannien (vgl. Roach 1985, 76-81). Natürlich gab es dort nicht nur Äpfel, aber sie sind eine besonders robuste Frucht, die sich sehr schnell überall ausbreitet. Sie benötigen nur ein gemäßigtes Klima ohne Frost und gute Bewässerung (vgl. Martin 1976, 78) und sind daher hervorragend für Großbritannien geeignet, da der Apfelbaum viele Früchte trägt und nicht viel Pflege benötigt.

Äpfel wurden nicht nur bekannt, weil sie ein schmackhaftes Obst sind, sondern auch weil sie eine große Bedeutung in der Religion hatten, vor allem im römischen Katholizismus. Der berühmteste Beleg des Apfels ist in der biblischen Geschichte von Adam und Eva. Die Erwähnung der Äpfel wird in der Geschichte chronologisch angeordnet und beginnt mit der ersten Nennung des Apfels im Christentum. Die Römer brachten den Katholizismus nach Großbritannien, als sie die Insel im Jahre 43 v. Chr. Belagerten (vgl. Wikipedia 2007- Roman Conquest of Britain). Die biblische Geschichte des Apfels steht im Buch Genesis. Gott gibt Adam und Eva den Baum der Erkenntnis und warnt sie, nicht davon zu essen. Eva missachtet diese Weisung und isst den Apfel und erlangt dadurch die Erkenntnis. Ebenso geschieht es mit Adam. Gott bestraft das Ungehorsam der beiden mit ihrer Vertreibung aus dem Garten Eden.

Das Bild des Apfels als Frucht der Erkenntnis und des Wissens ist sehr geschickt gewählt, da es einerseits ein harmloses Objekt ist, das aber auf der anderen Seite ungemeine Macht besitzt. Diese Idee des Apfels als eine böse Frucht ging über das Christentum hinaus, und so wurde der Apfel auch im Kontext des Sprichwortes böse. Aber die Popularität des Apfels resultiert mehr aus der Wichtigkeit der Symbolik. Da ein Großteil der Briten christlich war, fand diese Geschichte und ihre Bedeutung großen Anklang. Wie schon von Felicitas Gruttmann gesagt wurde: „Die Tatsache, dass der Baum des Wissens von Gut und Böse im Paradiese ein Apfelbaum war, machte diese Frucht zu einem beinahe mystischen Gegenstand. Man hielt ihn sozusagen für ein medizinisches Agens" (Gruttman 1939, 23-24). Das heißt, dass des Apfels Natur weder gut noch böse ist. Hinzu kommt, dass der Apfel durch diese Geschichte sehr bekannt wurde und daher den Weg ins Sprichwort leichter finden konnte. Analog zum Christentum wurde der Apfel auch in der altnordischen Mythologie genannt, z.b. in der Legende der drei goldenen Äpfel, die einen Menschen im Nordischen (heute Norwegen, Dänemark usw.) unsterblich machten. Die nordische Mythologie aus Dänemark, Schweden und Finnland setzt sich aus der älteren germanischen und angelsächsischen Mythologie zusammen. Obwohl diese Mythologie bei den angelsächsischen Germanen und nordischen Stämmen sehr verbreitet war, kannten sie die Briten erst seit den Belagerungen der Germanen. Die Angelsachsen waren germanische Krieger, die vom 5. bis 6. Jahrhundert aus Nordeuropa kamen und Britannien belagerten (Wikipedia 2007-Anglo-Saxons). Durch die Belagerung der Römer war jedoch der Katholizismus dort bereits verbreitet. Er unterschied sich zwar grundlegend von der Mythologie der Angelsachsen, ließ sich aber von den heidnischen Religionen stark beeinflussen.

Eine Legende handelt von Iðunn, der Hüterin der magischen Äpfel, die die Gottheit Æsir unsterblich halten [Abb. 2]. In dem Gedicht *Haustlöng* von Thjódólf of Hvin heißt es: „She keeps in her bag the apples that the gods are to chew when they grow old, and then all become young again, and so shall it be until Ragnarö" (Lindow 2001, 199). Eines Tages entführt der Bösewicht Loki Iðunn und ihre Äpfel, um sie zum Riesen Thjazi zu bringen. Æsir wird aber immer älter, und Iðunn muss sie mit ihren magischen Äpfeln retten, um nicht zu sterben.

Die Legende zeigt auch die besonderen Eigenschaften des Apfels. Hier hilft er, die Götter jung und somit unsterblich zu machen, denn ohne sie würden sie krank und älter werden und letztendlich sterben. Natürlich ist diese Geschichte nur eine Legende, aber viele Legenden haben auch einen wahren Kern. Seit sehr langer Zeit glaubten die Menschen an die magischen Kräfte des Apfels. Natürlich ist hier die Auswirkung deutlich höher, denn Götter sind selbst magische Wesen. Aber diese Eigenschaften des Apfels sind auch auf normal Sterbliche anwendbar. Wenn man einen Apfel isst, wird man natürlich kein Gott oder unsterblich, man kann aber seiner Gesundheit und seinem Körper etwas Gutes tun. Die Briten glaubten aufgrund des Einfalls der Germanen, dass der Genuss von Äpfeln unglaubliche Dinge vollbringen kann.

Es gibt auch Anspielungen auf den Apfel in Irland, das ein Teil der britischen Inselgruppe ist. Die Erwähnung des *heiligen Baumes* in der keltischen Mythologie stammt bereits aus dem 6. Jahrhundert und handelt von einem *Weltenbaum* und einem *Baum der anderen Welt* (vgl. Davidson 1988, 181). Die *andere Welt* war das Reich der Toten, Geister und Gottheiten (vgl. Wikipedia 2007-The Other World). Dessen Zweige werden beschrieben „as silver with white blossom or golden apple upon it, that make tinkling music which could lull men to sleep or banish pain" (Davidson 1988, 180). In der Geschichte gibt es auch eine *Frau der anderen Welt*, die als sie die mythische Figur Connla besuchte, einen Apfel mit sich brachte. Connla aß einen Monat nichts anderes als diesen einen Apfel, was ebenfalls im übertragenen Sinne für den hohen Nährwert dieses Obstes steht. In der irischen Mythologie war der Apfel außerdem ein Symbol für Fruchtbarkeit und ein Allheilmittel gegen Schmerzen, und er sollte auch Glück und Kinderreichtum bescheren (vgl. Davidson 1988, 181).

Deshalb war und ist der Apfel immer noch ein wichtiger Bestandteil der religiösen Mythen. So war der Apfel in Großbritannien also schon wichtig, bevor das Sprichwort dort aufkam. Es war die Religion, die dem Apfel Eigenschaften wie Gesundheit, Unvergänglichkeit und Kraft zusprach, und daher war schließlich der Übergang des Sprichwortes in die Medizin aufgrund dieser Eigenschaften sehr einfach.

Die populäre Frucht wurde bereits im 16. Jahrhundert medizinisch genutzt, etwa 300 Jahre bevor das Sprichwort aufkam. In dem 1526 gedruckten Buch *The Grete Herball* von Peter Treuseris wurde gesagt, dass „Those that be somewhat colde of savour ben best to eate and they that have fevers ought to eate them cawe and / rosted after meate./ For them that have sickeness lately and have yil dygestyan […] it wyll conforte gretely" (Roach 1985, 83). 1551 schrieb William Turner in seinem Kräuterbuch: „Apples eaten raw doothe (*soothe*) moe dysseases tha any other fruytes / for they causeth ye humpurs through all the membyes" (Roach 1985, 83). Ein ähnliches deutsches Sprichwort sagt „Ein Apfel nach Tisch erhält gesund und frisch," was heißt, dass man sich besser fühlt, wenn man nach dem Essen einen

Apfel als Nachtisch isst, weil die Verdauung erleichtert wird. Dieser Rat ist dem englischen Sprichwort mit Bezug auf die Volksmedizin ähnlich, die den Apfel buchstäblich als Heilmittel gegen Krankheiten benutzte. Das Obst wuchs überall und war vor allem für ärmere Familien ein sehr willkommenes und billiges Mittel gegen Krankheiten. Später wird in dieser Studie noch genauer auf den hohen Nährwert und die vielen Ballaststoffe des Apfels eingegangen. Im nassen und kalten England konnten viele Früchte nicht blühen, und oft waren die Straßen zu schlammig, um Ware zu transportieren. Daher ist es von Vorteil, dass gerade Äpfel leichter als andere Früchte zu konservieren und zu kochen sind. Um Äpfel für eine längere Zeit haltbar zu machen, braucht man nur einen trockenen Keller, in dem man die Äpfel in Papier gewickelt lagert, um sie vorm Verrotten zu schützen (Wilkinson 1915, 340). Daher hatten die Briten nach der Ernte genug Nahrung, um durch die kalten Wintermonate zu kommen und die Äpfel weiterzuverkaufen. In diesem Kontext kann man das Sprichwort „An apple a day keeps the doctor away" durchaus als wahr ansehen, da man mit einem Apfel etwas zu essen hatte und wenigstens nicht verhungern musste oder krank wurde. Gefährliche Krankheiten, wie der Skorbut (Vitamin C Mangel) konnten daher vermieden werden. Deshalb war in Großbritannien der Apfel vor allem im 16. und 17. Jahrhundert nicht nur eine Frucht „to keep the doctor away," aber auch um Tod, Verhungern und Unterernährung zu verhindern. So hatte das Obst bereits 300 Jahre vor dem Sprichwort in der Volksmedizin eine heilende und medizinische Assoziation.

Als aber die Infrastruktur in Großbritannien besser wurde, und die Waren leichter transportiert werden konnten, ist der Apfel immer weniger wichtig geworden. Es wurden auch andere Früchte, wie zum Beispiel Orangen, Kirschen, Pflaumen und Birnen, gegessen, und der Apfel wurde langsam ersetzt. Nach der normannischen Eroberung gab es auf der Insel so viele verschiedene Früchte, dass im 14. Jahrhundert mit dem großen angelegten Obstanbau der Klöster ein großer Absatzmarkt entstand. Daher muss es einen Grund geben, warum der Apfel immer noch so wichtig war und in das Sprichwort aufgenommen wurde. Die Popularität des Obstes kann nicht der einzige Grund sein, denn es gibt heute ja auch kaum Sprichwörter über andere bekannte Nahrungsmittel wie Bananen, Milch oder Wasser, und es wird auch heute noch an das Sprichwort geglaubt, obwohl wir viele andere Vitaminquellen haben. Warum wir heute das Sprichwort benutzen ist vielleicht mehr eine Kombination von Gründen: die Bekanntheit des Obstes und sein hoher Nährwert als Bestandteil der Ernährungsgewohnheit. Die vielen Variationen des Apfels und deren weite Verbreitung wie auch die Popularität dieser vielen Sorten mögen ein weiterer Grund sein, warum in dem Sprichwort der Apfel vorkommt. Anhand der oben erwähnten Geschichte des Apfels versteht man, warum dieses Sprichwort, obwohl es nicht ganz wahr ist, sich immer noch einer hohen Popularität erfreut. Äpfel sind aufgrund ihres hohen Nährstoffgehaltes sehr wesentlich. Sie haben im Durchschnitt 5g Ballaststoffe und nur 80 Kalorien [Abb. 3, 4]. Etwas Vergleichbares zu finden, stellt sich als sehr schwierig heraus. Wasserunlösliche Ballaststoffe sind sehr wichtig für die Verdauung und helfen gegen Krankheiten wie Krebs, Divertikulose und Hämmorroiden vorzubeugen (vgl. „A Brief History" 2007). Die Verdauung wird unterstützt, da Äpfel dabei helfen, die Nährstoffe aus anderen Mahlzeiten zu ziehen und ausserdem den Darmtrakt säubern. So wird das englische Sprichwort erklärt: „Those that be somewhat colde of savour ben best to eate and they that have fevers ought to eate them cawe and rosted after meate./ For them that have sickeness lately and have yil dygestyan [...] it wyll conforte gretely" (Roach 1985, 83). Es hilft nach einer sehr üppigen Mahlzeit einen Apfel zu essen und sich so besser zu fühlen. Wasserlösliche Ballaststoffe wie das Pektin im Apfel helfen gegen Cholesterin in den Blutgefässen und verhindern so Arterienverkalkung und Herzinfarkt. Äpfel enthalten außerdem Vitamin A und C sowie Kalzium und haben nur 13g Zucker (vgl. „Nutrition" 2007). Dazu kommt, dass der Zucker im Apfel sehr komplex ist und so länger braucht, um im Körper abgebaut zu werden, was dem System mehr Energie liefert. Daneben enthalten Äpfel auch das Spurenelement Bor, das sehr gut für gesunde Beine ist und vorbeugend gegen Osteoporose wirkt (vgl. „Nutrition" 2002). Im Jahre 2000 fanden britische Wissenschaftler heraus, dass Menschen, die viele Äpfel essen, deutlich gesündere Lungen haben als Menschen, die keine oder weniger Äpfel essen (vgl. „A Brief History" 2007). „Researchers in Finland reported in the May 2000 issue of *The European Journal of Clinical Nutrition* that individuals who ate the most apples had the lowest risk of thrombic stroke, possibly due to phytonutrients found in apples„ („A Brief History" 2007). Wegen der vielen Vitamine, wichtigen Spurenelementen, Energie und Krebsvorbeugung sind die gesundheitlichen Gründe Äpfel zu essen durchaus signifikant [Abb. 5]. Der Nährwert des Apfels ist heute noch genauso bedeutend wie damals. Wenn man eine gesunde Ernährung verfolgt, geht man nur zum Arzt, um sich Vitamine oder andere Medikamente verschreiben zu lassen. Aber in den letzten 300 Jahren war die Medizin noch nicht so weit entwickelt. Volksmedizin, wie Sprichwörter, sind nur allgemeine Weisheiten. Die Menschen sahen die Auswirkungen einer ausgewogenen Ernährung, deren Bestandteil oft Früchte und Obst waren, und vielleicht verallgemeinerte man Frucht und Obst mit dem Wort Apfel. Oft war die vorbeugende Medizin, Ernährung mit einbegriffen, von großer Bedeutung, um eine Krankheit zu verhindern, bevor sie ausbrach. Nachdem Napoleon in Waterloo geschlagen wurde und den Krieg verlor, wurden neue Früchte nach Großbritannien importiert, und Äpfel wurden so teuer wie Medizin (vgl. Roach 1985, 62-63)! Folglich waren die Äpfel genauso teuer wie Vitaminpillen, die die Menschen heute nehmen. Bei solchen Preisen ist es daher besser, einen Arztbesuch zu vermeiden. Es gibt aber auch die sehr bekannte amerikanische Figur Johnny Appleseed (Johnny Chapman) [Abb. 6]. Er liebte Äpfel und pflanzte überall in Amerika Apfelbäume, nachdem er im Nordwesten des Landes angekommen war. „According to legend, the only time Johnny Appleseed got sick was at the time of his death. Since he was born on September 26, 1774 and lived until 1845, that is over 80 years without being sick!" (Beutler 2006). Obwohl dies so unglaubwürdig wie das Sprichwort ist, half es doch, die Idee des Apfels als Heilmittel zu verstärken und diese Idee tief in der amerikanischen Mentalität zu verankern. Kein Wunder aber, dass amerikanische Leute noch an dieses Sprichwort glauben.

Das Department of Health empfiehlt pro Tag mindestens 5 verschiedene Früchte oder Gemüse zu essen, um eine gesunde Ernährung zu haben (vgl. CDC). Das heißt natürlich, dass man nicht nur einen Apfel pro Tag essen kann, um gesund zu bleiben. Aber wie bereits erklärt worden ist, sind Äpfel in Bezug auf Nährstoffe und Vitamine eine sehr gute Wahl. Sie sind billig und leicht zu finden, und sie sind süss genug, um sie besonders für Kinder aber auch für Erwachsene attraktiv zu machen. Es stimmt auch, dass die Menschen heute noch genauso viele Äpfel wie damals in Großbritannien essen, obwohl die Auswahl an Obst deutlich größer ist. Der durchschnittliche Europäer isst ca. 20,91kg Äpfel im Jahr, während der amerikanische Durchschnitt bei etwa 8,64 kg liegt. In Amerika sind Äpfel die zweitwichtigste Frucht neben Orangen (vgl. „A Brief History„ 2007).

Das Sprichwort selbst wurde 1913 zuerst in Amerika gefunden und wurde schnell sehr populär (vgl. Mieder 1993, 163). Es wird in der Werbung, medizinischen Artikeln und vielen Parodien benutzt. Warum dieses Sprichwort so weit verbreitet ist, erklärt Wolfgang Mieder wie folgt: „The entire proverb has by now been reduced to the structural formula 'An X a day keeps Y away,' making a steady stream of puns and parodies possible" (Mieder 1993, 163). Eine wiederholte Antwort bei meiner Umfrage war „I think of it everytime I eat an apple!", was mich nicht sehr verwundert, da auch ich als Amerikanerin an das Sprichwort denke, wenn ich einen Apfel esse. Es gibt auch humoristische Variationen dieses Sprichwortes. Eine lustige Karte erklärt „A condom a day keeps the doctor away" [Abb. 7]. Mieder erklärt, dass dieses variierte Sprichwort die Menschen an das ältere „an apple a day" erinnert, und dass ein Kondom genau so wichtig für die Gesundheit sein kann wie ein Apfel. Es ist möglich, glaubt Mieder, dass „A condom a day keeps AIDS away" (Mieder 1993, 164-165). Die medizinische Meinung ist gleich. Wegen des großen modernen und weltweiten Problems mit dieser Krankheit ist diese Variante besonders überzeugend. Das Sprichwort ist auch in die Werbung durchgesickert. Besonders aussagekräftig ist dieses Sprichwort in der Werbung für Salatsoße: „A flavor a day keeps temptation away." Eine Marshmallow Firma sagte: „A marshmallow a day makes your blue eyes bluer." Im Alltagsleben werden die Variationen gebraucht. Für die Hippies kann man sagen „A joint a day keeps reality away" oder „A laugh a day keeps the psychiatrist away." Vielleicht kann man realistischer als mit einem Apfel sagen: „A patient without health insurance keeps the doctor away" oder „An apple a day keeps the doctor away. So does not paying your bills" (Litovkina und Mieder 2006, 92-95). Diese Beispiele sind zynisch und machen eine Bemerkung über den teuren Preis der Gesundheitspflege. Es gibt unzählige Möglichkeiten [Abb. 8]. Die Korrelation liegt bei dem Essen und welche Dinge man vermeiden oder bekommen kann. Werbungsfirmen kennen natürlich die Popularität dieses Sprichwortes und seine positive Konnotation. Und das Interesse am Essen zieht sofort die Aufmerksamkeit auf sich. Beschrieben von Elmquist als „one of the most popular medical proverbs of modern times" bleibt das Sprichwort immer noch populär and wertvoll (Elmquist 1934-1935, 79).

Das zweite Sprichwort dieser Arbeit ist das ebenfalls berühmte „Feed (stuff) a cold, starve a fever." Die Wahrheit oder Falschheit dieses Sprichwortes ist nicht so klar wie bei „An apple a day keeps the doctor away." Manche Leute wissen eigentlich nicht, was in einem Körper passiert, wenn man krank ist. Es ist klar, dass man mehr Früchte als nur Äpfel braucht, um gesund zu bleiben, aber es ist schwer zu wissen, was man braucht, wenn man krank ist, oder was die Korrelation zwischen Essen und Krankheit ist. Es ist auch interessant, wie oft Leute die Anordung des Sprichwortes fehldeuten. Ich habe selbst bei meiner Umfrage einige Leute befragt, die das Sprichwort zwar kannten aber dennoch lustigerweise sagten: „I can never remember which way it goes!" [Abb. 9]. Man braucht auch mehr Zeit, um darüber nachzudenken, ob sich das Sprichwort verifizieren lässt. Es heißt auch, dass obwohl „Feed a cold, starve a fever" fast so populär wie „An apple a day keeps the doctor away" ist, es mehr Verwirrung betreffs der Struktur und der Validierung des Sprichwortes gibt. Hier werden die Geschichte, mögliche Quellen und die Validierung dieses Sprichwortes erklärt. Ich zeige auch einige Beispiele der positiven und negativen Reaktionen aus der Medizin und erkläre, warum dieses Sprichwort so kontrovers ist. Das Sprichwort ist recht spezifisch und auch heute noch weit verbreitet.

Wie „An apple a day keeps the doctor away" ist dieses Sprichwort relativ jung. Es wurde erst im 19. Jahrhundert gedruckt in Edward Fitzgerald's *Polonius: A Collection of Wise Saws and Modern Instances* (1852) in London gefunden. Eine frühere ähnliche Variante stammt von 1574 und heißt: „Fasting is a great remedie in feuers" (Mieder 1993, 159). Die heutige Bedeutung dieser zwei Wörter „starve" und „cold" kamen aus dem 16. Jahrhundert, und deshalb ist das Sprichwort mindestens 400 Jahre alt (vgl. Gallacher 1981, 212). Interessanter ist ein ähnliches Sprichwort, das aus China kam: „Feed a dysentery; starve a typhoid." Es wurde 1926 von Dr. Wang Chi Min von Hangkow in einer Sprichwörtersammlung gedruckt (vgl. Garrison 1928, 985). Die zwei Krankheiten sind schwere Infektionen mit hohem Fieber. Es ist auch im eigenen Interesse nichts zu essen, wenn man Dysenterie hat, denn ein schweres Symptom dieser Krankheit ist unter anderem Diarrhoe. Dieses Beispiel ist wichtig, denn es benutzt zwei allgemeine mit Essen verknüpfte Heilmethoden für zwei verschiedene Krankheiten wie in unserem

Sprichwort. Dieses Land hatte und glaubt noch heute an eine Volksmedizin, die ganzheitlich ausgerichtet und natürlich ist. Die Chinesen glauben, dass Essen eine Art Medizin ist, und viele Heilmittel enthalten Gewürze, Kräuter, Wurzeln und Gemüse. Eine weitere Variante kommt im 4. Jarhundert bei Hippokrates vor und berät die Menschen folgendermassen: „Light diet is indicated at the height of an acute disease" (Garrison 1928, 987). Die Bedeutung hier ist gleich; auf dem Höhepunkt einer Krankheit (die oft mit Fieber gleichgestellt wird) sollte man etwas Leichtes essen, um sich besser zu fühlen. Es ist auch bekannt, dass in Indien „one fasted to rid oneself of a fever. Part of a compound Indian proverb attests this ancient und modern practice" (Gallacher 1981, 212). Die Geschichte zeigt, dass die Bedeutung und der Rat dieses Sprichwortes schon seit vielen Jahren medizinsch benuzt wird. Das Sprichwort wurde auch von vielen bekannten Leuten verwendet, unter anderem von Henry David Thoreau und Mark Twain. Twain, der vielleicht die allgemeine und übertragene Bedeutung des Sprichwortes am besten verstand, zitiert beide Seiten des Sprichwortes und sagte: „I thought it best to fill myself up for the cold, and then keep dark and let the fever starve awhile" (Mieder 1993, 160). Das Sprichwort ist einzigartig, da es eigentlich zwei Sprichwörter zusammenfasst. Es gibt aber keine Information darüber, ob sie jemals zwei verschiedene Sprichwörter waren.

Warum dieses Sprichwort „*Feed* a cold, and *starve* a fever" und nicht anders herum aufkam, stammt vielleicht einfach aus der physiologischen Reaktion des Körpers, wenn man krank ist. Sprichwörter werden immer aufgrund von Beobachtungen formuliert und enden so in einer allgemeinen Weisheit. Deshalb hat die Schöpfung dieses Sprichwortes Sinn, da die Menschen nur sahen, wie sie sich fühlten, als sie krank waren und was ihnen dabei half sich besser zu fühlen. Allgemein kann man sagen, dass wenn man nur eine Erkältung hat, man viel schlafen und ganz normal essen soll. Die Erkältung ist nicht so hinderlich, dass man nicht arbeiten kann. Aber wenn man Fieber hat, ist der Appetit geringer, und man fühlt sich schläfrig. Eine Person bei meiner Umfrage erklärte: „When I have a cold I try to eat a little something because it helps me feel better. But when I have a fever I usually don't feel like eating at all and just sleep a lot." Eine andere Erklärung von Wolfgang Mieder sagt: „When we have a cold it makes some sense to eat in order to generate heat, while it is equally sensible to assume that if we have a fever it might be wise not to take in food so as to keep down the body heat" (Mieder 1993, 160). Dies ist auf keinen Fall falsch, denn Essen regt den Stoffwechsel an. Die Mitochondrien einer Zelle setzen Chemikalien frei, die Hitzeentwicklung als Nebenprodukt haben. Dieser wichtige Effekt hilft dem Körper seine Temperatur zu halten und ist einer der Hauptgründe, warum Organismen essen. Wenn man aber Fieber hat, steigt der Stoffwechsel um 13 Prozent pro ein Grad Celsius an, um durch die Hitze Bakterien oder Viren zu töten (vgl. Bruckheim 1987). Der Körper ist aber daher schon warm genug, und er braucht keine Nahrung mehr, um sich selbst aufzuwärmen. Eigentlich ist zu viel Hitze für den Körper gefährlich, und Temperaturen über 40 Grad Celsius schaden dem Körper und enden oft im Tod (vgl. Wikipedia 2007-Hyperthermia). Gallacher glaubte, dass der Sinn des Sprichwortes aus dieser Auffassung von Hitze and Kälte stammte. Er zeigte, was Hippokrates schon sagte, nämlich, dass man im Sommer nicht viel Essen essen sollte, um kühl zu bleiben, und im Winter viel essen sollte, um sich von innen aufzuwärmen. Hippokrates hatte ohne die moderne Wissenschaft die Effekte, die das Essen hat, die Temperaturen des Körpers zu regulieren, beobachtet. Man fühlt sich erhitzt, und weiß automatisch, dass das Essen Hitze fördert und isst deswegen weniger: „[…]to reduce heat, one must remove that which produces it (starve a fever), to produce heat, fuel must be supplied" (Gallacher 1981, 214). Aufgrund der Beobachtungen von Nicht-Spezialisten und der Idee von Hippokrates macht es Sinn, warum dieses Sprichwort erschaffen wurde. Ich glaube, dass diese allgemeine Auffassung von Hitze und Kälte den Gebrauch dieses Sprichwortes noch heute untermauert. Die Menschen fühlen sich noch heute erhitzt und unterkühlt, und wenn sie es nicht besser wissen, ist es nur natürlich, diese unbehaglichen Gefühle mit Volksmedizin loswerden zu wollen.

Aber, wie die meisten Leute wissen, bestehen der Körper und die Krankheiten aus mehr als nur Hitze und Kälte. Diese Schwankungen der Körpertemperatur stammen von einer Infektionskrankheit. Das heißt, dass die Temperatur im Körper nicht das eigentliche Problem ist, sondern nur ein Nebeneffekt. Man kann, um die Nebeneffekte zu lindern, Medikamente benutzen, die aber das eigentliche Problem nicht lösen werden. Wie auch zu viel Hitze gefährlich ist, können auch andere Faktoren gefährlich sein, wenn man krank ist. Deshalb erklärt Wolfgang Mieder, dieses Sprichwort „gives the most precise medical advice but is at the same time also the most controversial from a scientific point of view" (Mieder 1993, 159). Es herrscht ein hohes medizinisches Interesse an diesem Sprichwort, was man daran sehen kann, dass es viele Artikel gibt, die dieses Sprichwort widerlegen. Beide Seiten des Sprichwortes sind kontrovers, besonders die Seite mit der Aufforderung zu essen. Die meisten Ärzte sind gegen übermässigen Genuss von Nahrungsmitteln, und deshalb sind die Reaktionen auf diesen Phraseologismus überwiegend negativ. Es wird nicht bestritten, dass Äpfel gesund sind, aber weil das letztlich genannte Sprichwort so spezifisch ist, wird es als ein nicht verifizierbares Anraten gesehen.

Die Reaktionen, obwohl sie negativ sind, geben auch einige praktische Informationen über die Heilung von Krankheiten. Russell L. Cecil sagt in seinem Buch *Colds, Cause, Treatement and Prevention*: „In mild colds diet does not play a very important part in the treatment. The patient may eat moderately of any wholesome food and feel none the worse for it […] The old proverb […] is unsound in that a cold should not be fed any more than is necessary" (Gallacher 1981, 216). Bruckheim spricht davon, dass es egal ist, ob man eine Erkältung oder Fieber hat, denn „your body responds by changing your metabolism in a certain way - no matter what the cause of the infection […] the body also seems to waste nutrients - more are lost via excretion" (Bruckheim 1987). Das heißt, dass alle Krankheiten in Wahrheit Infektionen sind, und man sollte immer essen, weil der Körper dadurch viele Nährstoffe verliert. Ein Artikel in der gleichen Zeitung, in der Bruckheims Artikel erschien, sagte schon zehn Jahre vorher, dass „from a physiological standpoint, there appears to be little reason to restrict food when you're sniffly or with a temperature" (Mieder 1993, 161). Die amerikanische Krankenschwester Janie Sailors versucht Eltern in einem Artikel zu überzeugen, dass dieses Sprichwort falsch ist und dass man sich im Interesse seiner Kinder nicht von ihm leiten lassen sollte: „Colds are caused by viruses and will usually last about 7-10 days, no matter what you do or eat." Allgemein sagt sie über Sprichwörter: „Keep an open mind when dealing with medical beliefs that come from family lore. People who hold such beliefs usually think they are undeniably true. The best way to get answers is to ask questions and remember, when somebody says 'everybody knows that' it may be a medical myth" (Sailors 2006). Diese Auffassung würde den Wahrheitsgehalt des Sprichwortes bestreiten, und Ärzte wissen, dass es bessere Methoden gibt, um gesund zu werden. Es ist nicht in ihrem Interesse, dass es den Men-

schen aufgrund von gut gemeinten Ratschlägen, die eigentlich helfen
sollten, letztendlich schlechter geht. Janie Sailors' Reaktion auf das
Sprichwort will nur, dass man begreift, dass Sprichwörter nicht immer wahr sind, und man sollte immer für sich selbst denken und zusätzlich ärztliche Hilfe aufsuchen.

Es gibt aber auch wissenschaftliche Antworten auf dieses
Sprichwort, die nicht so negativ sind. 2006 hatten vier niederländi-
sche Wissenschaftler(innen) ein Experiment gemacht, um herauszu-
finden, ob dieses Sprichwort sich beweisen lässt. Die Resultate waren durchaus interessant. Allerdings muss man, um das Experiment
ein bisschen besser zu verstehen, die Fachsprache zuerst verstehen.
Jeder gesunde Körper hat ein Immunsystem, das dabei hilft, seine
Gesundheit aufrecht zu erhalten und ihn im Falle einer Infektion
wieder zu heilen. Das Immunsystem versucht bei einer Infektion ihr
mit weissen Blutkörperchen entgegenzuwirken. Es gibt zwei Wege,
wie ein Körper im Krankheitsfall reagiert; diese alternativen Methoden benutzen zwei verschiedene Arten von Zellen. Eine Art von
Zellen heißt „Zytotoxisch T-Zellen" und die andere CD4-T Zellen
oder „Helfer T-Zellen." Zytotoxische Zellen suchen und finden mit
Viren infizierte Zellen und töten sie dadurch ab, indem sie sie auflö-
sen [Abb. 10] (vgl. Purves u.a. 2004, 377-378). Sie benutzen das
Cytokin IFN-y, um miteinander zu kommunizieren (Wikipedia
2007-Cytokine). Auf der anderen Seite unterstützen die Helfer-
Zellen die Immunreaktion des Körpers. Während der Aktivierungs-
phase der Immunreaktion absorbiert eine Makrophage (eine Art
Fresszelle) ein Antigen (Antigene können z.B. Baterien sein) und
bricht es ab. Makrophagen sind eine andere Art weisse Blutkörperchen. Daraufhin gibt die Makrophage die Fragmente des Antigens
an eine Helfer-T Zelle ab. „Interleukin-4" (IL-4), auch ein Cytokin,
aktiviert die Helfer-T Zellen und sie vermehren sich (vgl. van den
Brink u.a. 2002). Die T-Zellen transportieren dann ein Fragment des
Antigens zu einer „B-Zelle." Als Reaktion auf die Antigene vermehren sich die B-Zellen und produzieren so Antikörper. Antikörper sind Eiweissstoffe, die Bakterien und Viren finden und neutrali-
sieren (vgl. Purves u.a. 2004, 367). Im Überblick töten die zyotoxi-
schen T-Zellen die Viren mit Hilfe des Cytokin IFN-y. CD4-T Zellen unterstützen die Antwort auf die Reaktion anhand vom Cytokin
Interleukin-4 [Abb. 11]. Diese zwei T-Zellen und ihre Cytokine
waren die biologische Baugruppe, die die Wissenschafler(innen) in

ihrem Experiment untersucht haben, um den Wahrheitsgehalt dieses Sprichwortes zu finden.

Das Resultat bestätigte das Sprichwort nur unter dem Aspekt der immunologischen Effekte, die die Aufnahme von Nahrung auf den Körper haben kann. Wie aber viele andere Studien auch nicht perfekt sind, kamen in diesem Experiment ebenfalls einige Messabweichungen vor. Es wurden sechs gesunde, männliche Nichtraucher zweimal untersucht. Das erste Mal mussten die Männer 800 ml „Nutridrink" zu sich nehmen, das 1.200 kcal, 40g Eiweissstoff, 144g Kohlenhydrate und 88g Fett enthält. Das zweite Mal tranken die Männer nur 800ml Wasser. Das Resultat zeigt, dass die IFN-y Cytokine Reaktion um 450% höher ist, wenn man isst. Wenn man nichts isst, vermindert sich die Reaktion um 83%, und die IL-4 Reaktion vergrößert sich um 398%. Nach dem Essen vergrößert sich die IL-4 Reaktion nur 398% [Abb. 12]. Viren und Bakterien können beide Fieber verursachen, denn beide IFN-y und IL-4 reagieren auf Viren und Bakterien, nur konnte das Experiment leider nicht zeigen, welche Methode besser ist. Aber das Experiment gab eine interessante und objektive Antwort auf die *Idee* dieses Sprichwortes, denn „'feed a cold, starve a fever' may reflect the observation that the nutritional status has a bona fide effect on the regulation of the immunse response" (van den Brink u.a. 2002). Die Messabweichungen in diesem Experiment basieren auf der geringen Anzahl der Probanden. Das Experiment ist allerdings wertvoll, weil es zeigte, dass der Körper verschieden auf Hungern und Essen reagiert. Dies ist auch wichtig, da es keinen anderen wirklichen Beweis gegen die Gültigkeit dieses Sprichwortes gibt. Allerdings ist dieses Experiment sehr vage, da es nur die Beziehung zwischen Nahrungsaufnahme und Immunsystem untersucht und nicht ganzheitlich spezifisch das Sprichwort bestätigt. Dass die CFN-y Reaktion mit dem Essen höher wurde ist typisch für eine Viruserkrankung. Aber Bakterien verursachen oft auch Fieber, wie zum Beispiel bei Infektionen des Harntraktes, Borreliose und Scharlach. Das Fieber ist nur eine Immunantwort des Körpers auf eine Infektion unabhängig davon, von welcher Art von Viren oder Bakterien es verursacht wurde. Es ist nur das Ausmass und die Anzahl der Antigene, die ein Fieber hervorrufen. Die Körpertemperatur wird höher, um infizierte Zellen zu töten, und folgerichtig werden auch gesunde Zellen abgetötet. Ich glaube, dass die Wahrscheinlichkeit einer zytotoxischen Zellreaktion gegen Viren höher ist, denn Erkältungen sind eine normale

Krankheit; es gibt aber keine genaue Bestätigung des Sprichwortes, denn ein Fieber wird von Bakterien *und* Viren verursacht. Wie in „An apple a day keeps the doctor away" ist auch dieses Sprichwort metaphorisch und allgemein gebraucht worden. [Abb. 13 und 14] Es ist verständlich, dass man andere Dinge tun sollte, wenn man krank ist, wie viel Flüssigkeiten trinken und schlafen. Der Grund, dass dieses Sprichwort negative Reaktionen der Ärzte hervorruft, ist auf die unklare Validität zurückzuführen. Wenn man viele Äpfel isst, wird man seltener krank. Sollte man sich aber nicht gut fühlen und Fieber haben, ist es notwendig, möglichst viele und nahrhafte Mahlzeiten zu sich zu nehmen. Verzichtet man aber auf Nahrungsmittel, wenn man krank ist, könnten sich daraus Nachteile und negative Konsequenzen ergeben. Man sollte sich bewusst sein, dass man nicht jedes Sprichwort wie „Feed a cold, starve a fever" wörtlich nehmen kann und es „nicht für bare Münze nehmen" sollte. Mieder erklärt, dass „the verb 'starve' is also not meant quite so rigidly as it might seem, but rather simply to eat a bit less than usual" (Mieder 1993, 161). Der beste implizierte Rat hier ist Mässigung: man sollte weniger essen, wenn man krank ist: Bruckheim meint: „If you're ill, it's important to eat properly. Good nutrition may help your body fight off a bug" (Bruckheim 1987). Wenn man Fieber hat, weil der Körper gegen gripale Effekte kämpft, braucht man auch viel Wasser, um sich zu hydratisieren. Und natürlich ist hier auch ein anderes Sprichwort relevant, nämlich „An ounce of prevention is worth a pound of cure." Man sollte *immer* viele Früchte (nicht nur Äpfel!), Gemüse, genug Eiweiss und Kohlenhydrate zu sich nehmen, um gesund zu bleiben. Ausreichend Schlaf, Wasser und Sport sind auch wichtige Bestandteile für ein gesundes Leben. Die beiden Sprichwörter sind nur allgemeine Ratschläge aus der volkundlichen Weisheit.

Die Popularität, die Evolution und die spezifische Ratbegung dieser zwei Sprichwörter beinhalten interessante Aspekte. Es gibt nur wenige Sprichwörter, die man in Verbindung bringt mit unserer Kultur aufgrund der Nutzung in der Werbung, in medizinischen Artikeln und in Karikaturen. Allgemein ist feststellbar, dass „An apple a day keeps the doctor away" sich verändert hat und „Feed a cold, starve a fever" sehr kritisiert wird, aber beide Sprichwörter sind heute noch von wissenschaftlichem Interesse. Warum den beiden so viel Aufmerksamkeit geschenkt wird, liegt an unserer westlichen Geschichte und dem Fortschritt der Forschung in Medizin und Gesundheit. Wegen ihrem Gebrauch in unserer Kultur ist es unmöglich, dass die Sprichwörter bald aussterben werden. Allerdings kennen junge Menschen weniger und seltener Sprichwörter als ältere (obwohl ich sicher bin, dass ich mindestens 50 jungen Leuten dieses Sprichwort zu verstehen half!). Hier sieht man, wie populär und nützlich die zwei Sprichwörter in unserer Welt sind. Dass Leute diese Sprichwörter benutzen, sagt nicht aus, ob sie wahr sind sondern wie häufig sie verwendet werden. Sie sind doch Sprichwörter, die im Heim und Herz bleiben.

[Abb. 1] Hier ist ein traditioneller Heiler in Côte d'Ivoire. Er verkauft Heilmittel gegen Parasiten, die Krätze, Mundkrankheiten, usw (Wikipedia 2007-Folk Medicine).

[Abb. 2] „Idun and the Apples„ 1890 von J. Doyle Penrose. Iðunn hatte zauberhafte Äpfel, durch die man unsterblich werden konnte, und die Götter blieben auf ewig jung (Wikipedia 2007-Norse Mythology).

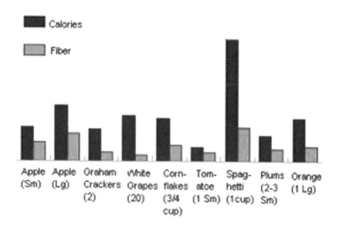

[Abb. 3] Ballaststoffe und Kalorien Äpfel sind eine gute Wahl als Nahrungsergänzung. Die Nährwert der Äpfel trug zu der Bildung des Sprichwortes bei („A Brief History" 2007).

Nutrition Facts

Serving Size   1 medium apple
                      (154g / 5.5 oz.)

Amount per Serving
Calories 80   Calories from Fat 0

                              % Daily Value*
Total Fat 0g   0%
    Saturated Fat 0g   0%
Cholesterol 0mg   0%
Sodium 0mg   0%
Potassium 170mg   5%
Total Carbohydrate 22g   7%
    Dietary Fiber 5g   20%
    Sugars 16g
Protein 0g

Vitamin A 2%   •   Vitamin C 8%
Calcium 0%   •   Iron 2%

*Percent Daily Values are based on a 2,000 calorie
diet. Your daily values may be higher or lower
depending on your calorie needs.

                Calories: 2,000   2,500
Total Fat   Less than   65g   80g
    Sat Fat   Less than   20g   25g
Cholesterol   Less than   300mg   300mg
Sodium   Less than   2,400mg 2,400mg
Potassium   3,500mg 3,500mg
Total Carbohydrate   300g   375g
    Dietary fiber   25g   30g
Calories per gram:
Fat 9   •   Carbohydrate 4   •   Protein 4

[Abb. 4] Apfelnährwert („Nutrition" 2002)

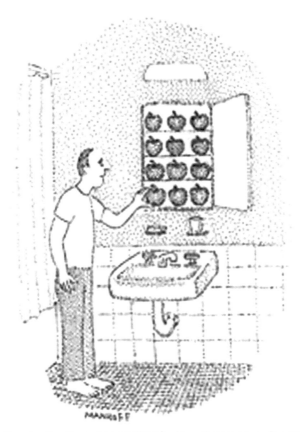

Drawing by Mankoff: © 1977. The New Yorker Magazine, Inc.

[Abb. 5] Die Idee von Äpfeln als allgemeine, alltägliche Medizin
wird in dieser Karikatur gezeigt. Mit vielen Vitaminen und Ballast-
stoffen bleibt der Mensch gesund (Mieder 1993, 166).

[Abb. 6] „Johnny Appleseed: A Pioneer Hero" wurde im November 1871 zuerst in *Harper's Magazine* gefunden. Er reiste durch den Nordwesten Amerikas und pflanzte viele Apfelbäume. Gemäss der amerikanischen Legende wurde er nie krank, da er so viele Äpfel ass (Wikipedia 2007-Johnny Appleseed).

[Abb. 7] Diese Geburtstagkarte zeigt Mieders Formel „An X a day keeps Y away," die aus dem Sprichwort kam. Dieses Beispiel spiegelt auch eine medizinische Haltung wider, die ähnlich zu „An apple a day" ist. Äpfel helfen gegen Krankheiten wie Skorbut und Krebs, und Kondome helfen gegen sexuell übertragbare Krankheiten, wie AIDS und Syphilis (Mieder 1993, 164).

[Abb. 8] Dieses Beispiel zeigt auch die Variation des Sprichwortes „An apple a day keeps the doctor away." Obwohl dieses Sprichwort nichts mit der Gesundheit der *Leute* zu tun hat, benützt es die gleiche Formel, um die Erde zu schützen! Es zeigt auch die Idee, dass eine Vorkehrung (action) etwas anderes (climate change) verändern kann. Es zeigt auch den noch zeitgemässen Gebrauch dieses Sprichwortes, insofern die globale Erwärmung heutzutage ein grosses Problem ist. Dieses Bild war dieses Jahr 2007 ein Teil der „Earth Week" Kampagne an der Universität Vermont.

[Abb. 9] Diese Karikatur zeigt die Ambiguität dieses Sprichwortes (Mieder 1993, 162).

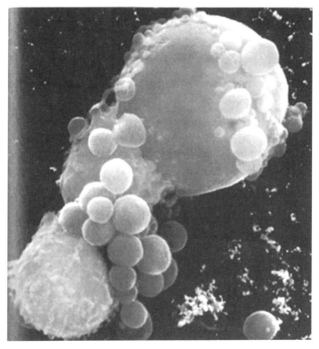

[Abb. 10] „Cytotoxic T Cells in Action„ (Purves u.a. 2004, 378). Hier töten zwei zytotoxische T-Zellen (orange) andere Zellen, die mit Viren infiziert sind (violett). Dieses Bild ist ein Beispiel der „zellulären Antwort," die Antigene direkt mit zytotoxischen Zellen tötet. Die zelluläre Antwort wurde in dem Experiment von van den Brink durch Nahrungsmittel aktiver.

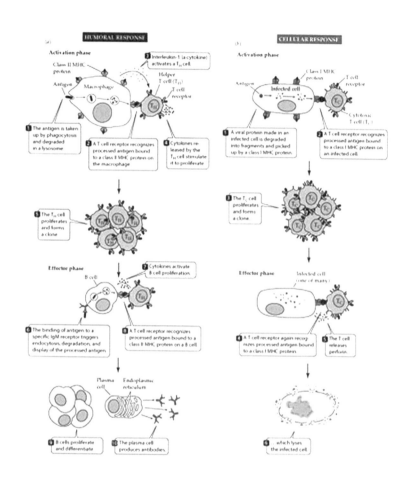

[Abb. 11] Hier sind die zwei Immunantworten des Immunsystems. Im linken Bild benutzt „Humoral Response" die CD-4 „Helfer T-Zellen," die Interleukin-4 (IL-4) braucht. Im rechten Bild ist eine zytotoxische T-Zelle, die CFN-y verwendet. Die CD-4 Antwort wurde reger durch die Wasseraufnahme, und die zytotoxische T-Zelle reagierte auf Nahrung. Die beiden Immunantworten kämpfen gegen Antigene (Bakterien und Viren). Beide Bakterien und Viren können auch Fieber verursachen (Purves u.a. 2004, 380).

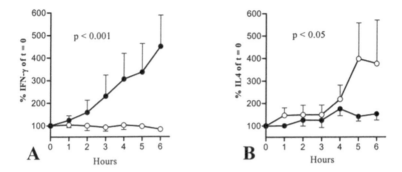

[Abb. 12] „Changes in levels of IFN-γ (A) and IL-4 (B) production in response to intake of a meal ($n = 6$; closed circles) and fasting ($n = 6$; open circles) during a 6-h follow-up. The data represent the percent cytokine production relative to that at the baseline," (van den Brink u.a. 2002). Die Diagramme zeigen die Resultate des Experiments von van den Brink.

[Abb. 13] Dieses Bild zeigt eine Karikatur dieses Sprichwortes. Links ist ein abgemagertes Fieber, welches nur Wasser trinkt. Rechts ist die muskulöse Erkältung, die einen Teller voller Essen stemmt. Die Ironie dieses Bildes ist, dass all die abgebildete Nahrung, die die Erkältung hält, ungesund ist. Wenn man krank ist, sollte man natürlich nicht Pommes und frittiertes Huhn essen (O'Connor 2007).

[Abb. 14] Snoopy spielt mit diesem Sprichwort (Mieder 1993, 162).

Umfrage

Bei dieser Umfrage wollte ich sehen, ob Leute diese Sprichwörter noch benutzen und ob sie an diese Sprichwörter glauben. Jugendliche kennen Sprichwörter nicht so oft wie ältere Leute. Deshalb teilte ich die Umfrage in zwei Gruppen: Leute, die jünger als 35 sind und Leute, die älter als 35 sind. Es gibt aber ein paar Messabweichungen: fast alle die Menschen waren weiss und ziemlich betucht. Es war auch schwer, Leute von mittlerem Alter zu finden. Die meisten Leute waren entweder sehr jung (18-21) oder erheblich älter (50+). Die Resultate zeigen aber genau, was ich dachte: ältere Leute glaubten mehr an die Sprichwörter und benutzen sie mehr. Vielleicht würden junge Leute mit älteren Eltern oder Jugendliche, die öfter Zeitschriften lesen, die Sprichwörter besser kennen. Jugendliche waren aber viel hilfreicher; ältere Leute waren oft widerstrebend and argwöhnisch gegenüber der Umfrage. Erwachsene dachten mehr über die Fragen nach und machten oft intelligentere Bemerkungen.

Die Bemerkungen waren interessant. „An apple a day keeps the doctor away" betreffend sagten viele Leute „I eat some fruit everyday, but not always apples." Viele sagten auch „I can never remember whether it is 'feed a cold, starve a fever' or the other way around." Leute hatten vorher nicht über die Sprichwörter nachgedacht. Eine junge Frau sagte bei der Umfrage: „It's better advice than most doctors give, to put chemicals in your body. Maybe we should start following them [the proverbs] more." Diese Meinung war interessant. Sie zeigte ein Interesse an Ganzheitsmedizin und die natürliche Beratung dieser Sprichwörter, obwohl sie sehr jung ist. Vielleicht würden andere junge Leute gleich denken, wenn sie die Sprichwörter kennen würden.

Leute waren immer neugierig, ob die Sprichwörter wahr wären. Oft gab ich die Beratung von Ärzten als Erklärung, die ich gelesen hatte. Manche Leute wussten und sagten, dass Früchte gut sind und dass deshalb „An apple a day keeps the doctor away" ein bisschen Wahrheit hat. Viele Leute wussten auch das Wort „Proverb" nicht. Zum Beispiel kannte ein Professor, der Englisch lehrt, das Wort nicht. Ein Mann, mit dem ich sprach, nannte Sprichwörter „grandma things."

Doch es war interessant, diese Sprichwörter im Kontext der Leute zu sehen. Wenn man nicht weiß, wie Leute ein Sprichwort noch benutzen, weiß man nichts über das Sprichwort selbst. Meine Umfrage verstärkte, was ich schon gewusst hatte, und zeigte mir, wie Leute die Sprichwörter finden. Hier lernte ich am meisten über den Gebrauch dieser Sprichwörter im Alltagsleben, was man in einem Buch nicht unbedingt lesen könnte.

Jünger als 35

Have you ever heard the proverb "Stuff (feed) a cold, starve a fever?"

	Ja	Nein
	21	29

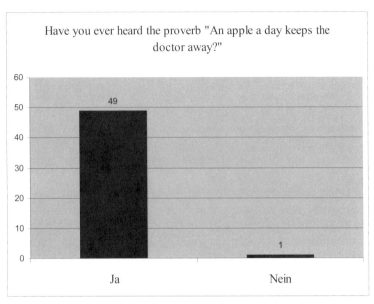

Have you ever heard the proverb "An apple a day keeps the doctor away?"

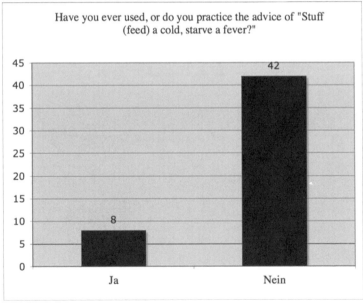

Have you ever used, or do you practice the advice of "Stuff (feed) a cold, starve a fever?"

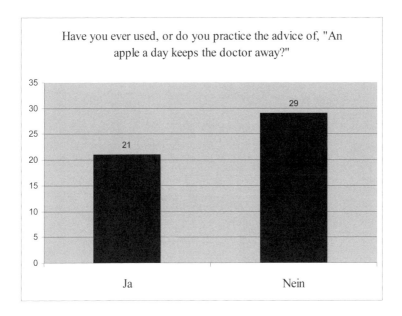

Have you ever used, or do you practice the advice of, "An apple a day keeps the doctor away?"

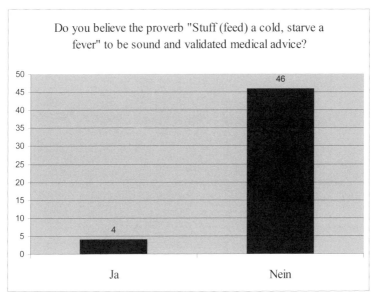

Do you believe the proverb "Stuff (feed) a cold, starve a fever" to be sound and validated medical advice?

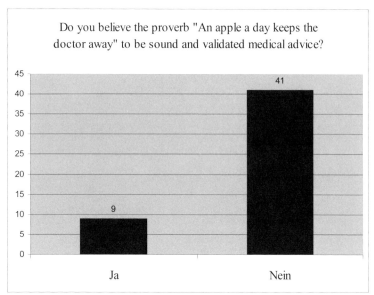

Do you believe the proverb "An apple a day keeps the doctor away" to be sound and validated medical advice?

Älter als 35

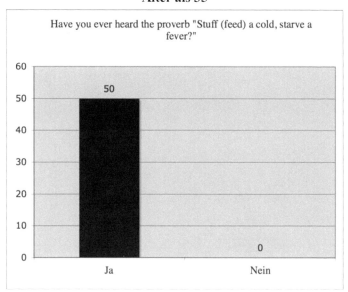

Have you ever heard the proverb "Stuff (feed) a cold, starve a fever?"

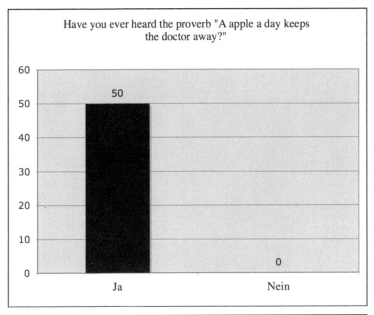

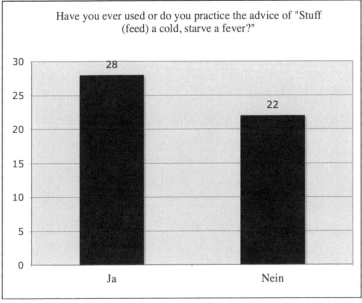

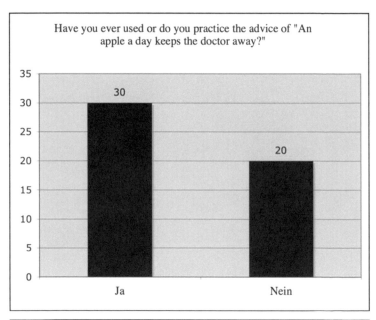

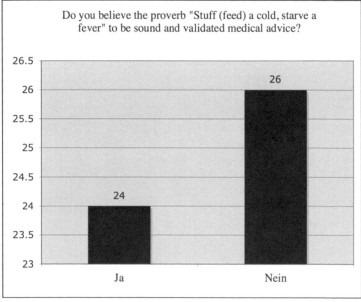

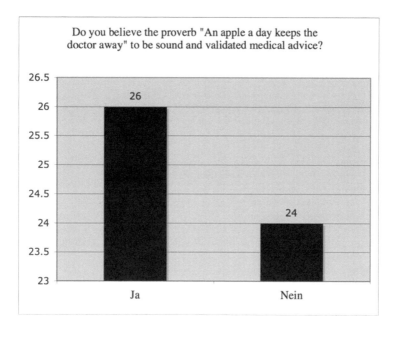

Do you believe the proverb "An apple a day keeps the
doctor away" to be sound and validated medical advice?

Bibliographie

„A Brief History of Apples." *Vermont Apples.* Apple Marketing Board, Vermont Agency of Agriculture. 23. März 2007 <http://www.vermontapples.org/history. .html>.

„An Apple a Day." *Phrases.Org.* 5. November 1999. 23. März 2007 <http://www. phrases.org.uk/bulletin_board/1/messages/2550.html>.

Beutler, Beth. „An Apple a Day Keeps the Doctor Away." *Ed Helper.* 2006. 22. März 2007 <http://edhelper.com/ReadingComprehension_31_18.html>.

Bruckheim, Allan H. „Feed a Fever, Feed a Cold." *The Burlington Free Press* (26. Januar 1987), S. 2D.

„Cytokine." *Wikipedia.* 27. März 2007. Wikimedia Foundation Inc. 5. April 2007 <http://en.wikipedia.org/wiki/Cytokine>.

Davidson, Hilda Roderick Ellis. *Myths and Symbols in Pagan Europe: Early Scandinavian and Celtic Religions.* Syracuse, NY: Syracuse University Press, 1988. 180-181.

Dichter, Aledra. „The Story of Johnny Appleseed." *American Folklore & Tall Tales.* Millville, NJ Public Schools. 25. März 2007 <http://www.millville.org/ workshops_f/Dich_FOLKLORE/WACKED/story.html>.

Elmquist, Russel A. „English Medical Proverbs." *Modern Philology,* 32 (1934-1935), 75-84.

Fischer, B., U. Fischer und S. Lehr. „Sprichwörter in der Gesundheitserziehung gezielt einsetzen." *Psycho: Psychiatrie und Medizinische Psychologie für die Praxis,* 8, Nr. 4 (1982), 241-242, und 247-248.

Fruits and Veggies Matter. Center for Disease Control. 22. März 2007 <http://www.fruitsandveggiesmatter.gov/>.

„Folk Medicine." *Wikipedia.* 27. März 2007. Wikimedia Foundation Inc. 28. April 2007 <http://en.wikipedia.org/wiki/Folk_medicine>.

Gallacher, Stuart A. „Stuff a Cold and Starve a Fever." *The Wisdom of Many-Essays on the Proverb.* Hrsg. Wolfgang Mieder und Alan Dundes. New York: Garland, Publishing., 1981. 211-217.

Garrison, F.H. „Medical Proverbs, Aphorisms and Epigrams." *Bulletin of the New York Academy of Medicine,* 4 (1928), 979-1005.

Gruttmann, Felicitas. *Ein Beitrag zur Kenntnis der Volksmedizin in Sprichwörtern, Redensarten und Heilsegen des englischen Volkes, mit besonderer Berücksichtigung der Zahnheilkunde.* Greifswald: L. Bamberg, 1939. 23-24.

Hill, Robert R., Jana A. Budnek, Linda K. Wise. „An Empirical Validation of an English Proverb." *The Journal of Irreproducible Results,* 29, Nr. 4 (1984), 2-4.

„Hyperthermia." *Wikipedia.* 3. April 2007. Wikimedia Foundation, Inc. 4. April 2007 <http://en.wikipedia.org/wiki/Hyperthermia>.

„Johnny Appleseed." *Wikipedia.* 25. März 2007. Wikimedia Foundation, Inc. 2. April 2007 <http://en.wikipedia.org/wiki/Johnny_appleseed>.

Letzel, Siegfried. „Fever & Homeopathy-Fever and Its Role as Physiological Necessity and as Disease." *Homeopathy for Everyone.* Mai 2004. 4. April 2007 <http://www.hpathy.com/papersnew/letzel-fever.asp>.

Lindow, John. *Norse Mythology: a Guide to the Gods, Heroes, Rituals, and Beliefs.* New York: Oxford UP, 2001. 198-199.

Litovkina, Anna T. und Wolfgang Mieder. *Old Proverbs Never Die, They Just Diversify: A Collection of Anti-Proverbs*. Veszprem: University of Veszprem P, 2006. 92-95.

Lynd, Mitch. *Great Moments in Apple History*. Midwest Apple Improvement Association. 23. März 2007 <http://www.hort.purdue.edu/newcrop/maia/history.html>.

Martin, Alice A. *All About Apples*. Boston: Houghton Mifflin Company, 1976. 78.

Mieder, Wolfgang. *International Proverb Scholarship; An Annotated Bibliography*. 3 Bde. New York: Garland Publishing, 1982. 1990, 1993.

Mieder, Wolfgang. „'An Apple a Day Keeps the Doctor Away': Traditional and Modern Aspects of Medical Proverbs." *Proverbs are Never Out of Season: Popular Wisdom in the Modern Age*. New York: Oxford University Press, 1993. 152-172

Mieder, Wolfgang. *International Proverb Scholarship; An Annotated Bibliography; Supplement III*. New York: Peter Lang, 2001.

Mieder, Wolfgang. *English Proverbs*. Stuttgart: Reclam, 2003. 23 und 36.

Mieder, Wolfgang, Stewart A. Kingsburt und Kelise B. Harder. *A Dictionary of American Proverbs*. New York: Oxford University Press, 1992. 23, 106.

News and Health Bulletin-Community Healthy Plan. Latham, Massachusetts: Communications Department of Capital Area Community Health Plan Inc., 1991.

„Norse Mythology." *Wikipedia*. 5. April 2007. Wikimedia Foundation Inc. 5. April 2007 <http://en.wikipedia.org/wiki/Norse_mythology>.

„Nutrition." *Apple Country*. 2002. New York Apple Association. 23. März 2007 <http://www.nyapplecountry.com/nutritionchart.htm>.

„Nutrition." *Apples & More*. University of Illinois. 24. März 2007 <http://www.urbanext.uiuc.edu/apples/nutrition.html>.

O'Connor, Anahad. „Really? Starve a Cold, Feed a Fever." *The New York Times* (13. Februar 2007).

Purves, William K., David Sadava, Gordon H. Orians, and H. Craig Heller. *Life-the Sciene of Biology*. 7 Aufl. Gordonsville, Virginia: Sinauer Associates, 2004. 367-380.

Ray, John. „An Apple a Day Keeps the Doctor Away." *„Gold Nuggets or Fool's Gold?" Magazine and Newspaper Articles on the (ir)Relevance of Proverbs and Proverbial Phrases*. Hrsg. Wolfgang Mieder und Janet Sobieski. Burlington: University of Vermont, 2006. 194-196.

Roach, F.A. *Cultivated Fruits of Britain: Their Origin and History*. Oxford: Basil. Blackwell, 1985. 76-83.

Roberts, Jonathan. *The Origins of Fruit & Vegetables*. New York: Universe, 2001. 30-35.

„Roman Conquest of Britain." *Wikipedia*. 27. März 2007. Wikimedia Foundation, Inc. 28. April 2007 <http://en.wikipedia.org/wiki/Roman_invasion_of_britain>.

Salomon, Debbie. „Fractured Epithets Abound." *„Gold Nuggets or Fool's Gold?" Magazine and Newspaper Articles on the (ir)Relevance of Proverbs and Proverbial Phrases*. Hrsg. Wolfgang Mieder und Janet Sobieski. Burlington: University of Vermont, 2006. 160-161.

Sailors, Rn, Janie. „Health & You-Feed a Cold, Starve a Fever?" *Healthy Child Care.* 18. Oktober 2006. Region IV Head Start Quality Improvement Centers, Western Kentucky University. 8. April 2007 <http://www.healthychild.net/articles/ hy36myths.html>.

Seidl, Helmut A. *Medizinsiche Sprichwörter im Englischen und Deutschen.* Frankfurt am Main: Peter Lang, 1982.

Titelman, Gregory. „An Apple a Day Keeps the Doctor Away." *Random House Dictionary of America's Popular Proverbs and Sayings.* 2nd Aufl. New York: Random House, 2000. 14-15.

van den Brink, Gijs R., Danielle E.m. van den Boogaardt, Sander J.h. van Deventer und Maikel P. Peppelnbosch. „Feed a Cold, Starve a Fever?" *Clinical and Diagnostic Laboratory Immunology* (2002). 21. März 2007 <http://www.pubmed central.nih.gov/articlerender.fcgi?artid=119893>.

Wilkinson, Albert E. *The Apple.* Boston: Ginn and Company, 1915. 340.

„Was du nicht willst..." o(de)r "Do Unto Others..." Die goldene Regel im deutschen und englischen Sprachgebrauch

Christine Wittmer

„Was du nicht willst, dass man dir tut, das füg auch keinem anderen zu" oder „Alles nun, was ihr wollt, dass es euch die Menschen tun, das sollt auch ihr ihnen tun." Die goldene Regel! Wer hat denn dieses doch häufig abgedroschene Sprichwort nicht schon einmal gehört? Normalerweise hört man dieses Sprichwort bereits schon als Kind, wenn man etwas Unrechtes getan hat. Kinder lernen so zum Beispiel, dass sie Tiere und die Natur respektieren sollen. Oder wer hat nicht schon eine kleine Schummelei begangen, zum Beispiel eine Notlüge benützt, um aus einer Situation möglichst glimpflich herauszukommen? Was geschieht meistens? Natürlich fliegt diese Notlüge auf. Was ist die Folge? Der Belogene fühlt sich hintergangen, und man selbst hat ein schlechtes Gewissen, da man etwas Unrechtes getan hat. Man fragt sich dann, ob man selbst auch verletzt gewesen wäre, wenn das andersherum passiert wäre. Natürlich wäre man auch verletzt und enttäuscht, wenn man selbst belogen würde. Der eine mehr und der andere weniger. Aber genau hier kann man die goldene Regel anwenden: man muss sich vorher kritisch fragen, wie man selbst auf diese Handlung reagieren würde. Wenn man diese Tat dann vor sich selbst rechtfertigen kann, ist sie wahrscheinlich vertretbar. Dazu ist es notwendig, einen hohen Maßstab an Selbstkritik zu haben, denn nur dann kann man gerecht handeln, wenn man sich selbst und sein Handeln verantwortungsvoll hinterfragt. Die Frage bleibt nun, kann man das „richtige Handeln" erlernen und wenn ja, wie? Dazu sollte man sich mit dem Ursprung beziehungsweise der Geschichte der goldenen Regel befassen. Weiterhin ist es gut zu wissen, in welchen Bereichen „die goldene Regel" ihre Anwendung findet. Zum einen ist diese eine Maxime in den Weltreligionen, zum anderen findet sie aber ihren Platz auch in der Philosophie und in der Ethik. Woher kommt aber die goldene Regel? Wann trat sie zum ersten Mal auf? In welchem Kontext wird sie benützt? Hier wird erst einmal ein kurzer chronologischer Überblick über die frühen Formulierungen der goldenen Regel gegeben:

• 620 v. Chr.: „Was immer du deinem Nächsten verübelst, das tue ihm nicht selbst." Pittakos von Mytilene, einer der griechischen Sieben Weisen

• 6. Jahrhundert v. Chr.: „Verletze nicht andere auf Wegen, die dir selbst als verletzend erschienen." (Udana-Varga 5, 18), Buddhismus

• 500 v. Chr.: „Tue anderen nicht, was du nicht möchtest, dass sie dir tun." (Analekten des Konfuzius 15, 23), Konfuzianismus

• 500 v. Chr.: „Ein Wort, das als Verhaltensregel für das Leben gelten kann, ist Gegenseitigkeit. Bürde anderen nicht auf, was du selbst nicht erstrebst." (Lehre vom mittleren Weg 13, 3), Konfuzianismus

• 500 v. Chr.: „Daher übt er (der Weise) keine Gewalt gegen andere, noch heißt er andere so tun." (Acarangasutra 5, 101-102), Jainismus

• 500 v. Chr.: „Füge anderen nicht Leid durch Taten zu, die dir selber Leid zufügten." Buddhismus

• 5. Jahrhundert v. Chr.: „Tue anderen nicht an, was dich ärgern würde, wenn andere es dir täten." Sokrates, griechischer Philosoph

• 400 v. Chr.: „Soll ich mich andern gegenüber nicht so verhalten, wie ich möchte, dass sie sich mir gegenüber verhalten?" Platon, griechischer Philosoph

• 4. Jahrhundert v. Chr.: „Man soll sich nicht auf eine Weise gegen andere betragen, die einem selbst zuwider ist. Dies ist der Kern aller Moral. Alles andere entspringt selbstsüchtiger Begierde." (Mahabharata, Anusasana Parva 113, 8; Mencius Vii, A, 4), Hinduismus

• 2. - 4. Jahrhundert v. Chr.: „Was alles dir zuwider ist, das tue auch nicht anderen an." (Shayast-na-Shayast 13, 29 - Mittelpersische Schrift), Zoroastrismus

• 2. - 4. Jahrhundert v. Chr.: „Dass die (menschliche) Natur nur gut ist, wenn sie nicht anderen antut, was ihr nicht selbst bekommt." (Dadistan-i-Dinik 94, 5 - Mittelpersische Schrift), Zoroastrismus

• 200 v. Chr.: „Was du nicht leiden magst, das tue niemandem an." (Judentum, Buch Tobit); Martin Luther übersetzt „Was du nicht willst, dass man dir tu, das füg auch keinem

andern zu." (Tobias 4,16 in den Apokryphen der revidier-
ten Ausgabe von 1984)
- 150er v. Chr.: „Dies ist die Summe aller Pflicht: Tue anderen nichts, das dir Schmerz verursachte, würde es dir getan." (Mahabharata 5, 1517), Hinduismus und Brahmanis-
mus
- 90 v. Chr.: „Was du selbst zu erleiden vermeidest, suche
nicht anderen anzutun." Epiktet
- 1. Jahrhundert nach Chr.: „Alles, was ihr für euch von
den Menschen erwartet, das tut ihnen auch." (Die Bibel,
Matthäus 7, 12; Lukas 6, 31), Christentum
- 2. Jahrhundert nach Chr.: „Was dir selbst verhasst ist, das
tue nicht deinem Nächsten an. Dies ist das Gesetz, alles andere ist Kommentar." (Talmud, Shabbat 31a), Judentum
(vgl. Hertzler, 419-426 und wikipedia)

Wie man hier sehen kann, ist die goldene Regel häufig in unterschiedlichen Wortlauten benützt worden und ist immer noch aktuell. Diese taucht nämlich nicht nur in den Weltreligionen, wie dem
Christentum, Judentum, Hinduismus und Buddhismus auf, sondern
ist auch ein wesentlicher Bestandteil in der Lehre des Konfuzianismus und der Philosophie, und sogar das Internetaktionshaus eBay
übernimmt diese Regel als Verhaltensgrundlage. Außerdem ist die
goldene Regel in der Menschenrechtserklärung verankert: „Was du
nicht willst, dass man dir tu, das füg auch keinem andern zu" (Artikel 4). Diese Arbeit soll die verschiedenen Bereiche aufzeigen, in
denen die goldene Regel eine wichtige Rolle spielt. Unter anderem
wird das Sprichwort im Englischen und Deutschen untersucht, aber
auch aktuelle Beispiele wie die AGB (Allgemeine Geschäftsbedin-
gungen) von eBay, Werbung und Karikaturen werden näher betrachtet. Aber auch Immanuel Kant benützt die goldene Regel als
Verhaltenskodex in seinem kategorischen Imperativ: „Handle stets
so, dass die Maxime deines Willens jederzeit zugleich als Prinzip
einer allgemeinen Gesetzgebung gelten könne.". Vor allem als
Sprichwort ist sie in aller Munde: „Was du nicht willst, dass man dir
tut, das füge auch keinem anderen zu!"
    Wo taucht die goldene Regel im Englischen und Deutschen
auf? Natürlich ist die Bibel eine Fundgrube, denn sie wird dort in
verschiedenen Variationen aufgegriffen. Die goldene Regel ist ein
Hauptgrundsatz des Christentums. Im Buch Tobit im Alten Testa-

ment wird die goldene Regel erwähnt, als der alte Vater Tobit seinem Sohn Ratschläge mit auf den Weg gibt, da dieser nach Medien geht, um das Geld seines im Sterben liegenden Vaters zu holen. Dort lautet es: „Was dir selbst verhasst ist, das mute auch einem anderen nicht zu!" (Tob 4,15).

Im Neuen Testament erwähnt Jesus die goldene Regel in seiner Bergpredigt: „Alles, was ihr also von anderen erwartet, das tut auch ihnen!" (Mt 7,12). Auch Lukas nimmt diese Verhaltensregel auf: „Was ihr von anderen erwartet, das tut ebenso auch ihnen" (Lk 6,31). Auffällig ist die Form, in der die goldene Regel auftritt. Entweder wird diese positiv formuliert, wie das im Matthäus- und Lukasevangelium der Fall ist, oder sie tritt in der negativen Form auf, wie im Buch Tobit. Bei der negativen Formulierung wird lediglich ermahnt, eine Verhaltensweise, die man selbst nicht akzeptiert, auch keinem anderen zuzumuten. Wenn ich zum Beispiel nicht gerne belogen werden möchte, soll ich das auch selbst nicht tun. Hingegen fordert die positive Fassung dieser Verhaltensregel die Menschen auf, so zu handeln, wie sie es gerne selbst hätten. Ein Beispiel wäre, wenn jemand in Not ist, erwartet dieser Mensch Hilfe von einem anderen. Somit muss derjenige auch bereit sein, Hilfestellung zu geben, wenn ein anderer Mensch in Not ist, nach dem volkssprachlichen Sprichwortmotto: „Wie du mir, so ich dir!" Allgemein kann man sagen, dass bei der positiven Formulierung ein gewisses Verhalten von einem anderen gefordert wird, während bei der negativen Formulierung nur ermahnt wird, solche Verhaltensweisen zu unterlassen, die man selbst nicht gut heißt. Somit ist der Anspruch für die positive Formulierung höher, da es sich hierbei um erwünschte Verhaltensmuster handelt und nicht nur um Unterlassung gewisser Handlungen. „Dieses Verhalten führt zur Wohlanständigkeit (decorum), bei welcher der Mensch die allgemeine Forderung, die er zum Zwecke friedlichen Zusammenlebens aufstellt, auch selbst einzuhalten sich bemüht" (Solvia, 56). Die Frage bleibt jedoch bestehen und ist wahrscheinlich individuell unterschiedlich zu beantworten, ob es schwieriger ist, etwas „Gutes" zu tun oder etwas „Böses" zu unterlassen. Welche Form die goldene Regel auch immer haben mag, sie setzt einen hohen Anspruch an unsere Lebensweise. „Nicht umsonst wurde die sogenannte Goldene Regel von Jesus sogar als Quintessenz aller Gesetzesvorschriften und Anweisungen durch die Propheten angesehen" (Steger, 333). Dieses Sprichwort setzt einen hohen Maßstab, um unsere Handlungen zu regeln. Um aber richtig zu handeln, brauchen wir auch hohe moralische Ansprüche an uns selbst. Das heißt, wenn man keine hohen moralischen Wertvorstellungen hat, kann man kaum dem anderen gerecht werden.

Jeffrey Wattles hat die goldene Regel etwas näher untersucht und sechs Implikationen bzw. Verfeinerungen dieser Lebensweisheit herauskristallisiert:

1. „Do to others as you want them to gratify you."
2. „Be considerate of others' feelings as you want them to be considerate of your feelings."
3. „Treat others as persons of rational dignity like yourself."
4. „Extend brotherly or sisterly love to others, as you want them to do to you."
5. „Treat others according to moral insight, as you would have others treat you."
6. „Do to others as God wants you to do to them." (Wattles, 107)

Die erste Auslegung der goldenen Regel meint, man soll den anderen so behandeln, wie man es selbst gerne hätte. Wattles kritisiert jedoch diese Interpretation, da diese auch „falsch" ausgelegt werden kann. Zum Beispiel, wenn ein Mann sich wünscht, dass er mit seiner Nachbarin schlafen könnte, dann würde die goldene Regel in diesem Fall von seiner Perspektive aus gerechtfertigt werden, wenn diese seinem Wunsch nachkommen würde, da er sie so behandelt, wie er selbst gerne behandelt werden möchte. Hier erkennt man, dass auch unmoralische Wünsche durch die vage Auslegung der goldenen Regel gerechtfertigt werden könnten. Die zweite Interpretation meint, man solle auf die Gefühle anderer Rücksicht nehmen. Dies verlangt empathisches Einfühlungsvermögen, welches uns ermöglicht auf andere einzugehen. Als drittes wird gefordert, dass man rational auf die Würde des Menschen eingehen soll. Die Voraussetzung dafür ist, dass man seinen Verstand richtig zu nützen weiß, um einsichtig zu handeln. Ist jemand nicht fähig vernünftig zu handeln, dann kann diese Regel „falsch" angewendet werden. Wattles meint, ein depressiver Mensch könnte die goldene Regel als Rechtfertigung für einen Doppelselbstmord benützen, denn dieser Mensch nimmt fälschlicherweise an, dass ein anderer auch an Suizid denkt Die vierte Annahme appelliert an das soziale

Verhalten gegenüber anderen Menschen. Man soll versuchen, miteinander „brüderlich" umzugehen. Diese Regel ist vergleichbar mit dem Gebot der Nächstenliebe. Man soll sich anderen gegenüber sozial verhalten. Gerade in der heutigen Zeit, in der Materialismus eine immer größere Rolle spielt, ist es wichtig, seine eigene egoistische Perspektive in eine altruistische umzuwandeln. Die fünfte Auslegung beinhaltet die moralische Erkenntnis, welche man braucht, um korrekt und angemessen zu handeln. Das setzt voraus, dass man menschlich handelt und die Fähigkeit besitzt, die theoretisch angeeigneten moralischen Werte wie Ehrlichkeit und Solidarität in die Tat umzusetzen. Es ist aber schwer, Werte wie Ehrlichkeit einzuhalten, denn auf der einen Seite wünscht man sich, dass die Menschen ehrlich sind, auf der anderen Seite wird man manchmal gezwungen, diesen Wert gegenüber einem anderen vorzuziehen. Wenn man zum Beispiel jemanden nicht verletzen will, benützt man häufig eine Notlüge. Je nachdem, wie die Moralvorstellung des anderen ist, handelt man gemäß der goldenen Regel oder dagegen. Die sechste Implikation der goldenen Regel verlangt, dass wir so handeln, wie Gott wollen würde, dass man mit seinem Nächsten umgeht. Dabei ist Jesus für die Christen das beste Vorbild für „angemessenes und richtiges" Verhalten. Wer kann aber so handeln? Wären wir dann nicht schon „fast göttlich"? Meiner Meinung nach ist Jesu Verhaltensweise eine Maxime, die man versucht anzustreben. Man muss sich aber bewusst sein, dass man diese wahrscheinlich nicht immer erreichen wird. Deshalb ist es notwendig, sich vor Augen zu halten, dass der Weg das Ziel ist.

Zusammenfassend kann man aber sagen, dass die interpretativen Unterkategorien der goldenen Regel, die Wattles aufzeigt, die Verhaltensmaxime näher erläutern. Dadurch werden aber auch mögliche Schwächen und Missinterpretationen verdeutlicht, die durch verschiedene Auslegungen und durch die Undifferenziertheit der goldenen Regel entstehen können. Man muss deshalb auch beachten, dass das Sprichwort nicht nur eine sprachliche Form besitzt, was eventuell auch zu falschen Interpretationen führen kann. Da die goldene Regel in verschiedenen Versionen vorkommt, werden im Folgenden einige bereits besprochene Varianten, welche in der Bibel aber auch in der Philosophie unter Kants kategorischem Imperativ vorkommen, aufgelistet, näher erläutert und zeitgeschichtlich eingeordnet:

Deutsch:
1. ca. 200 v. Chr.: „Was dir selbst verhasst ist, das mute auch einem anderen nicht zu!" (Tob 4,15)
2. ca. 60-100 n. Chr.: „Alles, was ihr also von anderen erwartet, das tut auch ihnen!" (Mt 7,12)
3. ca. 80-90 n. Chr.: „Was ihr von anderen erwartet, das tut ebenso auch ihnen." (Lk 6,31)
4. Immanuel Kants kategorischer Imperativ; 1788: „Handle stets so, dass die Maxime deines Willens jederzeit zugleich als Prinzip einer allgemeinen Gesetzgebung gelten könne."

Englisch:
1. „Do that to no man which thou hatest." (Tob 4,15)
2. „Therefore all things whatsoever ye would that men should do to you, do ye even so to them: for this is the law and the prophets." (Mt 7,12)
3. „And as ye would that men should do to you, do ye also to them likewise." (Lk 6,31)
4. "Act only according to that maxim whereby you can at the same time will that it should become universal law." (categorical imperative)

Das sind die wichtigsten biblischen und philosophischen Belege zur goldenen Regel, welche im Englischen und Deutschen vorkommen. Weiterhin werde ich eine kurze sprachgeschichtliche Einordnung des Sprichwortes in der deutschen und englischen Sprache aufzeigen:

Deutsch:
„Was du nicht willst, dass man dir tut, das füg' auch keinem anderen zu":
- 12./13. Jhdt.: Mhd.: „Swaz du niht wil daz dir geschicht, des entuo dun andernniht." (Buch der Rügen)
- 1797: „Was du nicht willst, das dir geschicht, das thu auch einem andern nicht." Wander, Bd. 4, Sp. 389, Nr. 38)

Varianten des Sprichwortes:
Luther: „Und wie ihr wollt, dass euch die Leute thun sollen, also thut ihnengleich auch ihr." (Schulze 162)
„Was du nicht willst, daß dir geschicht, daß thu auch andern Leuten nicht." (Bücking, 367)

Englisch:

„Do unto others as you would have them done unto you":
- 901 zum ersten Mal in Laws of Alfred gefunden.
- 1668 zitiert in Letter Book of Peleg Sanford.
- Varianten des Sprichwortes:
„Always do unto others as you would be done by."
„Do as you would be done by."
„Do unto others as you have been done by."
„Do unto others as others do unto you."
„Do unto others as you would be done by." (Gregory, 55)

Vergleicht man die Formulierungen des Sprichwortes in der englischen und der deutschen Sprache, kann man aufgrund der verwendeten Quellen feststellen, dass die goldene Regel zum ersten Mal 901 in Laws of Alfred in englischer verschriftlicher Sprache auftaucht. Im Gegensatz dazu wird das Sprichwort im Deutschen (Mittelhochdeutsch) erst im 12./13. Jahrhundert im Buch der Rügen benützt. Weiterhin fällt auf, dass sich in beiden Sprachen im Laufe der Zeit Varianten des Sprichwortes herauskristallisieren. Im Deutschen hat sich nicht nur das Sprichwort weiter entwickelt, aber auch die Orthographie hat sich verändert. Man erkennt in beiden Sprachen eine Veränderung des Phraseologismus, die auf sprachhistorischer Entwicklung basiert. Auffällig ist vor allem, dass im Deutschen sich die umgangssprachliche Version durchgesetzt hat, nämlich „Was du nicht willst, dass man dir tut, das füg auch keinem anderen zu". Im Englischen jedoch wird häufiger die vom Wortlaut etwas veraltete Version aus der Bibel verwendet, nämlich „Do unto others as you would have them do unto you". Vor allem die Präposition „unto" weist auf die veraltete Version der goldenen Regel hin, da sie im „alltäglichen Sprachgebrauch" nicht mehr gebraucht wird.

Dieses Sprichwort gibt es auch in abgewandelter Form, wobei zu erkennen ist, dass es heutzutage eine offensichtliche Tendenz zur Parodie gängiger Sprichwortweisheiten gibt. Hier werden einige sogenannte Antisprichwörter (= meist ironische, spöttische Abwandlungen des Originalsprichwortes) zur goldenen Regel in deutscher und englischer Sprache aufgelistet:

Deutsch:
1. 1972: „Was sie nicht will, dass ich ihr tu', das füg' ich einer andern zu."

2. 1978: „Wenn sie's nicht will, daß er's ihr tu, dann fliegt er einer andern zu."
3. 1984: „Was du nicht willst, das [!] man dir tu, füg lieber einem anderen zu!"
4. 1984: „Was du nicht willst, das [!] man dir tu, schieb ruhig einem andern zu; der schiebt es sowieso weiter."
5. 1984: „Wenn du nicht willst, was man dir tut, das tue anderen, das tut gut!"
6. 1987: „Was er nicht will, das [!] ich ihm tu, das füg' ich einem andren zu."
    (Mieder 1998, 332-333)

Im Englischen gibt es auch einige erwähnenswerte und amüsante Variationen des Sprichwortes:

Englisch:
1. 1903: „Do not do unto others as you would that they should do unto you. Their tastes may not be the same."
2. 1968: „The golden rule also applies to night drivers: dim unto others as you would have them dim unto you."
3. 1972: „Do unto others before they undo you."
4. 1981: „Treat others as you would have them treat you - I can't. I am a masochist."
5. 1997: „Do unto mothers." (Mother's Day advertisement)
6. 1997: „Do unto others and do it fast."
    (Litovkina und Mieder 2006, 123-124)

Eines der aktuellsten Beispiele für die goldene Regel erkennt man im Anhang (Nr. 1): eBay, das wohl größte Internetaktionshaus der Welt, verwendet die goldene Regel um den Umgang von Käufer und Verkäufer zu regeln:

„Wir ermutigen Sie, andere so zu behandeln, wie Sie selbst behandelt werden möchten." http://pages.ebay.de/help/new toebay/community_overview.html)

Durch diese Variante der goldenen Regel möchte eBay Anspruch auf die Glaubwürdigkeit und Seriosität des Internetaktionshauses erheben. Außerdem sollen durch diese Verhaltensvorgabe die Transaktionen geregelt werden. Das Auktionshaus versucht eine Verhandlungsbasis zwischen Käufer und Verkäufer zu schaffen.

Dadurch soll ein reibungsloser Verkaufsvertrag zustandekommen. Der Käufer bzw. der Verkäufer soll sich an die eigene Nase fassen und nur so handeln, wie dieser es auch gerne hätte. eBay benützt diese Verhaltensmaxime, um unvorteilhaftes, fahrlässiges Verhalten und ungerechtfertigte Bereicherung zu vermeiden. Hier wird die positive Form des Sprichwortes in etwas abgewandelter Form zitiert. Käufer und Verkäufer sollen eine angemessene Umgangsform miteinander pflegen und immer so handeln, wie sie auch behandelt werden möchten.

Das Sprichwort wird aber nicht nur in den AGB der eBay-Firma aufgenommen, sondern kommt auch in Karikaturen und Witzzeichnungen vor [Abb. 1]: Diese kritisieren und humorisieren anstößiges Verhalten. Nach Wolfgang Mieder besteht die Hauptfunktion der Verbildlichung von Sprichwörtern in humorvoller, ironischer und satirischer Kritik des soziopolitischen Lebens (vgl. Mieder 2004, 236). Der Mann auf der linken Seite der Abbildung fasst der Frau auf der rechten Seite unsittlich an den Hintern. Daraufhin tritt die Frau diesen mit dem Fuß in den Hintern. Humorvoll wird diese Aktion kommentiert: „Was du nicht willst, daß man dir tu', das füg auch keinem anderen zu." Das Sprichwort entspricht der Einstellung der Frau, da diese von dem Mann nicht unsittlich berührt werden möchte. Der Herr jedoch könnte die goldene Regel positiv ausgelegt haben, als ihn das Verlangen überkommen hatte und er folglich dasselbe Verhalten von der Frau erwartet hatte. Frei nach dem Motto, „Was ihr von anderen erwartet, das tut ebenso auch ihnen", denn er wollte bestimmt, dass die Frau auf seine unanständige und anrüchige Annäherung eingeht. Leider ist dies redensartlich ausgedrückt in die Hose gegangen. Diese Karikatur humorisiert die goldene Regel durch das Herbeiziehen „stereotyper" Mann-Frau Verhaltensweisen. Karikaturen zusammen mit Sprichwörtern haben eine polemische Wirkung, die auch in dieser Zeichnung festgestellt werden kann.

In einer weiteren Abbildung sieht man die Verwendung des Sprichwortes in Verbindung mit einem Slogan für eine Anti-Gewaltkampagne [Abb. 2]. Gerade in der heutigen Zeit, in der uns Gewalt täglich begegnet, sei es in den Medien, durch Computerspiele oder im realen Leben, ist es wichtig, sich mit diesem Thema kritisch auseinanderzusetzen. Man erkennt den Aktualitätsbezug der goldenen Regel, da diese im Kontext mit einem aktuellen Thema verwendet wird. Die durchgestrichene Faust fordert den Adressaten auf, keine Gewalt anzuwenden. Das Sprichwort hat hier eine mahnende Funktion: es wird verlangt auf Brutalität zu verzichten, da man selbst auch nicht gewaltsam behandelt werden möchte. Dies ist ein gutes Beispiel für die goldene Regel im Sinne Jesu, da dieser die Menschen ermutigt, den Nächsten wie sich selbst zu lieben. Das beinhaltet auch die Aussage der Verhaltensmaxime, die die goldene Regel widerspiegelt. In diesem Fall kann nur die negative Form des Sprichwortes verwendet werden, da hier ein Verbot im Vordergrund steht. Ein schlechtes Verhalten soll vermieden werden.

Als nächstes möchte ich auf eine Zeichnung des populären amerikanischen Künstlers Norman Rockwell (1894-1987) eingehen [Abb. 3], der die goldene Regel verbildlicht hat. Wie bringt man aber diese Verhaltensmaxime zu Papier? Gibt es ein Bild, das dieses Sprichwort darstellen kann, und was ist ihre Funktion? Norman Rockwell hat aus einer unfertigen Skizze über die UN ein Bild zur goldenen Regel erstellt. Er brauchte fünf Monate, bis er das Gemälde fertig gestellt hatte. Grundlage für dieses Bild war ein anderes, das die Verhandlungen der UN abbildet, die für das Leben vieler verschiedener Menschen aus den unterschiedlichsten Teilen dieser Welt ausschlaggebend waren. Aus dieser Skizze schnitt er acht Repräsentanten dieser Länder aus. Die zwei Mütter symbolisieren laut Norman Rockwell die goldene Regel. Außerdem wurden noch 20 neue Figuren eingeführt. Somit besteht das Gemälde aus 28 Figuren, die diese einmalige Verhaltensmaxime repräsentieren (vgl. Rockwell, 182ff.). Wie kann man diese Verbildlichung dieses biblischen Sprichwortes interpretieren? Menschen aus den verschiedensten Ländern mit unterschiedlicher Herkunft und Hautfarbe stehen nebeneinander. Es herrscht eine friedliche Atmosphäre. Niemand lacht, es ist aber auch keiner traurig. Die Gesichter und die Blicke sind besinnlich. Die Kinder am unteren Ende des Bildes scheinen zu beten. Die beiden Mütter im linken und rechten Rand halten ihre Kinder fest und schützend in ihren Armen. Trotz der unterschiedlichen Kulturen und Hautfarben haben diese beiden Frauen eines gemeinsam: ihre Liebe zu ihren Kindern. Wenn man die Menschen genauer betrachtet, erkennt man auch, dass es sich hierbei nicht nur um Repräsentanten verschiedener Kulturen und Religionen handelt, sondern dass die Figuren auch unterschiedliche Lebensstadien darstellen und aus ungleichen Gesellschaftsschichten stammen. Es werden Kleinkinder und Kinder mittleren Alters abgebildet. Auch die Erwachsenen stehen für gewisse Lebensstadien (junge Erwachsene, Erwachsene mittleren Alters und Senioren). Diese bunte Mischung von Menschen verdeutlicht die Botschaft der goldenen Regel. Jeder behandelt den anderen so, wie er es auch gerne hätte. Die Varietät der Personen wird akzeptiert. Die Hauptbotschaft des Bildes zusammen mit der Auslegung des Verhaltenskodexes führt zur Akzeptanz der Diversität. Diversität ist nichts, wovor man sich fürchten soll, sondern was man schätzen soll, denn sie gibt dem Leben die nötige „Würze." Diese gegenseitige Toleranz und Akzeptanz versinnbildlichen den Frieden, der in dieser Verhaltensregel zum Ausdruck kommt.

Eine humorvolle Verbildlichung der englischen Version der goldenen Regel zeigt Family Circus, ein Cartoon, in dem dieses Sprichwort als nette und humorvoll gestaltete Witzzeichnung abgebildet ist [Abb. 4]. Ein Mädchen liest die Aufforderung „Do unto others as you would have them do unto you" und beschließt daraufhin, ihren Schwarm Gregory zu besuchen und ihn zu umarmen („I think I'll go and give Gregory a hug"). Hier taucht die goldene Regel in einer humorvollen Version auf, da das Mädchen Gregory das zeigen möchte, was sie gerne von ihm hätte, nämlich eine Umarmung. Wenn Gregory die Motivation des Mädchens unter Beachtung der goldenen Regel auffasst, wird er ihre Umarmung erwidern (was aber gewiss hier nicht geschehen wird).

Weiterhin ist dasselbe Sprichwort aber auch in der Werbung auffindbar. Vor allem die Whiskeymarke Dewar's spielt mit dem Sprichwort, und zwar durch den Slogan „Dewar's unto others" [Abb. 5]. Dewar's übernimmt nur die erste Hälfte des Sprichwortes und benützt den Namen der Marke anstelle des Verbes „do". Durch den ähnlichen Klang von Dewar's und „do" entsteht eine neue Variante des Sprichwortes, ein Slogan. Dieser Werbespruch zusammen mit einem Bild ist das wichtigste Mittel der Reklame, um neue potentielle Kunden zu gewinnen. Nach Mieder haben biblische Sprichwörter einen sakrosankten Charakter und versinnbildlichen etwas Heiliges (Mieder 2004, 244). In diesem Fall könnte man annehmen, dass der Slogan als Wortspiel durch seine Klangähnlichkeit und zusammen mit dem Originalsprichwort dem Adressaten eher im Gedächtnis bleibt. Der Whiskey könnte ähnlich dem Wein als „heiliges" Getränk angesehen werden. Da Werbesprüche normalerweise kurz sind, wird auch nur das halbe Sprichwort zitiert, damit man es sich leichter merken kann. Außerdem ist die Botschaft eindeutig, und die Anspielung auf das Sprichwort immer noch deutlich erkennbar: „Do Dewar's unto others"! Wenn man selbst Dewar's mag, soll man es auch dem anderen vergönnen. Die unterschwellige Aufforderung versteht jeder: kauf Dewar's nicht nur für dich selbst, sondern auch für den „Nächsten", ein etwas anderer Akt von Nächstenliebe.

Wie man sehen kann, ist die goldene Regel kein veraltetes und verstaubtes Sprichwort, das niemand mehr gebraucht. Ganz im Gegenteil! Diese Verhaltensmaxime ist immer noch aktuell. Die Geschichte des Sprichwortes beginnt in der griechischen Antike und hat sich in allen Religionen etabliert. Aber auch in der Politik spielt sie eine wichtige Rolle: zum Beispiel wurde die goldene Regel in die Menschenrechtserklärung aufgenommen. Überraschend ist vor allem, dass das Sprichwort in der Werbung auftaucht und sogar an eBay nicht ungeschoren vorbeigekommen ist. Aber auch Karikaturisten verwenden dieses Bibelzitat in ihren Zeichnungen. Dieses Sprichwort gibt es auch in verschiedenen Versionen (einige deutsche und englische Varianten wurden in dieser Arbeit aufgezeigt), was die geschichtliche und sprachliche Weiterentwicklung der goldenen Regel darstellt. Zum Schluss möchte ich noch kurz das Buch *Worldwide Laws of Life* zitieren, da dies die Intention der goldenen Regel sehr gut aufzeigt: „The Golden Rule offers a pattern, or a plan, that we can read and follow and build upon to bring all kinds of good things into our lives to share with others. We can move in the direction of attaining our desires and often enriching the lives of those around us. To treat others as you wish to be treated is a plan that works wonderfully from all angles, on all sides, and for all concerned" (Templeton, 10). Trotz der häufig geübten Kritik gegen die goldene Regel wird hier nochmal gezeigt, dass die eigene Einstellung meist als Maßstab für das „richtige" Handeln reicht.

Was du nicht
willst,
daß man dir tu',
das füg auch
keinem andern
zu.

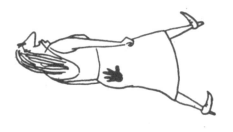

Abb. 1

Abb. 2

Abb. 3

Abb. 4

Abb. 5

Anhang:

eBay
Informationen zur eBay-Gemeinschaft:
Die eBay-Gemeinschaft setzt sich aus eBay-Mitgliedern, Käufern und Verkäufern sowie eBay-Mitarbeitern zusammen. Die eBay-Gemeinschaft legt großen Wert auf offene und ehrliche Kommunikation aller Mitglieder untereinander. Sie werden feststellen, dass Respekt und Kommunikation die wichtigsten Prinzipien der dynamischen eBay-Gemeinschaft sind.

Grundsätze der Gemeinschaft:
Die folgenden fünf Grundsätze bilden das Fundament der eBay-Gemeinschaft:
• Wir glauben grundsätzlich an das Gute im Menschen.
• Wir sind überzeugt davon, dass jeder etwas Wertvolles beizutragen hat.
• Wir glauben, dass ein ehrliches, offenes Umfeld das Beste aus den Menschen herausholen kann.
• Wir behandeln und respektieren jeden als einzigartiges Individuum.
• Wir ermutigen Sie, andere so zu behandeln, wie Sie selbst behandelt werden möchten.
(http://pages.ebay.de/help/newtoebay/community_overview.html)

Abbildungen:

[1]Karikatur (Strich, Christian. *Das große Diogenes Lebenshilfe-Buch*. Zürich: Diogenes, 1979. 50-51.)
[2]Antigewaltslogan (http://www.wirhelfen.de/antigewalt/index.htm)
[3]Bild von Rockwell (Rockwell, Norman. „I Paint the Golden Rule [Do Unto Others as You Would Have Them Do Unto You]." N. Rockwell. *The Norman Rockwell Album*. Garden City, New York: Doubleday & Company [1961], 182-191.)
[4]Witzzeichnung (Family Circus) (*Burlington Free Press* [23. September 1999], 4C)
[5]Werbung: Dewar's unto others (*Newsweek* [7. Dezember 1981], 28.)

Bibliographie:

Bücking, D. *Versuch einer medicinischen und philosophischen Erklärung deutscher Sprichwörter und sprichwörtlicher Redensarten*. Stendal: Franz und Grasse, 1797.
Dundes, Alan. *Holy Writ as Oral Lit. The Bible as Folklore*. Lanham, Massachusetts: Rowman & Littlefield Publishers, 1999.
Erikson, Erik. „The Ethical Orientation, Conscience and the Golden Rule". *Journal of Religious Ethics*, 5 (1977), 249-266.
Fox, A.-C. „The 'Ethic' of Jesus and His 'Theology'". *The Hibbert Journal: A Quarterly Review of Religion, Theology and Philosophy*, 51 (1952), 378-384.
Gent, Bill. „The Wit of One and the Wisdom of Many". *R[eligious] E[ducation] Today*, ohne Bandangabe (Sommer 2002), 6-7.

Hertzler, Joyce O. „On Golden Rules." *The International Journal of Ethics*, 44 (1933-34), 418-436.

Litovkina, Anna und Wolfgang Mieder. *Old Proverbs Never Die, They Just Diversify. A Collection of Anti-Proverbs.* Burlington und Veszprém: The University of Vermont und Pannonian University of Veszprém, 2006.

Mieder, Wolfgang. „'Do Unto Others as You Would Have Them Do Unto You': Frederick Douglass's Proverbial Struggle for Civil Rights." *Journal of American Folklore*, 114 (2001), 49-55.

Mieder, Wolfgang. *Proverbs. A Handbook.* Westport, Conneticut: Greenwood Press, 2004.

Mieder, Wolfgang. *Verdrehte Weisheiten. Antisprichwörter aus Literatur und Medien.* Wiesbaden: Quelle und Meyer, 1998.

Reiner, Hans. „Die 'Goldene Regel'. Die Bedeutung einer sittlichen Grundformel der Menschheit." *Zeitschrift für philosophische Forschung*, 3 (1948), 74-105.

Rockwell, Norman. „I Paint the Golden Rule [Do Unto Others as You Would Have Them Do Unto You]." N. Rockwell. *The Norman Rockwell Album.* Garden City, New York: Doubleday & Company (1961), 182-191.

Röhrich, Lutz und Wolfgang Mieder. *Sprichwort.* Stuttgart: Metzler, 1977.

Schulze, Carl. *Die biblischen Sprichwörter der deutschen Sprache.* Göttingen: Vandenhoeck & Ruprecht's Verlag, 1860.

Solvia, Claudio. „Ein Bibelwort in Geschichte und Recht." *Unser Weg.* Nr. 6/7. Hrsg. Bund Schweizer katholischer Weggefährtinnen. Goldach: J. Schmid-Fehr, 1964. 51-57.

Stanglin, Keith D. „The Historical Connection Between the Golden Rule and the Second Greatest Love Command." *Journal of Religious Ethics*, 33 (2005), 357-371.

Steger, Heribert. *333 biblische Redensarten.* Augsburg: Pattloch, 1998.

Templeton, John. *Worldwide Laws of Life.* Philadelphia, Pennsylvania: Templeton Foundation Press, 1997.

Titelman, Gregory. *Popular Proverbs & Sayings.* New York: Random House, 1996.

Wander, Karl Friedrich Wilhelm. *Deutsches Sprichwörter-Lexikon.* Darmstadt: Wissenschaftliche Buchgesellschaft, 1964.

Wattles, Jeffrey. „Levels of Meaning in the Golden Rule." *Journal of Religious Ethics,* 15 (1987), 106-130.

Wittowski,Wolfgang. „Aufklärung, Ethik, Religion. Die Goldene Regel des Thomasius und Lessings 'Nathan'" In: *Christian Thomasius (1655-1728). Neue Forschungen im Kontext der Frühaufklärung.* Hrsg. von Friedrich Vollhardt. Tübingen: Max Niedermeyer Verlag, 1977. 455-463

http://pages.ebay.de/help/newtoebay/community_overview.htmlnhaltsverzeichnis: http://de.wikipedia.org/wiki/Goldene_Regel

„Wie man sich vorbereitet, so fliegt man"
Sprichwörter und Redensarten in der Fluggesellschaftswerbung

Anna T. Olson

Werbeslogan und Sprichwort: Gemeinsamkeiten

Heutzutage wird man täglich mit Hunderten von Reklamen bombardiert. Alle Werbungen wollen etwas verkaufen, sei es ein Produkt, eine Dienstleistung oder eine bestimmte Idee. Wie unterscheidet ein Werbetexter seine Ware von all den anderen? Einer der besten Aufmerksamkeitserreger ist ein einprägsamer Werbespruch. In der Regel ist dieser Spruch kurz, einfach und leicht zu merken. Deshalb besteht ein Slogan im Durchschnitt aus nur sieben Wörtern.[1] Texter bedienen sich vieler rhetorischer Stilmittel, etwa Wiederholung, Alliteration, Reim und Parallelismus, sowie verschiedener Phraseologismen, wie Idiome, geflügelte Worte und intertextuelle Zitate. Volkstümliche Phraseologismen wie Sprichwörter und Redensarten bilden eine besonders wirksame Klasse von Sprachformeln. Diese traditionelle Sprache gibt den Kunden das positive Gefühl, man biete ihnen etwas Vertrautes an.[2] Werbeslogan und Sprichwort haben ein gemeinsames Muster: beide beanspruchen die Wahrheit zu sagen.[3] Das *Sprichwort*, ein festgeprägter, lehrhafter Satz, mit Elementen der Dichtung, drückt Gedanken der Weisheit oder der Erfahrung aus. Eine ähnliche Funktion hat die *sprichwörtliche Redensart*, eine kurze, oft metaphorische Formel, die in den Satz eingebaut wird, um einen kräftigeren Ausdruck zu schaffen.[4]

Die Tourismuswerbung ist ein geeignetes Beispielfeld für die traditionelle Sprache in den Massenmedien, wo besonders viel Acht auf die Vertrauenswürdigkeit gegeben wird. Vor allem in Werbeanzeigen für Fluggesellschaften zeigt sich diese Tendenz. Beim Reisen ist alles komplizierter. Man befindet sich in einer unsicheren Lage, ist unterwegs in fremden Orten, kennt sich nicht aus, kann vielleicht nicht die Landessprache, hat keinen normalen Schlafrhythmus und hat weniger Kontrolle über die Situation. Das Angebot der Sicherheit und Bequemlichkeit ist dem Reisenden besonders wichtig. Deshalb ist die Verwendung einer traditionellen, im Volksmund geläufigen Sprache für die Werbung angemessen.

Das Reisen per Flugzeug spiegelt unser globales, technisches Zeitalter wider. Die Globalisierung verknüpft alle Orte auf der Welt miteinander, wenigstens in der Theorie. Innerhalb von wenigen Stunden kann man man einen völlig anderen Ort erreichen, doch die paar Stunden in der Luft sind nur eine Übergangssituation. Man ist weder hier noch da und greift aus Verwirrung nach bekannten Vorgängen. Um dies zu erläutern, werden in den folgenden Seiten Zeitschriften- und Internetwerbungen für Fluglinien in englischer und deutscher Sprache beschrieben (vgl. die Tabelle mit einer Liste der Slogans, Firmen und Quellen, die in dieser Arbeit erwähnt werden). Außerdem werden Form und Funktion der sprachlichen und bildlichen Anzeigenkomponenten analysiert, um die immer noch wichtige Rolle der Spichwörter und Redensarten in der modernen Zeit zu verstehen.

Sprichwörter in der Wirtschaftssprache
„In der unübersichtlichen Vielfalt des Warenangebotes erscheint das Bekannte dem verwirrten Umworbenen als das Vertraute und Bewährte."[5] Mit anderen Worten, der Kunde wird täglich mit Werbungen konfrontiert. Dies erinnert an die Theorie eines berühmten Soziologen, dass Bewohner von Großstädten eine *blasé* Haltung entwickeln als Verteidigung gegen die ständige Überanregung der Sinne.[6] Ansonsten wird man von den Bildern, Texten, Menschen, Objekten und Neuerungen überfordert. Nur die klügsten Anregungen ziehen die Aufmerksamkeit des Großstadtbürgers an. Heutzutage ist es egal, ob man in der Stadt oder auf dem Lande wohnt. Werbungen sind allgegenwärtig und unvermeidlich.
    Produktdifferenzierung ist deshalb ein wichtiges Gebiet von der Handelslehre. Aufgabe von Werbeagenturen ist es, den Grad der Wahrnehmung ihrer Reklame durch verschiedene Strategien zu erhöhen. Vor allem sind es Bilder wegen ihrer allgemeinen Gültigkeit, die als Erstes in das Auge springen, aber es sind die Wörter in einer Reklame, die einen Kontext geben. Ironischerweise sind es *ältere* Sprachformeln wie Sprichwörter und Redensarten, die so oft verwendet werden, um diese wertvolle Aufmerksamkeit zu bewirken.
    Sprichwörter sowie Slogans verwenden rhetorische Mittel, um sich gut anzuhören und um leicht merkbar zu sein.[7] Diese Strukturen wandeln die Wörter der Sprichwörter in sprachliche Bilder um. Zum Beispiel erinnert der Slogan für Thai Airlines, „Smooth as silk" (so geschmeidig wie Seide) an eine exotische Prestigeware Südostasiens. In Slogans und Sprichwörtern wird oft mit der wörtlichen und phraseologischen Bedeutung gespielt, um eine bestimmte Reaktion hervorzurufen, sei es Überzeugung, Warnung, Charakterisierung oder

Satire. Thai will die Kunden überzeugen, das Reisen mit ihrer Fluglinie sei genauso luxuriös wie das Gewebe. Sprichwort und Slogan unterscheiden sich darin, dass ein Sprichwort eine allgemeine Erfahrung ausdrückt und ein Slogan ein zweckverbundenes Sonderinteresse hat, nämlich etwas zu verkaufen.[8] Sprichwörter können mehrfach gedeutet werden, gleichzeitig mit positiven und negativen Interpretationen. Nach Wolfgang Mieder hat das Sprichwort eine „unbegrenzte Anpassungsfähigkeit," die auch eine gewisse Gefahr in sich trägt: „Gerade in der Wirtschaftssprache, speziell in der Werbung, dient es gewiß oft fragwürdigen Zwecken."[9] In dem deutschen und dem amerikanischen Kontext bedient sich das Sprichwort als Slogan des kapitalistischen Systems, das die Kunden überzeugen will, gewisse Wertvorstellungen zu akzeptieren. Unter diesen Wertvorstellungen versteht man die Exklusivität des Reichtums, die ständige Anhäufung von neuen Waren und die Unterstützung von Elementen der sozialen Ungerechtigkeit, z.b. eine untergeordnete Rolle der Frau und der Minoritäten.[10] Doch ginge es zu weit, jede Werbung negativ zu betrachten. Im dynamischen Bereich der Werbung hat man auch Vergnügen an der weitreichenden sprachlichen Variation und Innovation bekannter Phraseologismen.

In der industriellen Werbung kommt die Innovation mit Sprichwörtern in drei unterschiedlichen Arten vor. Entweder werden sie in ihrer reinen, originellen Form aufgenommen oder variiert durch die Substitution eines Buchstabens, eines Wortes, u.s.w. Nach Barbara und Wolfgang Mieder, „Only a small word exchange or addition to the proverb is necessary to startle the reader into further perusing the advertisement."[11] Die Reisegesellschaft Touropa prahlt „Wie man sich bettet, so fliegt man" (Abb 1), wo nur der Buchstabe „f" zum beliebten deutschen Sprichwort „Wie man sich bettet, so liegt man" hizugefügt wird, um eine neue Bedeutung zu schaffen. Liegen (schlafen) und fliegen werden gleichgesetzt. Die ehemalige Fluglinie TWA spielte auf dasselbe Sprichwort an, änderte aber ein ganzes Wort: „Wie man sich bettet, so sitzt man" (Abb 2). Diese Innovation hat eine ähnliche Wirkung.

Die dritte Variationsmöglichkeit ist, nur die sprichwörtlichen Strukturen zu übernehmen, das heißt, manche Slogans scheinen sprichwörtlich zu sein, sind es aber nicht. Viele Slogans haben sprichwörtliche Stilmuster aber sind (noch) keine wahren Sprichwörter.[12] Nina Janich macht darauf merksam, dass die meisten Werbekampagnen nur kurze Modeerscheinungen sind und so schnell vergessen werden wie sie erschienen sind. Janich argumentiert weiter, dass es spezifische Werbungsmuster gibt, die *nicht* sprichwörtlich oder idiomatisch sind aber doch häufig in der Werbung verwendet werden. Da solche nicht in die Alltagssprache aufgenommen werden, können sie nicht als Phraseologismen akzeptiert werden. Beispiele dafür sind „so schön kann X sein," „jetzt X" und „X macht den Unterschied."[13] Trotz der Einstellung Janichs werden manchmal sehr erfolgreiche Slogans zu sprichwortähnlichen Phraseologismen. Eine amerikanische Erfolgsgeschichte passierte im Jahre 1984, als das Kettenrestaurant Wendys mit dem Slogan „Where's the beef?" eine sehr erfolgreiche Fernsehwerbung machte. In kürzester Zeit gab es eine Menge Anspielungen auf diesen Slogan.[14] Das bekannteste Erfolgsbeispiel war ein Reklameslogan aus dem Jahre 1921: „A picture is worth a thousand words," das sogar ein beliebtes Lehnsprichwort im Deutschen geworden ist, „Ein Bild sagt mehr als tausend Worte."[15]

In solchen Situationen wird die Frage gestellt, wann ein Slogan zum anerkannten Sprichwort oder zur bekannten Redensart wird. Um in offizielle Sprichwörterbücher und Lexika aufgenommen zu werden, müssen viele Beispiele dieser Sprachformel gesammelt und aufgezählt werden, bis man die Sprichwörtlichkeit nachweisen kann und bis die neue Formulierung möglicherweise zum „sprichwörtlichen Minimum" gehört.[16] In der Hinsicht von neuen Sprichwörtern — die die Mehrheit von Muttersprachlern einer Sprachgesellschaft kennen — sind Lexika sehr konservativ. Da sich Sprachen ständig erneuern, sind Nachschlagebücher für die moderne Sprache veraltet, sobald sie gedruckt werden.

Auf der anderen Seite ist es verständlich, dass man erst abwarten möchte, ob eine Sprachformel nur eine kurze Modeerscheinung ist oder länger im sprachlichen Gut bleiben wird. „Where's the beef?", nur 23 Jahre alt, ist vielleicht nicht mehr unter vielen Leuten sehr bekannt. Ein aktuelleres Beispiel wäre „Got Milk?" Diese Reihe von Milchwerbungen ist seit einigen Jahren sehr populär in den Vereinigten Staaten. Berühmte Stars werden mit einem „Milchschnurrbart" abgebildet. Unter dem Bild wird erklärt, warum man Milch trinken soll: macht schlank, macht starke Knochen, ist gesund für schwangere Frauen. Obwohl es schon jede Menge Anspielungen im öffentlichen Leben gibt, z.B. „Got blood?" (Werbung für das Rote Kreuz), „Got Vermont?" (Regionalstolz auf den Bundesstaat), „Got Housing?" (für die Suche nach Studentenunterkünften), sowie „Gut deer?" (ein Wortspiel auf das Jagdwesen), ist es noch zu sehen, ob „Got milk?" lang genug im Volksmund bleibt, um von Philologen akzeptiert zu werden.

Trotz der wechselnden Mode- und Werbesprache kommen traditionelle Elemente häufig vor, obwohl sie selten in Reklamen als solche identifiziert werden.[17] Manchmal, auch ohne das Sprichwort oder die Redensart zu verstehen, gefällt einem einfach die volkstümliche Sprache der Werbung. Die klügsten Werbetexter wählen Slogans, die keine bestimmte Kulturmündigkeit von den Kunden verlangen. Solange der Slogan wie eine alte, vertraute Weisheit klingt, ist der Ursprung der Formulierung von der Sicht des Verkaufs her egal.

Aufbau von Werbeanzeigen

Nur zwanzig Prozent der Menschen, die eine Reklame sehen, lesen den Text einer Werbung, und die meisten von ihnen lesen nur die Überschrift.[18] Der Aufbau einer Werbeanzeige besteht aus vier Teilen: Bild, laufendem Text, Überschrift und Slogan.[19] Wie schon erwähnt, wird das Bild, oder die Abbildung, als erstes wahrgenommen. Der laufende Text wird meistens klein gedruckt und enthält detailliertere Informationen über das Produkt. Die Überschrift wird in größeren, auffälligen Buchstaben gedruckt. Der Slogan ist der mit dem Markennamen verbundene Text und kommt oft in mehreren Werbungen derselben Firma vor. In der Tourismuswerbung ist es geläufig, das Firmenikon (Logo) zusammen mit dem Slogan unten in die Mitte der Seite oder in die rechte untere Ecke zu stellen. Einige Beispiele wären: Bei Air Canada: Firmenname, Ahornblatt-Logo und Slogan: „A breath of fresh air" [Abb. 3]; bei Thai Airlines: Firmenname, Lotusblume-Logo und Slogan, „How man was meant to fly" [Abb. 4]; bei Star Alliance: Firmenname, Stern-Logo, Slogan: „The airline network for Earth" [Abb. 5]. Slogan und Überschrift können leicht verwechselt werden, denn beide haben ähnliche linguistische Eigenschaften: kurz, merkbar, einfach, mit Reim, Stabreim oder anderen Stilmitteln. Bei der Tourismuswerbung kommt das Sprichwörtliche meistens in der Überschrift vor. Deshalb werden Überschrift und Slogan in dieser Arbeit als synonym verwendet.

Viele, aber nicht alle Anzeigen, besitzen alle Bestandteile. Nach Petra Balsliemke zeigt eine effektive Anzeige *Text-Bild Kohärenz* und *Vernetzung*; das heißt, man merkt eine starke Beziehung zwischen dem Bild und den verbalen Komponenten, und alle Teile gleichen sich sprachlich und inhaltlich aus.[20]

Tendenzen in Tourismuswerbungen
In der Anyalyse der Fluggesellschaftswerbung ist es erstens wichtig zu verstehen, was typisch für allgemeine Tourismuswerbung ist. Eine durchschnittliche Reisezeitschrift enthält (außer die für Fluglinien) Anzeigen für Schifffahrten, Kameras, Kreditkarten, Hotels und Unterkunft, Autos, Mobiltelephone, sowie für die Zielländer selbst. Angebote für den Urlaub zeigen bunte und exotische Menschen, Landschaften, Tiere, Essen und Bauten. Die Leichtigkeit und Bequemlichkeit der neusten Technologien sind attraktive Eigenschaften für Geschäftsleute und private Einzelreisende. Als zweiter Schritt muss betrachtet werden, was Fluglinien genau anbieten wollen. Da die Hauptgründe des Fliegens Geschäft und Vergnügen (*Business* und *Pleasure*) sind, verteilen sich die Werbungen in zwei Gruppen: Business Class und Economy Class. Fluggesellschaften konzentrieren sich auf folgende Themen in ihrer Werbung.

Komfort
Der physische Komfort während des Fluges ist ein wichtiges Werbethema. Auf dem ersten Platz stehen die Bequemlichkeit und Räumlichkeit der Sitze, denn in diesen Sitzen verbringt man den gesamten Flug. Angebote des Komforts zielen meistens auf Geschäftsreisende. In der oben erwähnten Werbung für TWA („Wie man sich bettet, so sitzt man"), sieht man eine Zeichnung eines Bettes mit Flügeln umgeben von Wolken [Abb. 2]. Die Überschrift ist eine Anspielung auf das Sprichwort, „Wie man sich bettet, so liegt (schläft) man." Im Original bedeutet es, unsere Handlungen haben Konsequenzen, mit denen wir leben müssen; hier heißt es, man sitzt im Flugzeug so bequem wie im eigenen Bett. Im laufenden Text kommt sogar noch eine Redensart vor: „...werden Sie sich fühlen wie im 7. Himmel." Bilder von Wolken, Flügeln und Himmel kommen selbstverständlich oft vor, wenn man Luftreisen verkaufen will. Diese Symbole erinnern einen an ein höheres Niveau, an die Exklusivität des Fliegens, auch wie bei anderen Redensarten, z.B. „in (über) den Wolken schweben (sein)," und auf Englisch, „to be on cloud nine" (deutsch „im siebten Himmel sein"). Mit einem Leinwandbildnis von gemalten Wolken lobt United Airways die Vorteile der Onlinereservierung: „Be on cloud nine online" [Abb. 6]. Für Leute, die ständig mit United fliegen, sind Bonusmeilen und niedrigere Preise etwas Exklusives.

TOUROPA geht neue Wege zum Freisein im Urlaub. Mit Spezial-Journalen für Ihre individuellen Urlaubswünsche.

Zum Beispiel Ihr Urlaub nach Sinn und Verstand:

Wie man sich bettet, so fliegt man.

Wer mit TOUROPA in den Urlaub fliegt, fliegt richtig. Er hat seine Ferien den Urlaubsexperten anvertraut, statt dem Zufall. Kurz, er macht Urlaub mit Niveau. In Hotels, die unter guten Sternen stehen. Zwischen Miturlaubern, die zu ihm passen. Mit Reiseleitern, die ihm mehr sagen können, als den Weg zum nächsten Strand.

Denn die Urlaubsexperten haben seit fast 30 Jahren Erfahrung. Kennen die ganze Urlaubswelt. Wissen, wo der Urlaub Freude macht. Und sie sagen Ihnen, was Sie von Ihrem Urlaub wissen wollen. Damit's für Sie kein Blindflug wird.

Die Urlaubsexperten informieren Sie im speziellen Flug-Journal 78 und mit einer Reiseführer-Bibliothek, die nur TOUROPA bietet: Den TOUROPA-Urlaubsberatern für DM 6,80. 50mal Expertenwissen im Taschenbuchformat. Kurz, präzise und objektiv.

Und außerdem informieren Sie die geschulten Mitarbeiter im TUI-Reisebüro – Ihrem Fachgeschäft für Reise, Urlaub & TOUROPA.

Hier fliegen Sie ins gemachte Urlaubs-Bett:

Jugoslawien, Hotel Sveti Stefan/Montenegro, 2 Wo HP, Doppelzimmer mit Bad/WC, ab Frankfurt ab   DM 1.029,–

Ibiza, Appartements Montanas Verdes/Sta. Eulalia, Appartement für 3 Personen mit Bad/WC, Balkon, 2 Wo ab Frankfurt ab   DM 554,–

Mallorca, Eurotel/Cala Millor-Costa de los Pinos, 2 Wo HP, Doppelzimmer mit Bad/WC, Balkon, ab Frankfurt ab   DM 808,–

TOUROPA
Die Urlaubsexperten

Abb. 1

Denn nur in der neuen Trans World One-Class von TWA kommen Sie in den Genuß unserer neuen Sitze. Mit extra viel Beinfreiheit, besonders weichen Kissen und Wolldecken und auf Nachtflügen sogar frischen Laken und Plumeaus werden Sie sich fühlen wie im 7. Himmel. Unsere Menüauswahl tut da ihr Übriges : Appetit auf ein paar Canapés, einen leichten Snack oder ein 5-Gänge-Menü ? Wählen Sie à la carte, was Sie wollen und wann Sie's wollen :

wir servieren umgehend und in First-Class-Qualität. Und wenn Sie sonst noch Wünsche haben – kein Problem. Dafür ist sicherlich genug Zeit zwischen Frankfurt und New York. Denn dahin fliegen wir Sie. Täglich. Non-Stop. Und mit 99 weiteren Anschlußmöglichkeiten. Alles Übrige erfahren Sie bei TWA unter 0 69/77 06 01 oder in Ihrem Reisebüro.

FIRST   CLASS   SERVICE.   BUSINESS   CLASS   FARE.

Abb. 2

In Air Canadas neuer Executive Class wurde an keiner Ecke und keiner Kante gespart.

Wie lang und breit Sie sich in unserer neuen Executive Class machen möchten wir Ihnen kurz und können, knapp beschreiben.

Zuerst einmal gibt es weniger Sitz plätze insgesamt. Also viel mehr Platz für den einzelnen. Und Jann unsere neuen Sessel selbst, die zu den komfortabelsten gehören, die Ihnen eine Airline bieten kann. M beweglichen Kopfstützen, Rückenlehnen, die sic weit nach hinten neigen lassen, mit in drei Stufe hydraulisch verstellbaren Fußstützen. Mit größere Gepäckfächern und und und. Am besten lassen Si sich auf einem Ihrer näch- sten Flüge mal an- genehm überraschen.

A BREATH OF FRESH AIR

AirCanada

Abb. 3

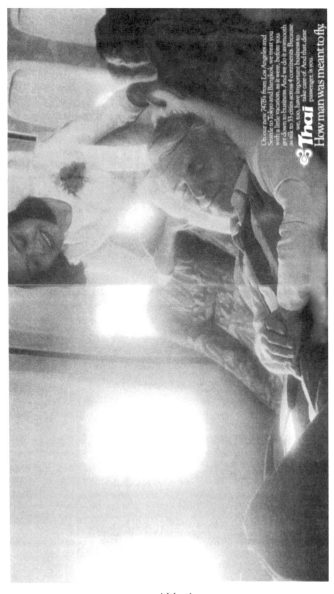

Abb. 4

Abb. 5

Abb. 6

Abb. 7

Abb. 8

Abb 9.

How to Fly. Japanese Style.

One man's <u>sushi</u> is another man's steak.

Abb. 10

Wie man sich vorbereitet, so fliegt man.

Abb. 11

Lufthansa lobt die Bequemlichkeit ihrer Schlafsitze: „An experience that feels like cloud nine" [Abb. 7], und vertritt dabei eine ganze Klasse von Flugzeugwerbungen, die die Bequemlichkeit der Sitze loben. Air Canada preist auch die Breite ihrer Plätze, indem sie mit der Redensart „an allen Ecken und Kanten" spielt: „An keiner Ecke und keiner Kante gespart" [Abb. 3]. Die Werbetexter erwähnen das nationale Symbol Kanadas, das rote Ahornblatt. Neben einem ganzen, unzerstörten Blatt liegt ein anderes grünes Blatt, beispielhaft für eine durchschnittliche Fluglinie, mit abgeschnittenen Ecken. Andere Fluglinien wollen Platz in der Kabine sparen und haben deshalb viel engere Sitze. Der Firmenslogan Air Canadas, „A breath of fresh air," unterstützt die Behauptung: Farbige, vollständige Kanadablätter bedeuten viel Platz. Gleichzeitig repräsentieren sie die großen, sauberen Wälder Kanadas, für die das Land international bekannt ist.

Als weiteres Sitzbeispiel rät United Airlines redensartlich: „Don't let other airlines leave you in a pinch" [Abb. 8]. Hier wird zu den Economy Class Reisenden gesprochen. Ein großer Mann in einem Flugzeugsitz befindet sich in einer unmöglichen Situation und versucht, ein Buch durch seine angehobenen Beine zu lesen. In der Economy-Plus-Kategorie wird mehr Platz für die Beine angeboten. „To leave someone in a pinch" bedeutet, jemanden in einer schlechten Situation zu lassen. Ein Spiel mit dem Wort „pinch" verändert die Bedeutung, so dass „pinch" als unbequeme Sitzposition verstanden wird. Eine weitere Werbung von United lobt den Komfort ihrer Sitze: „To think outside the box, it helps if you don't feel like you're in one" [Abb. 9]. Die Redensart „to think outside the box" heißt, offen für andere Denkweisen sein, um seinen eigenen Horizont zu erweitern. Der Ausdruck wird häufig in der Geschäftssprache gebraucht. Im Bild sitzt ein Passagier, umgeben von weißen Wolken, in einem großen Sessel, liest eine Zeitung und schaut unten auf kleine Autos hin. Wer Platz hat, die Beine auszudehnen, ist auch in guter Laune, seine Denkweisen zu verbreiten und kommt vielleicht auf neue Geschäftsideen.

Ebenso wichtig ist die Qualität und Wahl des Essens an Bord. Japan Air Lines bietet eine Auswahl zwischen dem einheimischen Essen und kontinentalen Essen an: „One man's sushi is another man's steak" [Abb. 10]. Das Originalsprichwort lautet: „One man's meat is another man's poison" („Des einen Freud ist des anderen Leid"). Was einem Kunden aus dem Westen nicht immer schmekken wird, ist ein Leibgericht in Japan und umgekehrt. Japan Air Lines bietet beide Ess-Möglichkeiten an, um sich von anderen Fluglinien gastronomisch zu differenzieren.

Reisen heißt warten. Je größer die Entfernung, je länger muss man warten, bis man ans Ziel kommt. Für die meisten Flugreisenden ist das Fliegen eine „Übergangsperiode" von Punkt A zu Punkt B, gleichzeitig langweilig und erschöpfend. Fluglinien versuchen durch ihre Werbungen eine andere Realität darzustellen. Die Thai Fluggesellschaft kehrt die Formel des typischen amerikanischen Sprichworts „Business before pleasure" (Geschäft vor Vergnügen) in ihrem Appell an Geschäftsreisende um: „Pleasure before business" [Abb. 4]. Thai Airlines bietet einen kleinen Urlaub während der Übergangsperiode des Fluges an. In den laufenden Text wird die stereotype Eigenschaft Asiens, „Smooth as silk" eingewebt, um den Kunden daran zu erinnern, dass das Fliegen mit dieser Fluglinie ein exotisches Abenteuer und nicht ein monotones Erlebnis ist.

Geschäftsreisende in der ersten und Business Klasse haben noch einen Vorteil beim Reisen: den privaten Warteraum. Ein exklusiver Bereich im Flughafen bietet bequeme Sessel und Platz für Geschäftstreffen für die Wartezeit zwischen Flügen an. Der Luftfahrt-Verbund Star Alliance vermarktet seine Aufenthaltsräume mit einer bildhaftem Redensart: „Sitting. Sitting Pretty" [Abb. 5]. „To sit pretty" bedeutet, in einer guten Lage sein; hier heißt es sehr bequem sitzen. Die Wiederholung des Wortes „sitting," zusammen mit dem Kontrast von normalen Stühlen und einem Sessel, betont das höhere Niveau des exklusiven Clubs und versucht, die Realität des ständigen Wartens zu ignorieren.

Dienstleistung
Fluggesellschaften wollen auf die Qualität ihrer Dienstleistung (Service) hinweisen. In diesem Werbebereich ist die deutsche Firma Lufthansa ausgezeichnet. Eine Lufthansa-Anzeige zeigt eine Gruppe von Männern und Frauen in Uniformen bei sorgfältigen Vorbereitungen für den Flug [Abb. 11]. Die Überschrift lautet: „Wie man sich vorbereitet, so fliegt man." Hier handelt es sich wieder um eine Abwandlug des Sprichworts „Wie man sich bettet, so liegt man." Wenn man sich so gut wie die Piloten und Stewardessen von Lufthansa für einen Flug vorbereitet, wird man auch einen angenehmen Flug erleben. In einer anderen Werbung wird

das Flugzeug von einem Techniker überprüft, damit alles erstklassig und sicher ist [Abb. 12]. Das Bild wird erklärt durch den Slogan „Erst die Arbeit, dann das Fliegen," eine Anspielung auf „Erst die Arbeit, dann das Vergnügen." In einer sehr ähnlichen Lufthansa-Werbung zeigt das Bild die mühsamen Vorbereitungen der Maschine, und ein unverändertes Sprichwort funktioniert als Slogan: „Pünktlichkeit ist die Höflichkeit der Könige" [Abb. 13]. Sprachliches Können von den Angestellten ist vielen Reisenden wichtig. Emirates Airlines hat den Slogan „Ein Lächeln sagt mehr als tausend Worte. Wir lächeln in über 30 Sprachen" [Abb. 14]. Das oft zitierte Sprichwort, „Ein Bild sagt mehr als tausend Worte" hat seine eigene Formel, „Ein X sagt mehr als tausend Worte" entwickelt.[21] Hier steht „Lächeln" für X. Das Orginalsprichwort spricht auch zum visuellen Bedürfnis des Menschen: Diese Werbung zeigt eine attraktive, lächelnde Stewardess in Uniform, das häufigste Bild, das man während eines Fluges erlebt. Das Lächeln hat oft dieselbe Wirkung wie die Sprache. Doch ist es sehr beruhigend, wenn man vom Personal an Bord des Fluges gut verstanden wird.

Die Schönheit und Freundlichkeit der Stewardessen kommt in Reiseanzeigen häufig vor. Heutzutage sind es meistens immer nur noch Frauen, die das Essen und die Getränke servieren und ausschenken. Stewardessen sind die einzigen Kontaktleute der Flugfirma während des Fluges. Sie verkörpern die Firma und besitzen traditionell eine gewisse Anziehungskraft. Wenn man sich während des Fluges langweilt, schaut man oft zu den attraktiv gekleideten, zuverlässig aussehenden Angestellten. Bei den hier gesammelten Anzeigen von Korean Air Lines, Emirates, Thai und Lufthansa spielt jeweils ein attraktives Hauptbild des Flugzeugspersonals eine Rolle. Auch wenn heutzutage Männer in diesem Bereich tätig sind, werden sie nie in Werbungen abgebildet. Fluglinienwerbungen sind immer noch ziemlich konservativ in der modernen Welt, weil sie die traditionelle Rolle der Frau als Bedienung fortsetzen.

Eine geschlechtsneutrale, politisch korrekte Sprache macht manchmal den Unterschied. Die Hilfsbereitschaft des Personals wird von British Airways clever ausgedrückt: „To some this glass is half full. To our *flight attendants* it's definitely half empty" [Abb. 15]. Ein Flugbegleiter (trotzdem meistens eine Stewardess) wird immer dabei sein, das Glas wieder zu füllen. Das Bild eines Glases halb voll mit Wasser, mit dem häufigen Motiv von Wolken und blauer Luft im Hintergrund, sagt auch viel aus. Der laufende Text

unten in der Anzeige ist kaum nötig, obwohl Balsiemkes Text-Bild
Kohärenz hier sehr stark zu sehen ist: „So you always arrive refreshed [erfrischt] and ready." Viel wichtiger als die politische Korrekt-
heit ist die Qualität des Services.
Lufthansa zeigt wieder ihre besondere Vertrauenswürdigkeit in
einer Anzeige mit der Überschrift „Liebe auf den ersten Blick"
[Abb. 16]. Eine Stewardess hält die Hand eines jungen Mädchens
und führt es zum Terminal hin. Das Kind ist vermutlich überglück-
lich und aufgeregt wegen der ersten Flugzeugsreise, auch wenn es
allein reisen muss, denn das Personal ist fürsorglich und immer dabei, auf Sonderfälle aufzupassen. Diese Werbung erscheint in der
deutschen sowie in der englischen Version der Flugzeitschrift der
Lufthansa und schafft damit eine Seltenheit: denselben Slogan
zweisprachig mit derselben Bedeutung zu benutzen. Auf Englisch
wirkt die Redensart sogar besser: Der Reim *sight—flight* ermöglicht
eine Anspielung auf „Love at first sight" durch die Ersetzung:
„Love at first flight" [Abb. 17]. Es gibt viele Redensarten und
Sprichwörter, die in mehreren Sprachen vorkommen, z.B. aus anti-
ken oder biblischen Quellen, doch die Werbung und besonders die
Werbesprache sind oft sehr kulturspezifisch. Es ist höchst schwierig, einen Slogan mehrsprachig zu übersetzen, ohne dass ein anderer
Sinn daraus entsteht. Häufiger machen internationale Betriebe verschiedene Slogans für verschiedene Länder. Nur englische Slogans
kommen relativ häufig in Werbungen in anderen Ländern vor.[22] Vor
allem in Deutschland sind englische Werbeslogans, wie die anglo-
amerikanische Kultur überhaupt, sehr populär. (Man achte auch auf
die Vorliebe zum Englischen in der Geschäftssprache: Service,
Stewardess, Economy-Klasse, Business-Klasse, Lounge). Bei Lufthansa sieht man eine erfolgreiche Ausnahme, die international funktioniert und dabei die Möglichkeit erhöht, dass sich mehrere Menschen den Slogan merken. Solch eine Werbung ist sehr passend für
internationalen Austausch in der Reise- und Tourismusindustrie.

Kultureller Austausch und Flucht vor dem Alltäglichen
Das Reisen ist ein Treffpunkt verschiedener Kulturen, auch
wenn oft sehr oberflächlich. Nationalstereotype, oder die Grundvor-
stellungen einer fremden Kultur, werden symbolisch in die Reise-
werbung eingebaut: Das Ahornblatt steht für Kanada, Sushi für Japan, Seide für asiatische Länder, Fleiß und Pünktlichkeit für
Deutschland. Solche nationalen Symbole repräsentieren die Außen-

sicht eines Landes, oder wie ein Land von Fremden gesehen wird;
doch verkörpern sie auch eine Innensicht: wie sich ein Land der
Welt zeigen will. Lufthansa benutzt nationale Symbole mehrfach in
einer Illustriertenwerbung, die Linienflüge und Gruppentarife für
verschiedene Länder anbietet. „Wie Sie Linienflug und Urlaub unter einen Hut bringen" [Abb. 18]. Kulturspezifische Kopfbedeckun-
gen der Zielländer sind über jeden Sondertarif gestellt: ein Sombre-
ro steht für Mexiko/Guatemala, eine Scubabrille für Gran Canaria,
eine Polizeimütze für New York. Jeder Hut deutet auf eine kulturel-
le Eigenheit des Landes hin. „Etwas unter einen Hut bringen" bedeutet, verschiedene Leute, Sachen und Meinungen zusammenzu-
bringen. Die Bedeutung ist also unverändert aufgenommen. Innerhalb des laufenden Textes kommt diese Redensart wieder vor: „Und
wenn es Ihnen gelingt, eine Gruppe von 15 Gleichgesinnten unter
einen Hut zu bringen, wird die Reise noch entschieden preiswerter."
Jetzt geht es darum, Leute zu sammeln, die eine günstige, spannen-
de Reise mitmachen wollen. Die Anspielung auf einen metaphorischen Ausdruck und die bildliche Darstellung sind ein Zeichen einer komplexen Werbung, die den Kunden interessant und verständlich vorkommt.

Eine verwandte Kategorie in der Fluggesellschaftswerbung ist
das Konzept des Fortkommens und der Flucht vor dem Alltag. Eine
bildlich einfache Anzeige von Delta Air Lines verlässt sich auf die
Kraft der Redensart. „Think outside the borough," rät die Werbung
in weißen, fettgedruckten Buchstaben auf blauem Hintergrund
[Abb. 19]. Diese Variante von „to think outside the box" wird durch
die Substitution eines ähnlich klingenden Wortes, „borough," ein
Stadtteil New Yorks, verändert. Die Werbung kommt aus der *New
York* Zeitschrift und bietet viele Flüge vom John F. Kennedy-
Flughafen an. Lutz Röhrich hat bemerkt, „Was die Werbung mit
Bildern versucht, soll die Redensart ohne Bild im Text erreichen,
sie soll ausschmücken, Bildvorstellungen wecken, Vertrautes evo-
zieren."[23] Der laufende Text unten links wirbt mit „Most flights to
Europe." Die Wörter rufen ein abstrakes Alternativbild hervor—
eine Weile irgendwo anders sein als „in the borough." Die Anzeige
versucht, das Reisen mit dem Flugzeug näher zu bringen, damit die
Leute aus ihrem Alltagsleben und aus ihrer Nachbarschaft kommen.
Dieses Beispiel zeigt, wie effektiv auch einfachere Werbungen sein
können.

Täuschungen

Volker Klotz weist auf die wichtige Idee hin, dass eine Werbung oft mit dem Verbraucher spielt, als ob er schon die Sache besitzt, wobei allerdings einige wichtige Schritte ausgelassen werden, z.b. die Geldfrage. Eine Anzeige stellt eine imaginäre Situation dar.[24] Beim Betrachten einer Werbung sitzen die Kunden schon im bequemen Ersteklasseabteil im Flugzeug, tragen schon den exotischen mexikanischen Hut im Urlaub, genießen den ledernen Sessel im Warteraum, obwohl sie eigentlich in ihrem Wohnzimmer sitzen und eine Zeitschrift mit Werbungen durchblättern.

Werbungen wollen auch die Sorgen der Kunden abnehmen, indem sie diese imaginäre Situation darstellen. Das Fliegen ist sehr anstrengend und wird immer stressiger. Die Zahl der Terroristenanschläge steigt, Sicherheitskontrollen werden strenger, Wartezeiten und Warteschlangen werden aus diesem Grund länger, Verspätungen und verpasste Verbindungen kommen oft vor, und Fluggesellschaften verlieren immer mehr Geld. Man sitzt wie in einer Sardinenbüchse, kann sich kaum bewegen, langweilt sich. Beim internationalen Reisen muss man mit anderen Kulturen und Sprachen zurechtkommen.

In der Illustriertenwerbung werden das Fliegen bzw. das Reisen als leicht und unkompliziert dargestellt. Die Fluggesellschaften preisen an, dass man sich wie zu Hause fühlen kann. Für Geschäftsleute sind Angebote für bequemes Reisen attraktiv. Außerdem muss man sich keine Gedanken über die fremde Kultur manchen, da die Fluglinien den Streß vermindern. So werden Erwartungen von amerikanischen und deutschen Reisenden mit Bezug auf Service erfüllt. Korean Air Lines wirbt, dass sie amerikanische Values („We're as Korean as apple pie") verstehen [Abb. 20]. Emirates wirbt mit Kenntnissen von 30 Sprachen, darunter Deutsch, damit deutsche Kunden sich wohl fühlen können [Abb. 14]. Es besteht kein Zweifel, „Slogans werden natürlich auch wechselnden Modetrends angepaßt."[25] Sicherheit, Komfort und Technik, die wichtigsten Themen bei Fluggesellschaftswerbungen, sind passende Widerspiegelungen des globalen Zeitalters. Der Werbeslogan appelliert an unser Unterbewusstsein und unsere emotionalen Wünsche und Bedürfnisse. Unter anderem sind Sicherheit, Anderssein, liebevolle Fürsorge und Beständigkeit emotionale Nebenbedeutungen, die häufig in der Werbung vorkommen.[26] Diese Qualitäten stehen im Kontrast zu der

Realität des Unterwegsseins, wo es immer kleinere und größere Missverständnisse und Schwierigkeiten gibt.

Der Fall United Airlines ist ein Paradebeispiel für eine energische und kreative Werbekampagne, die sich langfristig einer außerordentlichen Zahl Phraseologismen bedient. Hübsche, bemalte Bilder und Wortspiele mit Sprichwörtern und Redensarten sind seit wenigstens 2004 ein definitiver Teil der Werbungsstrategie. Es ist verständlich, dass sich die Kundenbeziehungsabteilung Uniteds bemühen würde, ihr Firmenimage zu verbessern, besonders nach dem 11. September, wo zwei der von Terroristen abgestürzten Flieger von United waren. Neben den schon erwähnten Slogans [Abb. 6, 8, 9] ist sprachliche Fertigware noch in folgenden (und wahrscheinlich noch mehr) Slogans zu finden: „Give 'em something to nibble on" [Abb. 21], „Give Economy Plus Access. Get a leg up on holiday shopping" [Abb. 22], „100 000 miles for your thoughts" [Abb. 23] und „Join the club" [Abb. 24]. Im Bereich Internet-Marketing ist United auch führend. Die Billigfluglinie Ted Airlines wird von United geführt und hat eine sprichwörtliche Webseitengestaltung. Wechselnde Bilder zeigen eine Reihe von Überschriften basiert auf das populäre Sprichwort „Time flies." Mit diesem Sprichwort wird die Idee vom Fliegen unterstrichen, und jedes Bild soll zeigen, wie schnell die Zeit vergeht, wenn man Ted Airlines wählt: „Time flies when you fly with Ted," „Time flies with a low fare guarantee," „Time flies when you can relax and find the perfect vacation package," „Time flies when you feel at home," „Time flies when you're comfortable in your very own preassigned seat." Innerhalb von ein paar Sekunden will United das Vertrauen der Kunden erwerben, und zwar in vielen der oben besprochenen Bereichen: Komfort, Dienstleistung, Flucht vor dem Alltäglichen, u.s.w., und noch dazu im Bereich der niedrigen Preise. Um das Bild zu vervollständigen, hätte die Firma noch etwas zur Sicherheit und Technik sagen können.

Schluß

Wenn Länder ihre eigenen „Reisephilosophien" haben, dann sind Amerikaner und Deutsche deutliche Gegensätze. Die Amerikaner haben wenige Urlaubstage im Jahr und möchten in dieser Zeit so viel wie möglich sehen, erleben und fotografieren, um auf ihre Kosten zu kommen.[27] Urlaubspauschalen wie „Experience Europe in ten days" sind populäre Angebote in den Vereinigten Staaten.

Die Deutschen sind als Reiseweltmeister bekannt. Sie haben viel mehr Urlaub, machen im Durchschnitt einige Reisen im Jahr, reisen nach allen möglichen Ländern und fahren öfters ins Ausland, um zwei Wochen am Strand zu liegen. Diese Stereotypen entsprechen auf keinen Fall jedem Einzelnen, doch diese typisch deutschen und amerikanischen Reisephilosophien suggerieren, dass die Reisewerbungen in jedem Land auch unterschiedliche Betonungen aufweisen sollten. Doch zeigt meine Arbeit keinen Beweis dafür: Trotz der kulturellen Unterschiede sind die Fluggesellschaftswerbungen in englischer und deutscher Sprache sehr ähnlich.

Während manche argumentieren, dass Sprichwörter in der modernen Welt aussterben, behaupten Volkskundler und Parömiologen genau das Gegenteil. Das Phänomen des „technischen Zeitalters" ist das Abändern der traditionellen Formen. Dies ist eigentlich kein neues Phänomen, doch ist der Trend zu variierten Sprichwörtern und Redensarten vorhanden. Die Struktur bleibt ähnlich oder gleich, neue Bedeutungen entstehen und nützen volkstümliche Elemente aus. Helmut Herles sagt mit Recht: „Die Variation der Sprichwörter ist ein Beweis für ihr Leben in der technischen Welt."[28]

Angesichts der hier versammelten Belege aus dem Internationalen Sprichwortarchiv an der Universität Vermont und meiner eigenen Belegsammlung ist die Häufigkeit der Phraseologismen in der Tourismus- bzw. Fluggesellschaftswerbung nicht besonders hoch. Die Fälle von Lufthansa und United Airlines sind gute Ausnahmen. Trotzdem wurde in diesem Beitrag gezeigt, wie gut sich Sprichwörter für Tourismuswerbung eignen. Deshalb können wir mit dem Weiterleben der Redewendungen im Tourismus sicher sein. In unserer Zeit, wo das Fliegen immer gefährlicher und stressiger wird, wäre es logisch, neuere Werbungen zu erwarten, die für die Sicherheit des Fliegens werben. Oder vielleicht wollen die Fluggesellschaften ihre Kunden täuschen und nicht an die unangenehme Wahrheit der Sicherheitskontrollen erinnern. Eines ist klar im Tourismus sowie in der Werbungsstrategie: „Better safe than sorry."

Abb.12

Abb. 13

Abb. 14

Abb. 15

Liebe auf den ersten Blick.

⊖ **Lufthansa**

Abb. 16

Love at first flight.

Abb. 17

Abb. 18

Abb. 19

Abb. 20

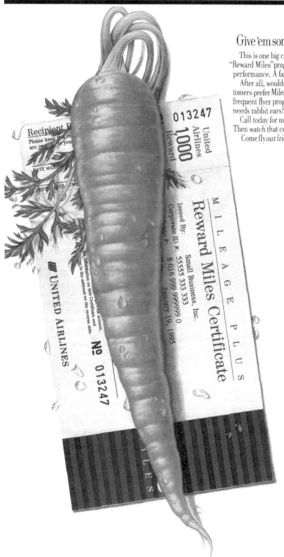

Abb. 21

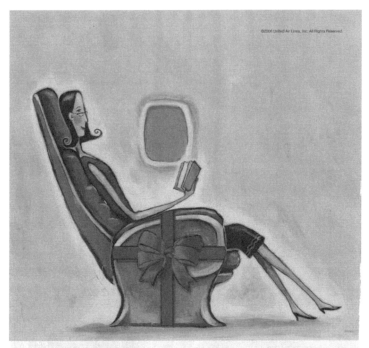

Abb. 22

Abb. 23

Abb. 24

Tabelle 1. Ausgewählte Liste der gesammelten Fluglinienwerbungen, die Phraseologismen verwenden.

Nr.	Slogan	Fluglinie	Quelle/Datum
1	„Wie man sich bettet, so fliegt man."	Touropa	*Quick*, Nr. 7, 09.02.1978, S. 117.
2	„Wie man sich bettet, so sitzt man."	TWA	*Focus*, Nr. 22, 29.05.1995, S. 71.
3	„In Air Canadas neuer Executive Class wurde an keiner Ecke und keiner Kante gespart."	Air Canada	*Spiegel*, Nr. 43, 29.05.1995, S. 62.
4	„Pleasure before business."	Thai Airlines	*The New Yorker*, 28.01.1980, S. 31.
5	„Sitting. Sitting Pretty."	Star Alliance	*Hemispheres*, 03.2001, S. 55.
6	„Be on cloud nine online."	United	*Hemispheres*, 10.2004, S. 65.
7	„An experience that feels like cloud nine."	Lufthansa	*The Week*, 17.03.2006, S. 15.
8	„Don't let other airlines leave you in a pinch."	United	*Hemispheres*, 05.2005, S. 121.
9	„To think outside the box, it helps if you don't feel like you're in one."	United	*Hemispheres*, 12.2006, S. 180 und 03.2007, inneres Rückseitenblatt.
10	„One man's sushi is another man's steak."	Japan Air Lines	*Gourmet*, 09.1974, S. 69.
11	„Wie man sich vorbereitet, so fliegt man."	Lufthansa	*Spiegel*, Nr. 37, 07.09.1987, S. 192.
12	„Erst die Arbiet, dann das Fliegen."	Lufthansa	*Spiegel*, Nr. 41, 05.10.1987, S. 52.
13	„Pünktlichkeit ist die Höflichkeit der Könige."	Lufthansa	*Scala*, Nr. 5, 1983, S. 11
14	„Ein Lächeln sagt mehr als tausend Worte. Wir lächeln in über 30 Sprachen."	Emirates Airlines	*Spiegel*, Nr. 47, 18.11.2002, S. 29.
15	„To some this glass is half full. To our flight attendants it's definitely half empty."	British Airways	*The New Yorker*, 02.05.1994, S. 45.
16	„Liebe auf den ersten Blick."	Lufthansa	*Scala*, Nr. 6 (deutsche Version), 1984, S. 11.
17	„Love at first flight."	Lufthansa	*Scala*, Nr. 6 (englische Version), 27.02.1985, S. 41.
18	„Wie Sie Linienflug und Urlaub unter einen Hut bringen."	Lufthansa	*Spiegel*, Nr. 9, 27.02.1975, S.41.

19	„Think outside the borough." Delta		*New York*, 27.03.2006, S. 15.
20	„We're as Korean as apple pie."	Korean Air Lines	*Newsweek*, 14.11.1978, S. 120.
21	„Give 'em something to nibble on."	United	*Hemispheres*, 06.1995, S. 16.
22	„Give Economy Plus Access. Get a leg up on holiday shopping."	United	*Hemispheres*, 12.2006, S. 20.
23	„100,000 miles for your thoughts."	United	*Hemsipheres*, 03.2007, S. 18.
24	„Join the club."	United	*Hemispheres*, 11.2005, S. 138.

Nicht abgebildet

„Thai—smooth as silk."	Thai Airlines	http://www.thai-airways.de/sites/index.html. 01.03.2007.
„Time flies when you fly with Ted."	Ted Airlines	http://www.flyted.com/index.html 01.03.2007.

Anmerkungen

[1] Piller, Ingrid. „Englische Werbeslogans." *Anglia*, 115, no. 2 (1997), 203.

[2] Mieder, Barbara und Wolfgang. „Tradition und Innovation: Proverbs in Advertising." *Journal of Popular Culture*, 11 (1977): 310.

[3] Klotz, Volker. „Slogans." *Sprache im technischen Zeitalter*, 7 (1963): 544.

[4] Mieder, Wolfgang. *Deutsche Sprichwörter und Redensarten*. Stuttgart: Philipp Reclam, 1979: 14-20.

[5] Möckelmann, Jochen und Sönke Zander. *Form und Funktion des Werbeslogans:Untersuchung der Sprache und werbepsychologischen Methoden des Slogans*. Göppingen: Verlag Alfred Kümmerle, 1972: 24.

[6] vgl. Simmel, Georg. „The Metropolis and Mental Life." *The Blackwell City Reader*. Malden, Massachussetts: Blackwell Publishers, 2002: 14.

[7] Mieder und Mieder: 313.

[8] Mieder, Wolfgang. *Das Sprichwort in unserer Zeit*. Frauenfeld, Schweiz: Verlag Huber, 1975: 32.

[9] Mieder, *Das Sprichwort in unserer Zeit*: 13.

[10] vgl. Prahlad, Anand. „The Proverb and Fetishism in American Advertisements." Kimberly Lau, Peter Tokofsky, und Stephen Winick (Hrsg.). *What Goes Around Comes Around: The Circulation of Proverbs in Contemporary Life*. Logan, Utah: Utah State University Prerss, 2004: 127-151.

[11] Mieder und Mieder: 312.

[12] Röhrich, Lutz und Wolfgang Mieder. *Sprichwort*. Stuttgart: J.B. Metzlersche Verlagsbuchhandlung, 1977: 112.

[13] Janich, Nina. „Phraseologismen in der Werbesprache: Verwendungsweisen und methodische Probleme." Ulrich Breuer und Irma Hyvärinen (Hrsg.). *Wörter-Verbindungen: Festschrift für Jarmo Korhonen zum 60. Geburtstag.* Frankfurt/Main: Peter Lang, 2006: 183.

[14] Barrick, Mac E. „Where's the Beef?" *Midwestern Journal of Language and Folklore*, 12 (1986): 43.

[15] vgl. Mieder, Wolfgang. „'Ein Bild sagt mehr als tausend Worte': Ursprung und Überlieferung eines amerikanischen Lehnsprichworts." *Sprichwort—Wahrwort? Studien zur Geschichte, Bedeutung und Funktion deutscher Sprichwörter.* Frankfurt am Main: Peter Lang, 1992: 191-201. Mieder, Wolfgang. „'A Picture is Worth a Thousand Words.' From Advertising Slogan to American Proverb." *Proverbs Are Never Out of Season: Popular Wisdom in the Modern Age.* New York: Oxford University Press, 1993: 135-151.

[16] Mieder, Wolfgang. *Proverbs: A Handbook.* Westport, Connecticut: Greenwood Press, 2004: 129-131.

[17] Röhrich, Lutz. *Gebärde—Metapher—Parodie.* Wolfgang Mieder (Hrsg.). Burlington, Vermont: University of Vermont Press, 2006. Nachdruck von: Düsseldorf: Pädagogischer Verlag Schwann, 1967: 147.

[18] Mieder, Wolfgang. *American Proverbs: A Study of Texts and Contexts.* Bern: Peter Lang, 1989: 293.

[19] Balsliemke, Petra. „'Der Kunde ist König!' Zur Verwendung von Phraseologismen in der Anzeigenwerbung." *Wörter in Bildern, Bilder in Wörtern.* Rupprecht Baur, Christoph Chlosta, und Elisabeth Pirainen (Hrsg.). Hohengehren: Schneider Verlag, 1999: 20.

[20] Balsliemke: 22-26.

[21] Mieder 1993: 143 und Mieder 1992: 191-201.

[22] Piller: 195.

[23] Herles, Helmut. „Sprichwort und Märchenmotiv in der Werbung." *Zeitschrift für Volkskunde*, 62 (1966): 67-80.

[24] Klotz: 539.

[25] Piller: 194.

[26] Möckelmann und Zander: 33.

[27] Siehe Dundes, Alan. „Seeing is Believing." *Interpreting Folklore.* Bloomington, Indiana: Indiana University Press, 1980.: 86-92.

[28] Herles, Helmut. „Sprichwort und Märchenmotiv in der Werbung." *Zeitschrift für Volkskunde*, 62 (1966): 71.

Bibliographie

Barrick, Mac E. „Where's the Beef?" *Midwestern Journal of Language and Folklore*, 12 (1986), 43-46.

Balsliemke, Petra. „'Der Kunde ist König!' Zur Verwendung von Phraseologismen in der Anzeigenwerbung." *Wörter in Bildern, Bilder in Wörtern.* Rupprecht Baur, Christoph Chlosta, und Elisabeth Pirainen (Hrsg.). Hohengehren: Schneider Verlag, 1999. 19-46.

Dundes, Alan. „Seeing is Believing." *Interpreting Folklore.* Bloomington, Indiana: Indiana University Press, 1980. 86-92.

Fink, Hermann. *Amerikanisierung in der deutschen Wirtschaft: Sprache, Handel, Güter und Dienstleistung.* Frankfurt/Main: Peter Lang, 1995.

Hagmann, Silke und Daniela Hartmann. „Phraseologismen in der Werbung: Ein Unterrichtsbeispiel für Deutsch als Fremdsprache." *Beiträge zur Fremdsprachenvermittlung*, 33 (1998), 45-64.

Herles, Helmut. „Sprichwort und Märchenmotiv in der Werbung." *Zeitschrift für Volkskunde*, 62 (1966), 67-80.

Janich, Nina. „Phraseologismen in der Werbesprache: Verwendungsweisen und methodische Probleme." Ulrich Breuer und Irma Hyvärinen (Hrsg.). *Wörter-Verbindungen: Festschrift für Jarmo Korhonen zum 60. Geburtstag.* Frankfurt/Main: Peter Lang, 2006. 175-186.

Klotz, Volker. „Slogans." *Sprache im technischen Zeitalter*, 7 (1963), 539-546.

Küpper, Heinz. „Alltagssprache und Werbung." *Muttersprache*, 91 (1981), 15-23.

Mieder, Barbara und Wolfgang. „Tradition und Innovation: Proverbs in Advertising." *Journal of Popular Culture*, 11 (1977), 308-319.

Mieder, Wolfgang. *Das Sprichwort in unserer Zeit.* Frauenfeld, Schweiz: Verlag Huber, 1975.

Mieder, Wolfgang. *Deutsche Sprichwörter und Redensarten.* Stuttgart: Philipp Reclam, 1979.

Mieder, Wolfgang. „The Proverb in the Modern Age: Old Wisdom in New Clothing." *Tradition and Innovation in Folk Literature.* Hanover, New Hampshire: University Press of New England, 1987. 118-156.

Mieder, Wolfgang. *English Proverbs.* Stuttgart: Philipp Reclam, 1979.

Mieder, Wolfgang. *American Proverbs: A Study of Texts and Contexts.* Bern: Peter Lang, 1989.

Mieder, Wolfgang. „'Ein Bild sagt mehr als tausend Worte': Ursprung und Überlieferung eines amerikanischen Lehnsprichworts." *Sprichwort—Wahrwort? Studien zur Geschichte, Bedeutung und Funktion deutscher Sprichwörter.* Frankfurt am Main: Peter Lang, 1992. 191-201.

Mieder, Wolfgang. *English Expressions.* Stuttgart: Philipp Reclam, 1992.

Mieder, Wolfgang. „'A Picture is Worth a Thousand Words.' From Advertising Slogan to American Proverb." *Proverbs Are Never Out of Season: Popular Wisdom in the Modern Age.* New York: Oxford University Press, 1993. 135-151.

Mieder, Wolfgang. *Proverbs: A Handbook.* Westport, Connecticut: Greenwood Press, 2004.

Mieder, Wolfgang und Anna T. Litovkina. *Old Proverbs Never Die, They Just Diversify: A Collection of Anti-Proverbs.* Veszprém, Ungarn: University of Veszprém Press, 2006.

Möckelmann, Jochen und Sönke Zander. *Form und Funktion des Werbeslogans: Untersuchung der Sprache und werbepsychologischen Methoden des Slogans.* Göppingen: Verlag Alfred Kümmerle, 1972.

Piller, Ingrid. „Englische Werbeslogans." *Anglia*, 115, no. 2 (1997), 193-222.

Prahlad, Anand. „The Proverb and Fetishism in American Advertisements." Kimberly Lau, Peter Tokofsky, und Stephen Winick (Hrsg.). *What Goes Around Comes Around: The Circulation of Proverbs in Contemporary Life*. Logan, Utah: Utah State University Prerss, 2004. 127-151.

Röhrich, Lutz. *Gebärde—Metapher—Parodie*. Wolfgang Mieder (Hrsg.). Burlington, Vermont: University of Vermont Press, 2006. Nachdruck von: Düsseldorf: Pädagogischer Verlag Schwann, 1967.

Röhrich, Lutz und Wolfgang Mieder. *Sprichwort*. Stuttgart: J.B. Metzlersche Verlagsbuchhandlung, 1977.

Röhrich, Lutz. *Das große Lexikon der sprichwörtlichen Redensarten*. 3 Bde. 3. Aufl. Freiburg: Verlag Herder, 2006.

Simmel, Georg. „The Metropolis and Mental Life." *The Blackwell City Reader*. Malden, Massachussetts: Blackwell Publishers, 2002. 11-19.

Simrock, Karl. *Die deutschen Sprichwörter*. Frankfurt am Main: Heinrich Ludwig Brönner, 1846. Nachdruck von Wolfgang Mieder (Hrsg.). Stuttgart: Philipp Reclam, 1988.

Vesalainen, Marjo. „Phraseologismen in der Werbung." *Prospektwerbung: Vergleichende rhetorische und sprachwissenschaftliche Untersuchungen an deutschen und finnischen Werbematerialien*. Frankfurt am Main: Peter Lang: 2001. 162-186.

„To Live and Let Die"
Sprichwörter, Redensarten und Zitate in den James-Bond-Filmen

Adrian Krummenacher

Dem Anwendungsbereich von Sprichwörtern und Redensarten sind, so könnte man es mit einer Redensart selbst ausdrücken, keine Grenzen gesetzt. Sowohl im mündlichen als auch im schriftlichen Bereich werden sie gerne und häufig angewendet und für die verschiedensten Zwecke gebraucht. Auch in den neuzeitlichen Medien spielen sie eine grosse Rolle und hier ist selbstverständlich an die Filmindustrie zu denken. Nicht zuletzt auf der Leinwand werden natürlich Sprichwörter und die Redensarten ebenso verwendet wie in fast allen Bereichen, wo das Wort bedeutend ist, obwohl die Forschung auf diesem Gebiet noch zurücksteht (vgl. Haase 1990, 89). Was liegt also näher, als diesen Aspekt genauer unter die Lupe zu nehmen und nach der Verwendung dieses Sprachmaterials im Film zu fragen. Wenn man aber an das Sprichwort im Zusammenhang mit der Filmindustrie denkt, darf der Name James Bond nicht fehlen.

Unter den mittlerweile zahllosen Filmen und Filmreihen, die in Hollywood und anderswo produziert werden, haben diejenigen um den fiktiven britischen Geheimagenten mit der einprägsamen Nummer 007 ein ganz besonderes Renomée. Der erste Film dieser Reihe – *Dr. No* – entstand im Jahre 1962. Seit bald 50 Jahren also werden in mehr oder weniger regelmässigen Abständen neue Folgen verfilmt, ohne dass sich die Figur totlaufen würde. Der nunmehr 21. Film - wenn man die inoffizielle Verfilmung von *Never Say Never Again* aus dem Jahre 1983 nicht mitzählt – mit dem Titel *Casino Royale* erschien 2006 und wurde wie alle vorherigen zum Kassenschlager. Längst ist die fiktive Figur James Bond zu einer weltweiten Berühmtheit und popkulturellen Ikone geworden. Kaum eine andere Filmreihe kann oder konnte einen ähnlich langanhaltenden Erfolg für sich in Anspruch nehmen.

Gründe für diese einzigartige Erfolgsgeschichte sind wie bei allen komplexen Angelegenheiten nicht auf einen kurzen Faktor zu reduzieren. Es scheinen die Figur als Einzelnes und der Film als Ganzes zu sein, die etwas Magisches an sich haben und dem Publikum mächtig imponieren, eine sonderbare Mischung aus idealistischem Heldentum und realitätsfremder Frivolität. Der „gute" James

Bond, der mächtige Verfechter für die Armen und Unterdrückten, der den gemeinen Bösewicht im heldenhaften Zweikampf besiegt – fast schon könnte man sich in einer Heldengeschichte der vormodernen Zeit wähnen. Und dass Bond diese Heldentaten mit einer scheinbaren Leichtigkeit und Sicherheit vollbringt, macht ihn für die Zuschauer vollends zum Helden.

Dass James Bond in allen bisherigen 21 Filmen als eine einzige Figur gesehen wird, obwohl die Handlungen in den einzelnen Filmen ja nicht miteinander stimmig verknüpft sind, hat mit einer ganzen Reihe von Elementen zu tun, die in praktisch jedem Film eine neue Verwendung finden und Bond eine klare Identität geben. Ein wichtiges Element in diesem Zusammenhang ist die in allen Filmen ähnliche Struktur des Handlungsablaufes. So muss James Bond jeweils gegen einen grössenwahnsinnigen Superschurken antreten, der in irgendeiner Form eine grosse, unmittelbare Gefahr für die Welt darstellt, sei es, dass dieser die westlichen Nationen um Geld erpresst, sei es, dass er gar die Weltherrschaft an sich reissen will. Dabei ist dieser Bösewicht oft mit übermässiger Intelligenz oder massenhaftem Reichtum ausgestattet und droht, diese gegen die Menschheit zu richten. In der Folge wird James Bond auf den Fall angesetzt, damit er die Welt vor der tödlichen Gefahr errette, was ihm schliesslich – nachdem er zuvor meist auf perfide Art und Weise gekidnappt wurde und wieder entfliehen konnte – auch gelingt.

Als weitere Konstante taucht im Verlaufe der Handlungen eine junge hübsche Frau auf, die Bond beisteht. Meist endet der Film dadurch, dass er nach überstandenen Gefahren dieses sogenannte Bond-Girl verführt und mit ihr im Bett landet, was mitunter Konfusion in den Reihen seiner Vorgesetzten auslöst, die auf irgend eine Weise Wind davon kriegen. Im Verlaufe der Jahre hat sich die Rolle des Bond-Girls erheblich verändert. Während sie in früheren Filmen meist nur die Rolle der „zierenden Statistin" zugewiesen bekam, die des Schutzes vor dem gemeinen Bösewicht bedürftig war und so ganz nebenbei auch noch Bonds sexuelle Bedürfnisse befriedigen „durfte", wurde ihr in den neueren Filmen mehr Eigenwert zuerkannt. Mittlerweile dürfen sie als vollwertige Partnerinnen an der Seite von 007 die Welt mitretten. Diese Rolle ist heute eine der begehrtesten Filmrollen und kann die Karriere junger Schauspielerinnen erheblich fördern.

Der Kampf zwischen James Bond und seinen Gegenspielern wird durch den Einsatz von zahlreichen technischen Finessen und

Spielereien bereichert. Uhren mit eingebauter Säge oder Sprengsätzen, ein mit Lenkwaffen bestückter Minitragschrauber, Universalschlüssel und spezielle Handys zum Knacken von Schlössern und Safes, nichts von alledem darf bei den aktiongeladenen Szenen fehlen. Besonders das Auto von James Bond – meist ein sportliches Modell der Marke Aston Martin - ist eine eigentliche Wunderwaffe mit kugelsicherem Glas, Schleudersitz, Raketenmotor oder einer Selbstzerstörungsfunktion. Entwickelt und zur Verfügung gestellt werden diese Geräte von Q, dem Quartiermeister des britischen Geheimdienstes MI6.

Neben Q haben weitere Nebenrollen eine dauerhafte Existenz in (fast) allen Filmen der Reihe. Bonds Vorgesetzter, simpel mit dem Buchstaben M abgekürzt, hat zwar wie das Bond-Girl eine Charakterverschiebung durchgemacht, wird in den neueren Filmen sogar von einer Frau gespielt, ist aber als integraler Part des Films nicht mehr wegzudenken. Neben ihm ist Felix Leitner eine Bezugsperson von James Bond. Leitner arbeitet bei der CIA und ist ein persönlicher Freund von 007. Und schliesslich ist da noch Miss Moneypenny, die Sekretärin von M. Seit den ersten Filmen hat sie ein Auge auf Bond geworfen, flirtet mit ihm in jeder nur möglichen Situation, ohne dass sich Bond auf eine tiefere Beziehung einlassen würde.

Auch der Beginn der Filme ist jeweils ungewöhnlich. In der sogenannten Pistolenlauf-Sequenz (engl. Gun barrel sequence), begleitet vom weltberühmten James-Bond-Thema, wird 007 ins Visir eines fiktiven, in der Zuschauermenge sitzenden Schützen genommen. Plötzlich dreht sich Bond der Zuschauermenge zu und jagt dem Schützen eine Kugel entgegen, woraufhin sich das Rot des Blutes über die Leinwand ergiesst. Darauf folgt eine kurze Einführung in die Handlung des Filmes, bis schliesslich der Vorspann des Filmes beginnt.

Diese besprochenen Elemente tragen viel dazu bei, dass James Bond trotz all dieser verschiedenen Filme als eine Einheit wahrgenommen wird, obwohl die Figur an und für sich im Zeitraum von 45 Jahren unvermeidlicherweise eine grosse Wandlung durchgemacht hat. Durch diese immer wiederkehrenden Elemente – man könnte sie auch als Charaktereigenschaften des Filmes bezeichnen – kriegt James Bond eine feste Identität, typische Merkmale, woran man ihn leicht erkennen und charakterisieren kann. Dies macht wohl einen nicht unwichtigen Teil des Erfolges des ganzen Konzepts aus.

Die Bond-Figur wäre mit nur diesen Elementen aber noch nicht hinreichend charakterisiert. All das oben Besprochene wird gepaart mit einer besonderen sprachlichen Eloquenz, die Bond einzigartig macht. Die Art und Weise, wie er mit „Vodka Martini, shaken, not stirred" seinen Lieblingsdrink zu bestellen pflegt, oder die Formel, mit der er sich als „Bond, James Bond" vorstellt, sind inzwischen weltberühmte Floskeln und nicht mehr von 007 wegzudenken. Daneben wird in allen Filmen von Sprichwörtern, Redensarten und sogar Zitaten häufiger Gebrauch gemacht, deren Äusserungen meist einem bestimmten Muster folgen und in einer speziellen Situation geschehen.

Eine Probe aufs Exempel kann hierfür beispielsweise aus dem Film *Die Another Day* aus dem Jahre 2002 gezogen werden. James Bond, gespielt vom irischen Schauspieler Pierce Brosnan, muss gegen den nordkoreanischen Colonel Moon antreten. Bei einer Mission in Nordkorea wird 007 aber verraten und gerät in mehrmonatige Gefangenschaft. Weil der britische Geheimdienst glaubt, dass er unter Folter Geheimnisse preisgegeben hat, wird ein Gefangenenaustausch arrangiert. Doch Bond will sich später an den Nordkoreanern rächen. Die Informationen eines chinesischen Agenten führen ihn zuerst nach Kuba, wo er die amerikanische NSA-Agentin Jinx kennenlernt, und dann nach London. Dort macht er Bekanntschaft mit dem Diamantenhändler Gustav Graves, der ihn nach einem Fechtduell in seinen Eispalast nach Island einlädt, wo sein neuer Sonnenenergie-Satellit der Öffentlichkeit präsentiert werden soll. Bond und die anwesende Jinx finden heraus, dass Graves in Wirklichkeit Colonel Moon ist, der plant, mit Hilfe seines Satelliten das Minenfeld zwischen Nord- und Südkorea zu zerstören, damit die nordkoreanischen Truppen in den Süden einfallen können. Zusammen mit Jinx kämpft Bond zuerst in Island und dann in einem Transportflugzeug über Korea gegen Moon und verhindert die Katastrophe.

In dem Film kommen viele Sprichwörter und Redensarten vor, so zum Beispiel die Wendung „saved by the bell", als Bond nach wilder Verfolgungsjagd in einem Wald in Nordkorea sich kurz vor dem Fall in die Tiefen eines Wasserfalls an einem Glockenturm festhalten kann. Als er später von einem kubanischen Politiker über Colonel Moon ausgefragt wird und daraufhin meint, dass dieser ein Terrorist sei, meint der Kubaner: „One man's terrorist is another man's freedom fighter!" Der Satz, in der vorliegenden Form vielleicht nicht sehr geläufig, wird durch seine Struktur (One man's ... is another man's...) sofort als sprichwörtlich erkannt. Die Struktur deckt sich mit der anderer Sprichwörter, wie zum Beispiel: "One man's meat is another man's poison", "One man's weakness is another man's chance" und "One man's loss is another man's gain." Einige Szenen später hat Bond mittlerweile eine Spur zu Gustav Graves entdeckt und fliegt von Kuba nach London, wo Graves nach einem spektakulären Fallschirmsprung von den wartenden Journalisten nach dem Geheimnis seiner Energie ausgefragt wird. „You seem to act 24/7. Is it true that you don't need sleep?" Als Antwort benützt er die Redensart „to have a shot at something", indem er erwidert: „You only get one shot at life, why waste it on sleep?"

Weitere Beispiele können durch den ganzen Film hindurch verstreut gefunden werden. Gustav Graves leitet die Präsentation seines Satelliten mit der Bibelpassage „Let there be light" ein, woraufhin tatsächlich wie von Gotteshand ein Lichtstrahl von den Solarzellen des Satelliten gebündelt auf der Erde erscheint und die Nacht erhellt. Der CIA-Boss seinerseits benützt in einer Unterredung mit seiner englischen Arbeitskollegin M das bekannte „Put your house in order", Bond gebraucht bei einer Unterredung mit Q das Sprichwort „How time flies", Graves spricht von „It's only by being on the edge that we know who we really are" und Miss Frost, Graves' hübsche Sekretärin, die scheinbar für den MI6 arbeitet, aber schliesslich als diejenige enttarnt wird, die Bond in Nordkorea verraten hat, gebraucht im Zusammenhang mit Bond „to save your skin". Die Liste ist damit noch nicht vollständig.

Wie uns dieses erste Filmbeispiel vor Augen führt, wird von Sprichwörtern und Redensarten haufenweise Gebrauch gemacht. Dabei führt der 15. Bond-Streifen mit dem englischen Titel *The Living Daylights* (1987) ein spezielleres parömiologisches Dasein. Bei der deutschen Übersetzung (*Der Hauch des Todes*) geht leider verloren, dass sich ursprünglich eine Redensart bereits im Filmtitel verbirgt, die auf englisch „to scare the living daylights out of someone" lautet.

Der Handlungsablauf dieses Filmes dreht sich um den sowjetischen Topagenten Georgi Koskov, der scheinbar zu den Briten überläuft, dabei aber seine eigenen Geschäfte verfolgt. Um zusammen mit dem amerikanischen Waffenhändler Brad Whitaker seinem einträglichen Kokainschmuggel mit den afghanischen Taliban weiter zu verfolgen, will er die Grossmächte gegeneinander aufhetzen. 007 soll auf den Leiter des sowjetischen Geheimdienstes, General Puschkin, angesetzt werden. Der Plan geht schief, Bond kann aus dem afghanischen Militärstützpunkt, in den er von Koskov gebracht wurde, entfliehen und Koskov und Whitaker auf Tangier das Handwerk legen. Die Figur Koskov passt gut in die Reihe der niederträchtigen Bösewichte, die durch einen perfiden Plan ihre eigenen Ziele ohne Rücksicht auf das Leben und die Gesundheit anderer verfolgen. Er hebt sich aber dadurch heraus, dass er in seinen Konversationen mit Sprichwörtern und Redensarten ausdrücklicher spielt als andere, zuweilen sogar russische Sprichwörter benützt. Die Besprechung im Hauptquartier des MI6 in England ist hierfür bezeichnend. Neben Koskov sind auch M und der Verteidigungsminister anwesend. Bond hat soeben das Zimmer betreten und Koskov einen Korb mit Kaviar und anderen Leckereien mitgebracht, was Koskov mit den Worten würdigt: „As the Russians say, Hearts and stomachs good comrades make!" (Das Englische tönt hier ein bisschen holprig. Ob es das Sprichwort in dieser Form im Russischen wirklich gibt, wäre genauer zu untersuchen. Jedenfalls könnte die deutsche Übersetzung an dieser Filmstelle durchaus als Sprichwort durchgehen: „Herz und Magen sind gute Kameraden!"). In derselben Konversation bringt Koskov eine Reihe weiterer Wendungen: „The power has gone to his [General Puschkins] head. He is like Stalin", und wenig später: "This could lead into war, unless – how do you say – Pushkin can be put away". Das Schöne an Koskov ist, dass er seine Sprichwörter und Redensarten jeweils ausdrücklich als solche ankündigt, während man sie in anderen Filmen erst suchen und finden muss.

Zahlreiches weiteres Material ist im Film zu finden: "Don't worry, Yurgi, that's a piece of cake", sagt Bond, als er zu Beginn des Filmes Koskov zur Flucht in den Westen verhilft; „When pig goes, his [des Aufsehers] control pannel will light up like Christmas tree" [sic], gesprochen von der vollbusigen Wärterin an der Pipelinestation, die dafür sorgen muss, dass der Oberaufseher abgelenkt ist, während Koskov in einer Sonde (the pig) durch die Pipeline von Bratislava über die Grenze nach Wien befördert wird. Die Redensart aus dem Filmtitel findet ebenfalls Verwendung, als Bond zu seinem Kollegen Saunders meint, dass die Scharfschützin, die auf Koskov gezielt habe, selbst zu Tode erschrocken gewesen sei: „Whoever she was, it must have scared the living daylights out of her!". Wenig später spricht Bond: „Looks like it's a dead end here anyway", und danach kommt Koskov nochmals zum Zug, als er mit dem Waffenhändler Whitaker

über General Puschkin spricht, den Whitaker am liebsten tot sehen
möchte: „Pushkin is – how do you say – history", worauf Whitaker
meint: „Not yet, your James Bond hasn't laid a finger on it." Auch die
Redewendung „to be in the dark" kommt vor, um auszudrücken, dass
Pushkin genauso unwissentlich hinters Licht geführt wurde wie
Bond: „I'm in the dark as much as you." Und gegen Ende des Filmes
teilt Bond dem verblüfften Whitaker mit, dass das geschmuggelte
Opium „up in smoke", in Rauch aufgegangen sei, was hier durchaus
im übertragenen Sinn zu verstehen ist, denn das Opium wurde nicht
verbrannt, sondern lediglich aus einem Flugzeug über der afghanischen Wüste abgeworfen. Das sind Redensarten und Sprichwörter,
wie sie in jedem Film vorkommen könnten, und doch zeigen sie, dass
sie hier eine wichtige Rolle spielen.

Eine weitere Szene muss noch gesondert betrachtet werden, weil
sie den Aspekt dieser formelhaften Ausdrücke bei James Bond im
Generellen und in *The Living Daylights* im Speziellen prägnant ver-
anschaulicht. Ganz am Schluss des Filmes – Bond ist mittlerweile aus
dem sowjetischen Militärstützpunkt in Afghanistan geflohen, hat mit
Hilfe der Mudschaheddin die Flugzeugladung Opium vernichtet –
treffen sich die Kontrahenten 007 und Whitaker in dessen Residenz
im marokkanischen Tangier zum entscheidenden Gefecht. Whitaker
war gerade dabei, seiner Leidenschaft zu frönen: Das Nachspielen
historischer Schlachten, wofür er die Szenen auf speziellen Tischen
wie bei einer Modelleisenbahn nachgebaut hat. Eine davon stellt die
Schlacht von Waterloo dar. Als Bond einen Minisprengsatz im rechten Augenblick zündet, wird Whitaker im wahrsten Sinne des Wortes
auf dem Schlachtfeld von Waterloo erdrückt. Dem herbeigeeilten
Puschkin erklärt Bond daraufhin redensartlich, dass Whitaker sein
Waterloo erlebt habe („He met his Waterloo.").

Was ist so speziell an dieser Situation? Im Englischen wie im
Deutschen bedeutet die Redensart „sein Waterloo erleben", dass man
eine entscheidende Niederlage erlitten hat (Röhrich 1992, 1702). Hier
trifft die Wendung nicht nur im übertragenen, bildhaften Sinne zu
(Whitaker hat tatsächlich eine entscheidende Niederlage erlitten,
nämlich mit seinem Leben bezahlt.), sondern auch – und hier liegt der
besondere Witz der Situation – ganz konkret, indem er auf dem
Schlachttisch von Waterloo zu liegen kommt. Normalerweise sind
weder Sprichwörter noch Redensarten konkret zutreffend, sondern
nur im übertragenen, bildhaften Sinne zu verstehen. Wie wir sehen

werden, ist die Verknüpfung von bildhaft und konkret Gemeintem in Redewendungen ein für Bond typischer Kunstgriff.

In einer weiteren Szene parodiert Bond die Neigung von Koskov, in allen passenden und unpassenden Augenblicken mit Sprichwörtern aufzuwarten. Wie sie im Flugzeug Richtung Afghanistan fliegen, wobei 007 Gefangener von Koskov ist, drückt dieser ihm mit Hinweis auf die Situation anscheinend sein Bedauern über die unschöne Lage aus. Koskov: „I'm sorry, James. For you I have a great affection. We've an old saying: Duty has no sweethearts." Daraufhin Bond parodierend als Antwort: „We have an old saying too, Georgi: You're full of it." Diese Form von Umgang mit Sprichwörtern und Redensarten, besonders die Verwendung von russischen, hebt *The Living Daylights* innerhalb der James-Bond-Reihe hervor, aber im Ganzen zeigt es die vielfältige Verwendung dieses Sprachmaterials.

Als weiteres Beispiel mag auch *Moonraker* dienen. Dieser Film ist 1979 mit Roger Moore in der Hauptrolle herausgekommen, und sein Inhalt dreht sich um das Verschwinden eines Space Shuttles und die kriminellen Machenschaften des schwerreichen Industriellen Hugo Drax, der eine eigene Raumstation im Orbit unterhält und von da aus die Menschheit vernichten will, um danach seine neue Superrasse heranzuzüchten.

Im weiteren Verlauf werden die Bond-Aussprüche um zwei berühmte Zitate ergänzt. In Venedig versucht 007, einer mysteriösen Firma auf den Grund zu gehen, die Drax gehört. Als er in einem Lagerhaus am Markusplatz nach Indizien sucht, wird er von einem Schergen Hugo Drax' angegriffen. Beim folgenden Kampf gelingt es Bond, seinen Gegner durch die Glaswand auf den Platz hinabzustossen, wo gerade ein Konzert stattfindet. Der Gegner landet krachend im Klavierflügel, was Bond mit „Play it again, Sam" kommentiert. Das weltberühmte Zitat aus dem Film *Casablanca* (1942) erfüllt hier seine ironische oder gar sarkastische Wirkung.

Ein weiteres Zitat wird parodierend verwendet, als Bond und seine Partnerin, die CIA-Agentin Dr. Goodhead, auf der Raumstation versuchen, den teuflischen Plan von Drax zu verhindern. Im Verlaufe des Gefechts gelingt es Bond, Drax in eine Weltraumschleuse zu drücken und – Drax trägt keinen Raumanzug – in den Weltraum hinaus zu katapultieren. Darauf kommentiert er trocken: „Take a giant step for mankind." Dieses abgewandelte Zitat beruht natürlich auf den berühmten Worten, die Neil Armstrong am 21. Juni 1969 von sich gegeben hat, nachdem er als erster Mensch den

Fuss auf den Mond gesetzt hatte: „That's one small step for a man,
one giant leap for mankind" (Browning 1989, 18).

Filmplakat zum 1987 erschienenen *The Living Daylights*

Da die drei oben behandelten Filme drei verschiedenen Bond-
Generationen angehören (Pierce Brosnen in *Tomorrow Never Dies*
[2002], Timothy Dalton in *The Living Daylights* [1987] und Roger

Moore in *Moonraker* [1979]), mag hier noch die Betrachtung eines Filmes der ersten Generation mit Sean Connery das Bild abrunden. Der 1965 herausgekommene *Thunderball* setzt zwar, wie jeder Bond-Streifen, seine eigenen Akzente, fügt sich jedoch allgemein ins Bild des bisher Gesagten ein. Sowohl Bond als auch sein Gegner Largo, der zwei Atombomben gestohlen hat und damit dem Westen ein hohes Lösegeld abpressen will, und auch weitere Personen sind um den Gebrauch von Sprichwörtern und Redensarten nicht verlegen, so zum Beispiel Moneypenny zu Bond: „You can't pull the wool over my eyes"; und später kommt von Bond: „I'll keep an eye on them" und „It's never too late to learn." Largo sagt in einer Unterredung sprichwörtlich zu Bond: „Every man has his passion".

Ein interessanter Fall ist die Verwendung eines Liedtitels am Anfang des Filmes. Bond sagt zu seiner blonden Begleiterin: „See you later – irrigator." Richtigerweise müsste das „irrigator" natürlich durch ein „alligator" ersetzt werden, denn „See you later, alligator" ist der allgemein bekannte Titel eines Rock-and-Roll-Songs von Bobby Charles aus dem Jahr 1955.

Die Beispiele dieser vier Filme mögen als repräsentativer Überblick genügen. Sie belegen, welch breiten Raum Sprichwörter, Redensarten und Zitate bei James Bond spielen und auch, dass dies über die Jahre hinweg konstant geblieben ist, auch wenn sich Film und Figur von James Bond in gewissen anderen Beziehungen gewandelt haben.

Wie gross die Bedeutung von Sprichwörtlichem und Redensartlichem für die James-Bond-Filme ist, lässt sich eigentlich schon auf den ersten Blick an mehreren Filmtiteln erkennen. Der Titel des 1973 erschienenen Filmes *Live and Let Die* ist sofort als Abwandlung des Originalsprichworts „Live and let live" zu erkennen. Das Gleiche gilt für den auf dem Sprichwort „You only live once" beruhende Antisprichworttitel *You Only Live Twice*, wobei das Spezielle an diesem Film darin liegt, dass das abgewandelte Sprichwort im Titel konkreten Bezug zum Filminhalt nimmt. Bond wird nämlich zu Beginn von *You Only Live Twice* anscheinend von einem Killerkommando erschossen und erst als Bond nach der inszenierten Beerdigungszeremonie an Bord eines britischen Kriegsschiffes wie von Gotteshand von den Toten aufersteht, realisiert der Zuschauer, dass Bonds Tod nur vorgetäuscht war.

Auch in *Never Say Never Again* wird ein abgewandeltes Sprichwort („Never say never") als Titel benützt. Der Filminhalt dieses Streifens ist derselbe wie im bereits besprochenen *Thunderball*, und ersterer kann deshalb als Remake des zweiteren angesehen werden. *Never Say Never Again* gehört nicht zur offiziellen Bond-Reihe, sondern wurde 1983 nach Rechtsstreitigkeiten als Konkurrenzprodukt zum im selben Jahr erschienenen offiziellen *Octopussy* herausgegeben. Der Filmtitel soll angeblich darauf anspielen, dass Sean Connery während der Dreharbeiten zu *You Only Live Twice* auf die Frage, wann er denn den nächsten Bond spielen werde, mit „Nie wieder" geantwortet haben soll. Neben diesen beiden Sprichworttiteln wird im bereits besprochenen *The Living Daylights* eine Redensart verwendet.

Filmplakat zu *Live and Let Die* (1973)

Das Sprichwort und auch die Redensart zeichnen sich dadurch aus, dass sie zwar etwas Bildhaftes ausdrücken, aber meist nicht das tatsächlich Gesagte meinen, sondern im übertragenen Sinn verstanden werden wollen:

Ein Sprichwortbild muss konkret stimmen, meint aber selten das Bezeichnete.[...] Fast alle bildhaften Sprichwörter haben in diesem Sinne einen doppelten Geltungsbereich: einen wörtlichen, realen und daneben einen übertragenen.[...] Obwohl der Realbereich des Sprichwortes stimmen muss, ist doch der Realbereich selten der eigentlich gemeinte, sondern häufiger ist es erst die übertragene Bedeutung. Meist wird das bildhafte Sprichwort nur bildlich gebraucht. (Röhrich und Mieder 1977, 52-53)

Gerade in dieser Beziehung macht James Bond eine Ausnahme. Oft verwendet er Sprichwörter so, dass zwar deren übertragene Bedeutung stimmt, dabei aber gerade auch das Bildhafte wörtlich zutrifft und gemeint ist, was ja – zumindest bei indirekten Sprichwörtern – nicht der Fall ist. Das schon besprochene „to meet one's Waterloo" meint eigentlich, dass man eine entscheidende Niederlage einsteckt, nicht aber, dass man die tatsächliche Schlacht bei Waterloo erlebt, wie dies Napoleon getan hat. Der Witz und das Komische bei James Bond *The Living Daylights* liegt darin, dass Whitaker durch Bond auf seinem Modelltisch mit der Schlacht bei Waterloo erledigt wird und somit der Bildgehalt der Redewendung tatsächlich eintrifft.

Diese Art des Sprichwortgebrauchs ist für Bond bezeichnend und wird häufig angewandt. Ein weiteres Beispiel hierfür ist *Moonraker*, in dem mit der Redewendung „to be on one's last legs" gespielt wird. Auf deutsch übersetzt könnte diese Redewendung in etwa heissen: „am Ende sein", „völlig fertig sein". Als M fragt: „Moneypenny, is 007 back from that African job?" und sie darauf antwortet: „He's on his last legs", wird in der nächsten Sequenz Bond gezeigt, wie er eine Frau küsst und dabei seine Hand auf ihre Beine legt. Auch hier gilt: „to be on one's last legs" wird in der Regel nicht mit Beinen in Verbindung gebracht. Wie zuvor bei der Waterloo-Redensart wird hier der Bezug auf den Bildgehalt der Redensart gelenkt und dadurch eine überraschende Wirkung erzielht.

In *Tomorrow Never Dies* (1997) wird ebenfalls mit solcher Doppeldeutigkeit des Sprichwörtlichen gespielt. Als Moneypenny Bond anruft, der sich gerade im Bett mit seiner hübschen Dänisch-lehrerin vergnügt, stöhnt dieser ins Telefon: „I'm just brushing up on a little Danish." Im Englischen wird für die Sprache Dänisch und für eine Frau aus Dänemark dasselbe Wort gebraucht (Danish). Gleichzeitig hat die Wendung „to brush up" zwei Bedeutungen, einerseits „seine Kenntnisse in etwas auffrischen", andererseits „mit einer Frau ins Bett steigen". In der vorliegenden Situation ist beides zutreffend, was wiederum die Komik der Situation ausmacht. In der selben Szene fällt mit „Practice makes perfect" ein weiteres bekanntes Sprichwort, das hier sexuell interpretiert wird.

Filmplakat zu *You Only Live Twice* (1967)

Es können mit Leichtigkeit weitere Beispiele ähnlicher Art gefunden werden, gerade in *Tomorrow Never Dies* [1997]: „I would be lost at sea. Adrift!" meint Bond zu Carver, auf die zuvor von den Schergen Carvers vom Kurs abgelenkte britische Fregatte Bezug nehmend. In all diesen Beispielen ist nicht so sehr der Gebrauch der Redewendung an und für sich entscheidend, sondern die Situation, in der sie gebraucht wird. Denn gerade der Zusammenhang mit der Situation macht die oben betrachteten Ausdrücke zu etwas Beson-

derem. Dies ist ein zentraler Punkt, der auch von Experten in Bezug
zu Sprichwörterlexika, welche die Situativität meist nicht herausar-
beiten, herausgehoben wird:

> In der Sammlung ist das Sprichwort tot, und erst in der Ge-
> brauchssituation zeigt es sich als äusserst anpassungsfähi-
> ges Sprachbild, dem keine definitiven Funktionswerte zu-
> geschrieben werden können. In diesen immer neuen Ver-
> wendungsmöglichkeiten liegt der Reiz des Sprichwortge-
> brauchs und seiner Erforschung. (Röhrich und Mieder
> 1977, 81)

Die Situation, in der die Sprichwörter gebraucht werden, ist absolut
entscheidend. Wird sie nicht betrachtet und herausgearbeitet, bleibt
das Sprichwort tote Materie, und man erhält nur sehr begrenzt Auf-
schluss über seine Biologie, wie dies Lutz Röhrich und Wolfgang
Mieder treffend ausgedrückt haben.

Des weiteren könnte auch noch gefragt werden, welche Personen in den James-Bond-Filmen denn besonders häufig Sprichwörter
und Redensarten verwenden, und ob dies allenfalls Rückschlüsse
auf das Erscheinungsbild der Personen zulässt. Es wurde bereits
festgestellt, dass Bond keineswegs ein Monopol für den Gebrauch
der Sprichwörter besitzt, sondern dass auch seine Gegenspieler sie
häufig zitieren dürfen. Eine simple Festlegung auf Gut und Böse
nach dem Schema „Bond (gut) = viele Sprichwörter; Gegenspieler
(böse) = wenig Sprichwörter" lässt sich also nicht durchziehen. Karl
Stromberg und Hugo Drax, die Antagonisten aus *The Spy who
Loved Me* (1977) und *Moonraker* (1979), erscheinen ausgesprochen
wortscheu und benützen selten Sprichwörtliches. Aber ihnen gegenüber stehen Gustav Graves aus *Die Another Day* und Elliott
Carver aus *Tomorrow Never Dies*. Wie sagt der Medienmogul Carver, als er von Bond des Wahnsinns bezichtigt wird: „The distance
between insanity and genius is measured only by success." Oder
Graves' bereits besprochene Antwort zu den Journalisten „You only
get one shot at life. Why waste it on sleep?" Sprachliche Eloquenz
ist kein Privileg von James Bond. Auch Koskov aus *The Living
Daylights* erscheint als ausgesprochener Kenner von Sprichwörtern
und Redensarten.

Andere Figuren hingegen haben auffallend wenig Bezug hierzu:
Q verwendet sie kaum, auch der frühere M nicht. Man könnte sagen,
dass beide nicht die Typen dazu sind, um in elaborierten Reden mit

ihnen aufzutrumpfen, geschweige denn sie durch passende Abwandlungen der Situation anzupassen, wie dies die Spezialität von Bond
ist. Q ist zwar ein genialer Technik-Freak, aber sein Redestil sticht
nicht heraus. Und Bonds Vorgesetzter M – zumindest in den früheren
Filmen, bevor mit Judi Dench eine Frau die Rolle übernahm – besitzt
die Aura eines eher langweiligen Bürokraten.

Interessant ist der Fall bei Moneypenny. Auch sie gebraucht
Sprichwörter nicht übermässig oft und unterscheidet sich in dieser
Beziehung sehr von James Bond. Durchweg symptomatisch erscheint
es in diesem Zusammenhang, dass es ihr auch über alle 21 Filme
hinweg nie gelingt, Bond für eine richtige Liebesbeziehung zu gewinnen und es beim Flirt mit ihm belassen muss.

Man sieht, worauf es bei dieser Argumentation hinausläuft:
Sprichwörter sind Wortkunstwerke, die eine Konversation bereichern
und erfrischen. Sie fassen etwas, das man auch andersherum auf
„normale", nicht-sprichwörtliche Weise ausdrücken könnte, in eine
ausdrucksstärkere, die Sinne ansprechendere Form. Sie haben damit
die gleiche Funktion für einen Text oder eine Konversation wie der
Schliff für einen Diamanten oder das Gewürz für eine Mahlzeit. Folgt
man dieser Argumentation, kann man sagen, dass die Person, die
Sprichwörter zu gebrauchen weiss, automatisch interessanter in ihren
Konversationen wirkt. Was liegt also näher, als den unterschiedlichen
Redestil zwischen Moneypenny und ihrem angebeteten Bond als In-
diz dafür zu nehmen, dass er für sie letztendlich unerreichbar fern ist.
Sprichwörter als Spiegel der Persönlichkeit.

In dieser Hinsicht muss auch mit dem Vorurteil aufgeräumt werden, Sprichwörter würden eher von Mindergebildeten gebraucht, „zur
Ersparnis eigener Denktätigkeiten" (Röhrich und Mieder 1977, 79)
sozusagen. Die gegenteilige Behauptung scheint nicht völlig aus der
Luft gegriffen, dass man nämlich ein gewisses Mass an Wissen
braucht, um erstens das Sprichwort in seinem Wortlaut zu kennen,
und es zweitens auf adäquate Situationen anwenden zu können. Wer
zum Beispiel „Morgenstunde hat Gold im Munde" gebrauchen
möchte, muss nicht nur die Wortfolge an und für sich im Kopf haben,
sondern auch wissen, was sie meint, nämlich dass derjenige, der früh
am Morgen aufsteht, in seinem Tageswerk produktiver und letztendlich erfolgreicher ist. Man muss also den übertragenen Sinn der Wendung kennen. Nun gehört es aber zu Bonds Spezialität, dass er
Sprichwörter nicht nur einfach anwendet, sondern sie auch auf spitz-

findige Art abwandeln kann. Dies ist keineswegs so einfach und setzt ein grosses Mass an sprachlichem Können voraus. Die James-Bond-Reihe kann den Unterhaltungsmedien zugerechnet werden. Genau dazu trägt die Verwendung von Sprichwörtern bei: Unterhaltung. Die Komik, die durch sie und ihre Entstellung erzeugt wird, macht den Film witzig und unterhaltsam, die Ernsthaftigkeit der Situation (Die Vernichtung der Welt droht!) und die zahlreichen unschuldigen Personen, die ihr Leben verlieren, rücken in den Hintergrund. Die sprachliche Leichtigkeit, die Bond zu Tage legt, trägt zu der zu Beginn erwähnten allgemeinen Leichtigkeit des gesamten Filmes bei. Was macht die Figur James Bond in der Filmwelt so einzigartig? Woran denkt man beim Stichwort James Bond sofort ohne Nachdenken? Worin liegt die Konstante, das Charakteristikum, an dem man 007 sozusagen instinktiv als immergleiche Figur erkennen kann, in *Dr. No* von 1962 ebenso wie in *Casino Royale* von 2006? Wie zu Beginn aufgezeigt wurde, trägt dazu eine Reihe von Elementen bei, die durch die ganze Filmreihe hinweg bezeichnend sind und Bond 'eine Persönlichkeit' geben. Eines davon ist sein Umgang mit der Sprache, seine berühmten „Vodka Martini, shaken, not stirred" und „Bond, James Bond", aber auch zu einem hohen Masse die Verwendung von Zitaten und parömiologischem Material, im Original oder auch abgewandelt. Dies gibt den Filmen erst ihre Komik und Würze und ihren Reiz als Thriller.

Anhang

Bei aller notwendigen Interpretation ist es jeweils hilfreich, das besprochene Material des einfacheren Auffindens wegen in einer Liste zu sammeln. Dem soll der folgende nach Filmen geordnete und chronologische Anhang dienen, obwohl noch einmal betont werden muss, dass er wie auch der ganze Aufsatz lediglich als Einstieg in die Thematik gedacht ist und keine Vollständigkeit beanspruchen kann.

Dr. No (1962)
  Looks like you're out to get me.
  Flattery will get you nowhere.
  Just take me for a ride!
  To hell with you!
  Cherchez la femme.
  We're fighting the same war.
  I suppose you cased the joint.
  To tempt providence.
  What's going on behind my back?
  To be a clay pigeon.
  I can assure you my intentions are strictly honourable.
  It throws the dogs off the scent.
  Keep an eye on the man.
  I'll leave you in peace.
  A handicap is what you make it.

Goldfinger (1964)
  Unfinished business.
  Inferiority complex.
  The man with a midas touch.
  Golden words.
  In good hands.
  Taken to the cleaners.
  Your luck has just changed.
  That makes two of us.
  Some girls have all the luck.
  There's hope for me yet.
  It's had its day.
  Stop for a quick one.

Wear and tear.
What's your game?
On the run.
All square.
If that's an original ball, I'm Arnold Palmer.
Our paths have crossed.
Lucky to be alive.
Not a girl who should be ditched.
Don't forget to write.
Can you afford to take that chance?
Worth more alive than dead.
All fun and games.
Shaken not stirred.
Turn off the charm.
Keep an eye on him.
Like a blow torch through butter.
Want to play it easy or the hard way.
A close shave.
Go like a dream.
Wear a hole in his shoes.
It can be blown?
Foolproof plan.
Happy landings.
Business before pleasure.
Too close for comfort.
Have the situation in hand.
Grant the condemned man his last request.
A matter of timing.
He blew a fuse.
Hit the Jackpot.
Playing his golden harp.

Thunderball (1965)
Strike like a thunderball.
Winner who takes all.
I'll put you across my knee.
Somebody will wish the day had never happened.
See you later – irrigator!
Silence has a price.
Duty calls – the story of my life.

Keep in touch.
Can't pull the wood over my eyes.
What sharp little eyes you've got.
You wish to put the evil eye on me?
The little fish I throw back into the sea.
Let him get the better of you.
Fasten your safety belt.
Taken for a ride.
Every man has his passion.
Better luck next time.
Vanity has its dangers.
Don't flatter yourself, it was strictly duty.
What I did was for king and country.
Can't win them all.
I've become accustomed to your face.
Paying blood money.
Pay up and look as happy as we can.
I'll keep an eye on them.
I think he got the point.
Do not live in hope.
And [everything up] the kitchen sink.
It's never too late to learn.
When arrows meet.

You Only Live Twice (1967)
You're late even for your own funeral.
We corpses have no sense of time.
Play with everything we've got.
Man comes first, woman comes second.
Birds never make nests in bare trees.
He gained great face with the company.
How is that for efficiency?
The honeymoon is over.

On Her Majesty's Secret Service (1969)
There's always something formal about the pick of a pistol.
Something was eating away of her soul.
Let's say I'll sleep on the idea!
Life's too short for "someday"!
Tomorrow I'll speak to him alone, from man to man.

Like the bugs in a rug.
I'll be glad to get my feet on the ground.
She's got ears like an elephant!
May all your allergies be swiftly cured.
I'll make everything very plain to you.
I hope my big end will stand up to this.
I'll be able to offer you anything your heart could wish for.
Spare the rod and spoil the child!
He's branched off.
Her price is far above rubies ... or even your million pounds.
Now, we've all the time in the world.
There's no hurry, you see, we have all the time of the world.

Live and Let Die (1973)
Let's get there in one piece.
Names are for tombstones.
Where were you when I didn't need you?
Get your head together.
The compensations speak for themselves.
It's wearing a little thin.
The deck was slightly stacked in my favour.
We have no secrets.
Lovers' lesson No. 3: togetherness...
Till death do us part," or thereabouts.
I once had a nasty turn.
Possession being 9/10ths of the law.
Just testing an old adage.... "Unlucky in cards..."
Just being disarming.

The Man With The Golden Gun (1974)
So near and yet so far.
You'll be the death of me.
He has the edge on you.
Your reputation precedes you.
Speak or forever hold your "piece".
Twist my arm (I don't want you to ... again).
Learn to live with it.
I shall lie low (too).
Expect the unexpected.
To be ... a little slow on the uptake.
All in the line of duty.

A mistress cannot serve two masters.
An eye for an eye.
Our paths never cross again – real saying is:
May our paths cross again.
I'm with ya (you) all the way.
Glad to see you (boys) are on the ball.
He'll hang me from the yardarm.
Bit off the beaten track.
He will literally have the sun in his pocket.
That's what I call trouble.
You work for peanuts.
Not sporting to "kill in cold blood".
Mano-a-mano (hand to hand).
Flat on his "coup de grace".
Laid him out cold.
More to you than meets the eye.
Give or take (a little).
A slow boat "from" China.

The Spy Who Loved Me (1977)
The submarine Potemkin disappeared without trace.
Tell him to pull out, immediately.
Now you will pay the penalty.
I fancy you will find the lady's figure hard to match.
Can it play another tune?
Every woman for herself.
We all make mistakes, Mr. Bond!
The thought never crossed my mind!
What happened? – He just dropped in for a quick bite.
All those feathers and he still can't fly!
You did want me to drop in.
Your time is running up!
You shot your "bolt", Mr. Stromberg. Now it's my turn!
How does that grab you?
Any man who drinks Dom Perignon '52 can't be all bad.
What are you doing, James Bond? –
Keeping the British end up.

Moonraker (1979)
> He's on his last legs, M.
> To finance something out of his pockets.
> Your reputation precedes you, Mr. Bond.
> You have a heart of gold.
> I doubt if I'm in your purse.
> I like to keep abreast of things.
> Play it again, Sam!
> The thought had flashed across my mind.
> How do you kill 5 hours?
> Have you broken something? Only my taylor's heart!
> Heartbroken, Mr. Drax.
> Take a giant step for mankind!
> Where's Drax? Oh, he had to fly!
> One done, two to go!

Never Say Never Again (1983)
> What are you doing here, James? – Fishing. –
>   What? – Anything I can get!
> I'm all yours.
> I've got time to kill!
> You did say you'd catch me later.
> Ah, Mr. Bond, I finally tracked you down.
> I just want you to know that I'm on top of things.
> Let's hope it doesn't blow up in your face.
> I have to go: Time is money!
> The game is over.
> Every game has to have a winner.
> Bond, you're a hard man to keep up with!
> You've got your hands full.
> End: never again: Never say never again.

The Living Daylights (1987)
> His defection is my baby, he contacted me,
> I've planned this out to the last detail.
> Don't worry, Yuri, that's a piece of cake!
> When pig goes, his control panel will light up
>   like Christmas tree!
> It must have scared the living daylights out of her!
> Looks like it's a dead end here anyway.
> As the Russians say: "Hearts and stomachs

good comrades make!"
Absolutely, I'm all yours!
The power has gone to his head. He's sick like Stalin.
This could lead into war, unless – how do you say? –
    Pushkin can be put away.
And keep this between ourselves.
Pushkin is – how do you say? – history.
Not yet, your James Bond hasn't "laid" a finger on it!
Very well, I've got nothing to lose but my pension.
I'm in the dark as much as you.
We've an old saying: "Duty has no sweethearts."
We have an old saying too, Georgy: "You're full of it!"
The opium is ... up in smoke!
He met his Waterloo!

Tomorrow Never Dies (1997)
To make Chernobyl look like a picnic.
Hold the presses.
By a curious quirk of fate.
This is our moment.
But practice makes perfect.
I'm just brushing up on a little Danish.
The PM would have my head if he knew we
    were investigating him.
Accidents do happen.
I think we'll understand each other.
Grow up, 007!
Lass dich nicht verarschen.
I made my bed – you don't sleep in it any more.
I'd be lost at sea!
You made your bed! – I'm staying in your doorway.
The world is my office.
He developed an edifice complex.
The empire will strike back.
Keep your shirt on!
Off the cuff.
To work hand in hand.
To rattle the saber.
Let the mayhem begin.
Predictably eager to save face.

Carver has been playing both sides for fools.
Ready to rock and ruin.
We're sitting ducks here.
Give the people what they want!

The World Is Not Enough (1999)
Close, but nose in the eye!
We will follow them to the farthest ends of the earth.
What the doctor orders.
I suppose we always have to pay the piper sometime.
I dare to say that you've met your match in this machine.
Time on your side.
Give them an inch
There's no point in living if you can't feel alive.
He was buried with work.
Couldn't shoulder the responsibility.
Seventh heaven: Name of Electra King's boat.
It runs in my veins, thicker than blood.
One last screw.
I thought Christmas only comes once a year.

Die Another Day (2002)
It's a minefield out there.
Don't blow them all at once.
We have something in common.
Saved by the bell.
Defiant to the last.
Your time will come.
To help you settle a score.
A chance to get even.
Sorry for the rude awakening.
One man's terrorist is another man's freedom fighter.
Second to none.
Jinx – born on Friday 13th.
I could learn to like it.
Like there is no tomorrow.
Put your house in order.
You know me – I'd never stand on ceremony.
You only get one shot at life, why waste it on sleeping.
As they say in fencing: what's the point?
I think I've come undone.

Let's do this the old fashioned way.
What would I do without you?
Some things are best left underground.
(We need to) tread carefully.
You are cleverer than you look.
How time flies.
I am Mr. Kil. – Well, there's a name to die for.
It's only by being on the edge that we know who we really are.
I don't like to get tied down.
The stuff of dreams.
Let there be light.
I'll be half the girl (man) I used to be.
Come to a dead end.
Looks can be deceptive.
How's that for a punch.
The pleasure of the kill is in the chase.
(The Western spy) runs but cannot hide.
Time do draw the line.
To save his own skin.
Bring us up to speed.
I hope nobody here is superstitious – that's one
    big mirror we are about to break.
Time to face destiny.
Time to face gravity.
I think I broke her heart.

Bibliographie

Primärquellen:

Verwendete James-Bond-Filme:
Dr. No (1962)
Goldfinger (1964)
Thunderball (1965)
You Only Live Twice (1967)
On Her Majesty's Secret Service (1969)
Live and Let Die (1973)
The Man With The Golden Gun (1974)
The Spy Who Loved Me (1977)
Moonraker (1979)
Never Say Never Again (1983)
The Living Daylights (1987)

Tomorrow Never Dies (1997)
The World Is Not Enough (1999)
Die Another Day (2002)

Sekundärquellen:

Bennett, Tony und Janet Woollacott. *Bond and Beyond: The Political Career of a Popular Hero.* New York: Methuen, 1987.

Black, Jeremy. *Politics of James Bond: From Fleming's Novels to the Big Screen.* Westport, Connecticut: Praeger, 2001.

Browning, D. C. (Hrsg.). *Dictionary of Quotations and Proverbs.* London: Cathay Books, 1989.

Chapman, James. *License to Thrill: A Cultural History of the James Bond Films.* New York: Columbia University Press, 2000.

Haase, Donald P. „Is Seeing Believing? Proverbs and the Film Adaption of a Fairy Tale", in: *Proverbium*, 7 (1990), 89-104.

Mieder, Wolfgang. *English Proverbs.* Stuttgart: Reclam, 1988.

Mieder, Wolfgang. *English Expressions.* Stuttgart: Reclam, 1992.

Mieder, Wolfgang. *Proverbs: A Handbook.* Westport, Connecticut: Greenwood Press, 2004.

Rissik, Andrew. *James Bond Man: The Films of Sean Connery.* London, Great Britain: Elm Tree Books Ltd., 1983.

Röhrich, Lutz und Wolfgang Mieder. *Sprichwort.* Stuttgart: Metzler, 1977.

Rubin, Steven Jay. *James Bond Films: A Behind the Scenes History.* Westport, Connecticut, Arlington House, 1981.

Rubin, Steven Jay. *The Complete James Bond Movie Encyclopedia.* Chicago, Illinois: Contemporary Books, 1990.

Winick, Stephen David. *The Proverb Process: Intertextuality and Proverbial Innovation in Popular Culture.* Diss. University of Pennsylvania, 1998.

„Liebe macht blind - oder?"
Sprichwörter und Redensarten in Valentinsgrußkarten

Angi Baxter

Shakespeare sagte einmal, dass „Love looks not with the eyes, but with the mind." Natürlich gab es im Zeitalter von Shakespeare noch keine Grußkarten. Sprichwörter und sprichwörtliche Redensarten der Liebe sind älter als Grußkarten und älter als Shakespeare selbst. So muss gefragt werden: Welche Funktion haben Sprichwörter und sprichwörtliche Redensarten in Grußkarten, wo das Sprichwort gilt: „Liebe macht blind?" Die Antwort ist der Valentinstag. Sprichwörter und sprichwörtliche Redensarten sind klar, kurz und prägnant, was es ihnen ermöglicht, etwas auf einer kleinen Grußkarte zu beschreiben, was viele Leute unbeschreiblich nennen würden. In allen Sprachen gibt es zahlreiche Sprichwörter und sprichwörtliche Redensarten über die Liebe. Bemerkenswerte Parömiologen haben ganze Bücher rein über Sprichwörter und sprichwörtliche Redensarten der Liebe geschrieben. Ein Beispiel ist ein Werk von Wolfgang Mieder, nämlich *Love: Proverbs of the Heart* (1989), ein Buch, das eine ganze Liste allein mit Sprichwörtern über die Liebe enthält. Neben Büchern gibt es zahlreiche Artikel und wissenschaftliche Arbeiten über das Thema der Liebe in Sprichwörtern und sprichwörtlichen Redensarten.

Jedoch ist es eine Überraschung, dass es trotz der umfassenden Studien über Liebe-Sprichwörter bis jetzt keine Studien über ihren Gebrauch in Valentinsgrußkarten gibt. Liebe ist ein Gefühl, das wahrscheinlich jede Person in ihrem Leben einmal betrifft. Ehe, Familie, Freunde, Freundinnen, Haustiere, das sind alles Möglichkeiten, wie wir durch die Liebe betroffen werden können. Es gibt sogar Sprichwörter und sprichwörtliche Redensarten, die das Thema der Abwesenheit der Liebe beinhalten. Weil dieses Thema vorher nie wirklich erforscht worden ist, werden die Themen solcher Grußkarten in Kategorien aufgeteilt, um es leichter zu machen, dieses interessante Thema zu verstehen.

Liebe rostet nicht

Die leichtesten Sprichwörter und sprichwörtlichen Redensarten, die auf Valentinskarten zu finden sind, sind diejenigen, die spezifisch für Ehepaare geschrieben sind. Dabei kreisen die Karten häufig um das Thema der Erfahrung. „Übung macht den Meister" und „You can't teach an old dog new tricks" [Abb.1] sind zwei der am meisten verwendeten Sprichwörter. Die Anwendung dieser Phraseme ermöglicht es dem Empfänger der Karte, den Sender unabhängig von der Tatsache zu verstehen, dass in der Theorie diese Texte fast nichts mit der Liebe zu tun haben. Eine andere interessante Beobachtung, die man von den auf Karten verwendeten sprichwörtlichen Redensarten machen kann, besteht darin, dass sie beabsichtigt sind, um den Glauben zu fördern, dass niemand vollkommen ist. Leute denken häufig an Liebe, und dass mit dem Alter der Verstand kommt, und dass das mit der Liebe ebenso ist. Man lebt nicht von der Liebe allein in einer Ehe. Eine Ehe braucht Arbeit.. Die Karten, die über die Ehe nachdenken, versuchen zu illustrieren, dass Liebe nicht alles ist, was man braucht. Zusätzlich zur Liebe braucht die Ehe auch den ständigen Kompromiss. Eine Karte, „Love me, Love my Dog" [Abb. 2], beschreibt humorvoll die Tatsache, dass einfache Dinge wie das Besitzen eines Hundes plötzlich zum Problem innerhalb einer Ehe werden können. Eine erfolgreiche Ehe führen bedeutet deshalb für beide Partner, die Bedürfnisse des anderen zu respektieren. Die Zusammenarbeit innerhalb einer Ehe wird in den Grußkarten mit dem Sprichwort „It takes two to Tango" [Abb. 3] beschrieben. Das Thema des Sprichwortes oder der sprichwörtlichen Redensart, das in den Heiratsvalentinskarten verwendet wird, muss in Betracht gezogen werden, weil es häufig nicht klar differenziert ist, ob die Karte für eine Frau oder eine Freundin ist. Erst der Zusammenhang, in dem das Sprichwort verwendet wird, macht dies deutlich.

Für die Liebeskrankkeit gibt es keine Medizin

Das wohlbekannte Sprichwort „Liebe macht blind" ist ein ironisches Thema innerhalb der Grußkarten, die auf Paare ausgerichtet sind, die nicht verheiratet sind. Obwohl alte Liebe nicht rostet, handeln Leute nie so vernunftwidrig, wie sie es tun, wenn sie am Anfang der Liebe sind. Beim Durchlesen einiger dieser Karten scheint es, als ob die Liebe sie nicht nur verrückt sondern auch sprachlos und ebenso blind macht.

Abb. 1: Hallmark, „So what if you can't teach an old dog new tricks?", gekauft 1985.

Abb. 2: Recycled Paper Products, Chicago, Illinois. „Gerilyse Cards", gekauft 1996.

Abb. 3: Hallmark, „Marriage is like a Tango", gekauft 1980.

Das sprichwörtliche Thema innerhalb der meisten dieser Karten sind die verrückten Wege, welche die Liebe manchmal einschlägt. Die Macht der Liebe ist gemäß diesen Karten unerklärlich. Die Idee von diesem Thema ist, dass neue Liebe aufregend ist; niemand weiß jemals ganz genau, wie man es beschreiben soll. Eine Karte verwendet das Bild von „Lovebirds" und „Lustbirds" [Abb. 4], um die emotionale Befriedigung und Aufregung einer neuen Beziehung sowie den sexuellen Aspekt nebeneinander zu stellen. Einige der Karten verwenden dann sprichwörtliche Analogien, um Liebe zu beschreiben. Eine besonders komische Karte vergleicht die überwältigende Anziehungskraft und vergleicht Liebe mit der Salami-Wurst: „ Love is like salami. No one knows exactly what goes into it, but it's good" [Abb. 5]. Dies ist ein sprichwörtliches Wortspiel. Die Komplexität der Liebe mit dem Fleisch eines belegten Brotes zu vergleichen, erscheint als töricht. Aber weil der Kartenschöpfer einen sprichwörtlichen Ausdruck verwendet, erlaubt dies dem Leser sofort, die Absicht der Karte zu verstehen. Beim Vergleichen der Liebe zu einem Essen denkt man auch an ein anderes Sprichwort in dieser Hinsicht: „Liebe geht durch den Magen."

Wenn Liebe wirklich durch den Magen geht, dann macht der Vergleich der Liebe mit dem Essen scheinbar Sinn. Ein Chef in der Küche, der glücklich aussieht, ist bloß ein süßes Bild, bis jemand das Bild auf einer Postkarte verwendet und das Sprichwort „Liebe geht durch den Magen" [Abb. 6] elegant darunter geschrieben ist. Essen ist lebensnotwendig, und der Vergleich zwischen Essen und Liebe deutet an, dass Liebe auch eine Notwendigkeit ist. Aber ob Notwendigkeit oder nicht, es scheint unmöglich zu sein, Liebe hinreichend zu beschreiben.

Zwei sprichwörtliche Redensarten, die einander widersprechen, aber noch häufig verwendet werden, sind „Words cannot say..." und „More than words can say" [Abb. 7]. Ungeachtet dessen, ob es Sinn macht, verwenden die sprichwörtlichen Redensarten Wörter, um das auszudrücken, was unaussprechlich ist. Indem „Words" zu „Birds" geändert wird, gewinnt der sprichwörtliche Ausdruck zusätzlich an Humor. Dazu verhilft auch der Umstand, dass ein Vogel das gewählte Tier ist, und zwar gemäß des sprichwörtlichen Ausdrucks „A little birdy told me." Die Karte trifft zwei sprichwörtliche Vögel mit einem Stein.

Da das Argument gemacht wird, dass Wörter nicht ausreichen, um die Liebe zu beschreiben, sagt ein Bild mehr als tausend Worte.

Ein Thema, das alle Karten gemeinsam haben, ist, dass jede eine
Illustration der Liebe oder die Wirkung der Liebe auf die Gefühle
eines anderen enthält. Eine Karte spielt mit dem sprichwörtlichen
Titel „The queen of my heart." Es gibt ein Bild, aber keine Wörter
auf der Vorderseite der Karte. Das Bild jedoch spricht für sich
selbst. Es ist eine Spielkarte, spezifisch die Herzdame [Abb. 8]. Das
Bild einer Spielkarte hat keinen sentimentalen Wert für jemanden,
aber es ist so in diesem Fall, weil es auf einer Valentinsgrußkarte
ist. Der sprichwörtliche Ausdruck selbst dient dazu, um die unver-
gleichliche Macht der Liebe über Leute zu illustrieren.

Wahre Liebe zeigt sich in der Zeit des Bedürfnisses
    Der Valentinstag ist nicht nur ein Feiertag für Paare; es ist ein
Tag für die Liebe generell, in welcher Form auch immer. Niemand
fühlt sich so ungeliebt wie eine einsame Person am Valentinstag,
dem Tag der feiernden Liebe. Der Valentinstag ermuntert hoff-
nungslos romantische Leute dazu, ein Risiko auf die Liebe einzugehen. Liebe wird ein Spiel und Grußkarten sind ein entscheidender
Teil des Spiels. Es ist dann keine Überraschung, dass es ziemlich
viele Karten gibt, die das Blumenorakel verwenden. Das Blumenorakel ist ein Spiel, das die meisten kleinen Mädchen spielen, aber
wenn diese kleinen Mädchen zu Frauen aufwachsen, wird das
Kindheitsspiel ernst wegen der Chance eines Herzenskummers am
Ende.
    „You love me! You love me not" [Abb. 9] ist eine Floskel, die
am Valentinstag mehr verführend ist, als irgend eine andere Karte,
die mit diesem Sprachspiel endet. Ein Tag, völlig der Romantik
gewidmet, romantisiert die Liebe. Die zweite Karte, die das bekannte Orakel auch enthält, verwendet das Bild mit einem sarkastische-
ren Ton über das Orakel. Das Gänseblümchen spricht mit dem jungen Mädchen, das die Blütenblätter herauszieht [Abb.10]. Humor
maskiert klug, was der Sender der Karte in Wirklichkeit zu fragen
beabsichtigt. Hinter dem Witz gibt es eine Hoffnung, dass die Gefühle vom Empfänger der Karte erwidert werden.
    Das Blumenorakel ist einem unschuldigen Spiel ähnlich, aber
es ist nicht. Das Spiel ermutigt unrealistische Ideen über die Liebe,
und es ermuntert Kinder dazu, an das Sprichwort „No fate is worse
than a life without love" zu glauben. Es ist jetzt leicht zu sehen, dass
sich Sprichwörter und sprichwörtliche Redensarten häufig widersprechen. Eine Karte, die beabsichtigt, ein liebendes Gefühl auszudrücken, kann gerade das Gegenteil tun. Einige Menschen fühlen

sich, als ob das Leben ohne Liebe unvorstellbar ist, und so kommt
es als keine Überraschung, dass es auch Karten für Leute gibt, die
eine geliebte Person am Valentinstag vermissen.

Absence makes the heart grow fonder
Die Karten, die sich auf das Vermissen von jemandem konzentrieren, können in zwei Hauptsprichwörter eingeteilt werden. „Out
of sight, out of mind" und „Absence makes the heart grow fonder"
sind die zwei sich widersprechenden sprichwörtlich verwendeten
Themen, die in diesen Typen von Karten benutzt werden. Leute
möchten immer optimistisch über die Liebe denken. Sie hoffen,
dass auch Beziehungen, die seit einer längeren Zeitspanne getrennt
sind, erfolgreich sein werden. Wenn es irgendeinen Tag im Jahr
gibt, wo man hoffnungsvoll auf die Liebe schaut, dann ist es der
Valentinstag und deshalb ist „Absence makes the heart grow fonder" das anwendbarste Sprichwort für eine Karte. Eine rosa Karte
mit Snoopy vom Peanuts Cartoon zeigt auf der Vorderseite, wie er
ein Herz umarmt und über seinen Valentinsgruß nachdenkt. Innerhalb der Karte stehen die Wörter „Long time no squeeze" [Abb.
11]. Diese Wörter sind ein Wortspiel mit der Redensart „Long time,
no see." Die Nachricht der Karte deutet an, dass, obwohl die geliebte Person weg ist, er oder sie noch in den Gedanken des Valentins-
grußsenders vorhanden ist.

Eine andere Karte mit demselben Thema eines Geliebten, der
abwesend ist, gibt eine völlig andere sprichwörtliche Nachricht ab.
Die Vorderseite der Karte zeigt eine Biene, die zwischen den Blumen hin und her saust, und auf dem Kopf einer Blume steht: „Busy
as a Bee" [Abb. 12]. Innen ist eine Entschuldigung für den Mangel
an Kontakt im Auftrag des Kartenabsenders. Diese Karte unterscheidet sich sehr von der ersten Karte in dieser Gruppe, wie sie das
illustriert. Obwohl die Person, die diese Karte erhält, geliebt werden
kann, ist sie nicht notwendigerweise immer von größter Bedeutung
für die Person, die vorhat, diese Karte zu senden. Das Sprichwort
„Out of sight, out of mind" passt besser zu dem Thema dieser Karte.

Abb. 4: Shoebox, Hallmark Licensing Inc. „Love Birds, Lust Birds", gekauft 2007.

No one knows exactly
what goes into it,
but it's good.

Happy Valentine's Day

Abb. 5: Shoebox, Hallmark Licensing Inc. „Love is like Salami",
gekauft 2007.

Die Liebe geht dürch den Magen

Abb. 6: Macki, „Liebe geht dürch den Magen", gekauft 1979.

Abb. 7: Hallmark, PEANUTS© United Feature Syndicate, Inc. „I love you more that birds can say", gekauft 2007.

Abb. 8: Hallmark, „Queen of my Heart", gekauft 2007.

Abb. 9: Hallmark, PEANUTS© United Feature Syndicate, Inc.,
„You love me, you love me not", gekauft 2007.

Abb. 10: Hallmark Licensing Inc. „Daisy Oracle", gekauft 2007.

Abb. 11: Hallmark, PEANUTS© 1958 United Feature Syndicate,
Inc., „Long time no squeeze", gekauft 1980.

Der Mann erfährt die Liebe durch seine Augen, die Frau durch ihre Ohren

Stereotypisch werden Männer als die triebgesteuerten Personen dargestellt, während Frauen eher als romantisch eingestuft werden. Die Grußkartenindustrie benutzt diese Stereotype als häufiges Motiv. Der Adressat muss auch in Betracht gezogen werden bei der Wahl eines Sprichwortes.

Angenommen, dass die Person, die eine Karte kauft, sie jemandem vom anderen Geschlecht gibt, dann wird es die Karte sein, die ein Sprichwort oder eine sprichwörtliche Redensart verwendet, das oder die am ehesten zum Adressaten passt. Grußkarten werden von Männern gekauft, um die Frauen zu beeindrucken, denn diese Männer werden zu „Love machines“ [Abb. 13] in der Grußkartenwelt. Männer haben häufig auch noch sexuelle Hintergedanken, wenn sie Grußkarten verschenken.

Die Karte, die eine Frau empfangen möchte, fördert das Vertrauen der Frau als „the love of their husband's/boyfriend's life.“ Frauen muss gezeigt werden, dass sie geliebt werden. Es schadet nicht, sie mit Grußkarten zu besänftigen, und Frauen sind emotional eher empfänglich. Ein Stereotyp ist, dass Männer nur „das eine“ im Kopf haben und Frauen von der grossen Liebe träumen. Die Debatte existiert noch heute, welche Typen von Mann und Frau eine Beziehung wollen. Oft wollen die Menschen nur eine körperliche, oberflächliche Affäre und sehen nicht die Kostbarkeit der Liebe.

A loving heart is more precious than gold

Valentinstag ist der Tag, den man der Liebe und dem Partner widmet. Liebe hat viele verschiedene Definitionen. Für einige ist die Definition der Liebe: Familie und Freunde. Die sprichwörtlichen Ausdrücke, die in diesen Karten benutzt werden, drücken oft Dankbarkeit gegenüber den Freunden und der Familie aus, für alles, was sie gemacht haben. Eine Karte benutzt ein sprichwörtliches Zitat, um eine Mutter zu schätzen. Auf der Aussenseite steht: „No act of love however small is ever wasted„“ und die Innenseite drückt Dankbarkeit an die Mutter aus [Abb. 14]. Manchmal suchen Leute so wenig die Liebe, dass sie die Liebe nicht sehen können, die sie bereits haben.

Glücklicherweise existieren auch Valentinstagskarten, um seinen Freunden zu zeigen, wie dankbar man ist. Auf der Vorderseite einer solchen Karte sieht man Linus, einen beliebten Charakter von Peanuts Cartoons, der Snoopy und Woodstock streichelt, bis sie einschlafen [Abb. 15]. Die Karte enthält die redensartliche Botschaft „When I count my blessings, I always think of you." Bildnisse von Herzen in verschiedenen Schattierungen von rot und rosa überbringen die Nachricht der Liebe.

Alle guten Dinge müssen zu Ende gehen
Eine Grußkarte kann ziemlich unpersönlich erscheinen im Vergleich zu einem altmodischen Liebesbrief. Jedoch haben Untersuchungen gezeigt, dass verschiedene Grußkarten mit Sprichwörtern oder sprichwörtlichen Ausdrücken und mit passenden Bildern, die an mehr als fünfzig Leute geschickt wurden, als ein Liebesbeweis angesehen wurden. Es ist immer eine gute Idee, jemandem eine Liebesgrußkarte zu schicken, denn jeder freut sich über eine Liebesbotschaft.

Für welche Karte sich eine Person auch entscheidet, es ist immer schön, einen geliebten Menschen damit zu überraschen. Würde dieser ein Sprichwort, einen sprichtwörtlichen Ausdruck, oder ein sprichwörtliches Bild mögen? Oder vielleicht alle drei? Es gibt keine leichte Antwort auf diese Fragen. Der einzige Weg, eine Valentinsgrußkarte auszuwählen, die sehr gut zu jemandem passt, ist zuerst einmal das eigene Verhältnis zu dieser Person zu berücksichtigen: handelt es sich um den Liebhaber, den Freund, den Ehemann, die Ehefrau usw.? Weiterhin soll man die Person gut kennen, für die man die Karte kauft. Sprichwörter und sprichwörtliche Ausdrücke sind wichtig im Leben in einer modernen Welt. Sie können zeigen, wer wirklich liebt und geliebt wird und machen außerdem das Leben schöner.

Abb. 12: The Laugh Factory © 1978 Thought Factory „Busy as a Bee", gekauft 1978.

Abb. 13: Hallmark Licensing Inc. „Love Machine", gekauft 2007.

Abb. 14: Kathy Davis, Sweet Nothings ©Recycled Paper Greetings,
„No act of love, however small, is ever wasted", gekauft 2007.

...I always think of yOu!

Happy
Valentine's
Day

Abb. 15:   Hallmark, PEANUTS© United Feature Syndicate, Inc.,
„When I count my blessings, I always think of you", gekauft 2007.

Bibliographie

Cooper, Thomas C. und Liselotte Kuntz. „Jugendjargon im Vergleich: Amerika und Deutschland." *Schatzkammer der deutschen Sprache, Dichtung, und Geschichte*, 13 (1987), 88-110.

Kahn, Charlotte. „Proverbs of Love and Marriage: A Psychological Perspective." *Psychoanalytic Review*, 70 (1983), 359-371.

Mieder, Wolfgang. *English Proverbs*. Stuttgart: Reclam, 1988.

Mieder, Wolfgang. *American Proverbs. A Study of Texts and Contexts*. Bern: Peter Lang, 1989.

Mieder, Wolfgang. *Love: Proverbs of the Heart*. Shelburne, Vermont: The New England Press, 1989.

Mieder, Wolfgang. *English Expressions*. Stuttgart: Reclam, 1992.

Mieder, Wolfgang.,'liebe und leide': Sprichwörtliche Liebesmetaphorik in Gottfrieds Tristan." *Das Mittelalter*, 2 (1997), 7-20.

Mieder, Wolfgang. *Proverbs: A Handbook*. Westport, Connecticut: Greenwood Press, 2004.

Thiselton-Dyer, T.F. *Folklore of Women: As Illustrated by Legendary and Traditional Tales, Folk-Rhymes, Proverbial Sayings, Superstitions, etc*. London: Elliot Stock, 1905.

Thompson, Harold W. „Proverbs and Sayings." *New York Folklore Quarterly*, 5 (1949), 230-235 und 296-300.

Willberg, Max. „Wort- und Spruchgut um Liebe und Ehe." *Muttersprache*, 74 (1964), 74-83, 110-119 und 140-149.

„Because You're Mine, I Walk the Line"
Sprichwörliches in ausgewählten Liedern von Johnny Cash

Florian Gutmann

1. Einleitung

Die Untersuchung von Songtexten auf Sprichwörtliches ist erstaunlicherweise nur eine sehr kleine Disziplin in der Sprichwortforschung, obwohl sich hier eine riesige Quelle von Phraseologismen und deren Variationen bietet. „Proverbs do not only appear in prose and dramatic literature. They also play a considerable role in lyric poetry and in the lyrics of songs" (Mieder 2004, 224). Jedoch finden sich relativ wenige Forschungsarbeiten, die diese dennoch sehr wichtige Thematik behandeln. Es gibt zwar bereits Untersuchungen von Wolfgang Mieder, die neben Anand Prahlads *Reggae Wisdom: Proverbs in Jamaican Music* (2001) und den Arbeiten von Steven Folsom über Countrymusik Sprichwörtliches behandeln, doch steht dies aber in keinem Vergleich zu der sehr weiten Verbreitung von sprachlicher Fertigware in Songtexten. So verwendet auch einer der Wegbereiter der Countrymusik in den Vereinigten Staaten viele dieser Sprachautomatismen, die in dieser Arbeit untersucht werden; die Rede ist vom amerikanischen Sänger und Songwriter Johnny Cash, der nicht erst seit seinem Tod am 12. September 2003, sondern auch schon zuvor einer der bedeutendsten US-amerikanischen Musiker und Songwriter war, die das 20. Jahrhundert hervorgebracht hat. Johnny Cash war vor allem für seine markante Baritonstimme bekannt, die sich von vielen seiner Zeitgenossen absetzte, wie auch seine sozialkritschen und kontroversen Texte. Geboren am 26. Februar 1932 in Kingsland, Arkansas, begann er seine musikalische Karriere, nachdem er 1954 aus der US Airforce ausschied. Einige wichtige Wegpunkte seines Aufstiegs waren zweifelsfrei die Single „I walk the line" von seinem Debutalbum *Johnny Cash with His Hot and Blue Guitar* (1957), die es in den Billboardcharts auf Platz eins schaffte; das Album stieg bis auf Platz 17 der Charts. Dieser steile Aufstieg zog sich auch durch seine nachfolgenden Veröffentlichungen, und so hatte Johnny Cash auf seinen Alben viele Lieder, die als Hitsingles sehr erfolgreich waren. Jedoch gab es auch negative Aspekte seines raschen Aufstiegs: Alkohol- und Drogenmissbrauch machten auch vor Johnny Cash nicht halt und schadeten seiner Karriere wie auch seinen Ehen. Als er schließlich June Carter im Jahre 1968 heiratete, wendete sich das Blatt wieder zum Guten, und er spielte seine wohl legendärsten und bekanntesten Konzerte 1968 im Folsom State Prison und 1969 im St. Quentin State Prison. Aufnahmen dieser beiden Konzerte wurden später auf Schallplatten veröffentlicht und waren ebenfalls ein herausragender Erfolg. Weitere sehr erfolgreiche Titel, die es alle bis an die Spitze der Charts brachten, waren neben dem sehr bekannten „Ring of Fire" unter anderem „Jackson", „Folsom Prison Blues", „A Boy Named Sue" und „Get Rhythm". Im Jahre 1999 wurde der „Man in Black" bei einem Auftritt in Michigan ohnmächtig, und nach einem Krankenhausaufenthalt wurde ihm eine nicht heilbare Erkrankung des Nervensystems diagnostiziert, die letztendlich in Verbindung mit einer Lungenentzündung zu seinem Tod am 12. September 2003 führte (vgl. www.johnnycash. com, Biographie).

1.1 Ziele und Korpus der Untersuchung

Johnny Cash wird wegen seiner rebellischen Art, seiner Ruppigkeit und nicht zuletzt wegen seiner Lieder und Texte nie vergessen werden. Letztere sind Hauptbestandteil dieser Arbeit und werden in Bezug auf Sprichwörter und sprichwörtliche Redensarten untersucht. Trotz der immensen Anzahl von Liedern, die aus der Feder von Johnny Cash stammen, beschränkt sich ihre Thematik vor allem auf Religion und Gottesfürchtigkeit, Liebe und diverse Abenteuer von rauhbeinigen Rebellen aus den Südstaaten.

In dieser Arbeit wird Johnny Cashs Sprichwörtlichkeit untersucht, d.h. die Art, Weise und der Zusammenhang, in dem er Sprichwörter, sprichwörtliche Redensarten, Sentenzen und geflügelte Worte verwendet, und wie sie sich in den Gesamttext einfügen. Die Mehrheit der verwendeten Sprachautomatismen beschränkt sich in den ausgewählten Liedern auf tatsächliche Sprichwörter und deren Variationen, sowie auf sprichwörtliche Redensarten und Sentenzen. Diese drei Elemente bilden den Grundstein dieser Untersuchung und werden in je einem Punkt gesondert untersucht.

Den Korpus dieser Arbeit bildeten alle von Johnny Cash veröffentlichten Alben. Jedoch ist es im Rahmen dieser Untersuchung nicht möglich, detailliert auf den Inhalt von ungefähr 100 Alben einzugehen. Deswegen wurde der Korpus auf einzeln ausgewählte Lieder, die besonders sprichwörtlich sind, eingeschränkt. Insgesamt sind es 11 Songs, auf die bei dieser Arbeit näher eingegangen wird:

- *Johnny Cash with His Hot and Blue Guitar 1957: I Walk the Line*
- *The Fabulous Johnny Cash 1958: Cold Shoulder*
- *Johnny Cash: Blood, Sweat &Tears 1963*
- *Johnny Cash: From Sea to Shining Sea 1968: From Sea to Shining Sea*
- *Johnny Cash: The Holy Land 1969: Daddy Sang Bass*
- *Johnny Cash: Ragged Old Flag 1974: Pie in the sky, What on Earth Will You Do (for Heaven's Sake)*
- *Johnny Cash: The Rambler 1977: Hit the Road and Go*
- *Johnny Cash: Water from the Wells of Home 1988: That Old Wheel*
- *Johnny Cash: American III – Solitary Man 2002: That Lucky Old Sun, The Mercy Seat, Wayfaring Stranger*

Basierend auf diesem Korpus, dessen Inhalte sich vom Beginn von Cashs Karriere bis zu seinem Tod erstrecken, werden nun die Lieder nach Art und Herkunft der Phraseologismen sortiert und gesondert untersucht.

2. Phraseologismen bei Johnny Cash

2.1 Religiös motivierte Phraseologismen

Religiös motivierte Phraseologismen sind überaus zahlreich in den Texten von Johnny Cash, was vor allem daher rührt, dass vielen seiner Lieder religiöse Thematiken zu Grunde liegen. Dies mag vor allem daran liegen, dass er in Arkansas, einem der sehr religiös geprägten Südstaaten, und in einer religiösen Familie aufwuchs (vgl. www.johnnycash.com, Biographie). Religiöse Sprichwörter und Redensarten finden sich in sehr vielen Sprachen durch die weltweite Verbreitung der Bibel. Dazu kommt, dass die relativ frühe Übersetzung der Bibel in sehr viele Sprachen dazu beigetragen hat, die Sprichwörter zu verbreiten.

> As a widely translated book, the Bible had major influence on the distribution of common proverbs since the various translators were dealing with the same texts. Several dozen biblical proverbs are thus current in identical wordings in many European languages, even though speakers might not remember that they are employing proverbs from the Bible. (Mieder 2004, 14)

So verwendet auch Johnny Cash diese biblischen Sprichwörter, wie man an folgenden Beispielen sehen kann: er benutzt vor allem die sehr weit verbreiteten Phraseme „As you sow, so you reap" (Galater 6:7), „An eye for an eye, a tooth for a tooth" (Exodus 21:24, Matthäus 19:24) und „Whoever slaps you on the right cheek, turn him the other also" (Lukas 6:29). In dem Song "What on Earth Will You Do (for Heaven's Sake)" verwendet er in der dritten Strophe die weit verbreitete redensartliche Variation des letztlich genannten Sprichwortes, nämlich „To turn the other cheek":

> Did you turn the other cheek
> are you counted with the meek
> Would you give a little more than you can take
> Will you shine your little light on the children of the night
> What on earth will you do for heaven's sake?

Das oben genannte Bibelzitat wird hier, wie auch heute meistens, nicht als Sprichwort sondern als eine verbale Abwandlung verwendet. „To turn the other cheek" impliziert automatisch ein Verhalten, anderen zu vergeben, die christliche Idee der Nächstenliebe und

Abwendung vom Egoismus. So ist es überflüssig geworden, das gesamte Bibelzitat zu verwenden; stattdessen ist die genannte verbale Abwandlung allgemein als Ersatz anerkannt worden.

Zwei dieser biblischen Anleihen finden sich auch im Refrain des Songs „That Old Wheel" wieder:

That old wheel is gonna roll around once more
When it does it will even up the score
Don't be weak: as they sow, they will reap
Turn the other cheek and don't give in
That old wheel will roll around again

Thema dieses Liedes ist die Idee der christlichen Nächstenliebe und die des kategorischen Imperativs, dass alles letztendlich wieder zurückkommt. Cash unterstreicht diese Aussage sehr deutlich, indem er die „cheek" Redensart und das Bibelsprichwort „As you sow, so shall you reep" zitiert, und gleichzeitig eine Abwandlung des Shakespeare Zitats „The wheel comes full circle" aus *King Lear* hinzufügt (Mieder/Kingsbury/Harder 1992, 650).

Das Rachesprichwort „An eye for an eye, a tooth for a tooth" aus dem alten Testament ist einer der wohl bekanntesten und meistzitierten Phraseologimen, der zu dem großen Korpus der biblischen Sprichwörter und Redensarten zählt, welcher nach Lutz Röhrich und Wolfgang Mieder über eintausend Sprachautomatismen enthält (vgl. Röhrich/Mieder 1977, 31).

So ist es nicht verwunderlich, dass auch dieses Sprichwort den Weg aus der Bibel in die englische Umgangssprache gefunden hat und sich auch in den Texten von Johnny Cash wiederfinden lässt. In dem Lied „The Mercy Seat" vom Album „American III – Solitary Man" findet sich das Phrasem im Refrain wieder und dient zusätzlich als Leitmotiv und Maxime des lyrischen Ichs.

And the mercy seat is burning
And I think my head is glowing
And in a way I'm hoping
To be done with all this twisting of the truth.
An eye for an eye
And a tooth for a tooth
And anyway there was no proof
And I'm not afraid to die

Das Lied handelt von einem unschuldig zum Tode verurteilten Mann
auf dem Weg zu seiner Hinrichtung bis zur Hinrichtung selbst, und
der darüber klagt, dass er unschuldig sei, ihm aber nicht geglaubt
wird. Das Sprichwort wird in diesem Kontext als Trostspender und
Hoffnungsträger benutzt, um zu vermitteln, dass diejenigen, die ihn
verurteilt haben, am Ende ihre gerechte Strafe durch Gott erhalten
werden, und sein unschuldiger Tod letztendlich gesühnt wird.

Der letzte Refrain des Liedes enthält eine Variation des
Sprichwortes in der Form „A life for a life and a truth for a truth".
Die Struktur aus Artikel, Substantiv, Konjunktion, Artikel gefolgt
vom Nomen bleibt erhalten, jedoch werden die Subjekte ausgetauscht, und doch bleibt der eigentliche Sinn erhalten; ein Leben für
ein Leben und eine Wahrheit für eine Wahrheit:

> And the mercy seat is glowing
> And I think my head is smoking
> And in a way I'm hoping
> To be done with all these looks of disbelief.
> A life for a life
> And a truth for a truth
> And I've got nothing left to lose
> And I'm not afraid to die

Anhand des Liedes „Wayfaring Stranger" lässt sich die Verbreitung und Bedeutung der Redewendung „To go over (cross) the Jordan" veranschaulichen. Ursprünglich in Deuteronomium 12:10 als
Metpher für den Einzug der Isaraeliten ins geheiligte Land gebraucht,
wird dieser Begriff heute als Eintritt in das Himmelreich nach dem
Tod gedeutet. Dieses Himmelreich ist ein altes Bild für das Leben
nach dem Tod, das sich die Christen erhoffen. Und der Weg dahin
führt, jedenfalls symbolisch gesehen, über den Jordan. In diesem Sinn
wird der Phraseologismus auch im Englischen angewandt. Johnny
Cashs Song „Wayfaring Stranger" handelt von dem Sterben und dem
Übergang ins Himmelreich, was er hier mit „home" und „to go over
[the] Jordan" beschreibt.

> I'm a poor wayfaring stranger
> While traveling through this world of woe
> Yet there's no sickness, toil, or danger
> In that bright world to which I go
> I'm going there to see my Father

I'm going there no more to roam
I'm only going over Jordan
I'm only going over home

I know dark clouds will hang 'round me,
I know my way is rough and steep
Yet beauteous fields lie just before me
Where God's redeemed their vigils keep
I'm going there to see my mother
She said she'd meet me when I come
I'm only going over Jordan
I'm only going over home

Wenn man jedoch die englische und deutsche Version dieser Wendung kontrastiert, findet man einen kleinen Unterschied in der Verwendung. In diesem Lied wird der Ausdruck durchaus positiv verwendet, da beim Lesen Gefühle wie Hoffnung und Erlösung mitschwingen. Dies kann man daran sehen, dass die ersten vier Zeilen der beiden Strophen eine Art Beklommenheit und Unbehagen auslösen, während die letzten vier Zeilen Hoffung und Zuversicht verbreiten. Im Deutschen hingegen besitzt „über den Jordan gehen" in der Umgangssprache eine eher negative Konnotation.

2.2 Politisch motivierte Phraseologismen

Das Sprichwort haucht politischen Artikeln und Reden neues Leben ein, und diese ihrerseits hauchen dem Sprichwort neues Leben ein *(M. Lüthi)*. Die Bildlichkeit des Sprichworts macht jedenfalls einen politischen Text anschaulicher und lebendiger, wobei der dem Sprichwort zugrunde liegende Anspruch auf Allgemeingültigkeit die Aussagekraft politischer Argumente verstärkt *(W. Mieder)*. (Röhrich/Mieder 1977, 108)

Dass der Kreis von sprichwörtlich gewordenem Zitat und Politik und umgekehrt aber auch gebrochen werden kann, und ein politischer Ausspruch durchaus auch den Weg in die Musik finden kann, zeigt Johnny Cashs 1963 erschienenes Album *Blood, Sweat & Tears*. Ursprünglich stammt dieser Phraseologismus aus Winston Churchills bekannter Rede vor dem britischen Unterhaus am 13. Mai 1940:

In crisis I hope I may be pardoned if I do not address the House at any length to-day [...] I would say to the House, as I said to those who have joined this Government: „I have nothing to offer but blood, toil, tears and sweat." (Mieder 2004, 201)

Es ist verwunderlich, wie innerhalb von nur 23 Jahren eine Aussage aus einer politischen Rede sprichwörtlich werden kann, aber dieses Beispiel beweist am Besten, wie lebendig doch Sprache ist und wie schnell sich markante Formulierungen einbürgern. Jedoch wird darüber spekuliert, ob Churchill mit den Werken von John Donne vertraut war, der bereits im Jahre 1611 von „tears, or sweat, or blood" spricht, und auch haben bereits Cicero und andere lateinische Autoren „sanguis et sudor" verwendet.

Be this as it may, there is *no* instance in classical Latin literature or anywhere else in English literature for that matter of the rhetorical group of four nouns corresponding to the sweeping „blood, toil, tears, and sweat." (Mieder 2004, 202)

Den Titel für dieses Album hat Johnny Cash deswegen gewählt, weil es hauptsächlich von Volksliedern beeinflusst wurde, denen tragische Schicksale zu Grunde liegen.

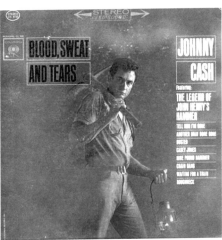

So handelt der Song „Another Man Done Gone" vom Erhängen eines Mannes, das Lied „Roughneck" vom Aufwachsen eines Kindes, das schon von klein auf hart arbeiten musste und es nie leicht hatte, und „Tell Him I'm Gone" dreht sich um einen Sklaven, der flieht, weil er die Sklaverei nicht mehr aushielt. So eignet sich Churchills meist als „Blood, sweat and tears" zitierte Aussage in diesem Fall ganz besonders als Albumstitel.

Eine der bekanntesten idiomatischen Redewendungen verwendet Johnny Cash in seinem Lied „From Sea to Shining Sea" im gleichnamig erschienenen Album aus dem Jahre 1968. Ursprünglich stammt dieser Phraseologismus aus dem 1893 von Katharine Lee Bates verfassten Gedicht „America the Beautiful". Zitiert wird hier die letzte Strophe der ersten Fassung des Gedichtes, da Bates in den Jahren 1904 und 1913 weitere Versionen schrieb:

Oh beautiful, for patriot dream
That sees beyond the years,
Thine alabaster cities gleam
Undimmed by human tears!
America! America! God shed His grace on thee,
And crown thy good with brotherhood,
    from sea to shining sea!

Bates benutzt „from sea to shining sea" als Synonym für die Strecke vom Pazifischen zum Atlantischen Ozean oder umgekehrt, und vermittelt durch die Nennung von zwei Ozeanen eine gigantische Distanz. Und auch Johnny Cash macht sich diesen Phraseologismus zu Nutze, um seinen Patriotismus in einem Lied auszudrücken:

The beautiful spacious skies the amber waves of grain
To the majestic purple mountains above the fruited plain
God did shed his grace from sea to shining sea
    on you and me
From Sleepy Hollow mountain country to the
    swamps of Okefenokee
To Guthrie Oklahoma to Hibbing Minnesota
To Grants Pass Oregon to Stone Pipe Wells California
From Texas to Montana from California to Maine
In the sunny days the winter snow from Arizona sand
To Cherokee North Carolina to Tarpen Springs Florida
America it's time to be refreshed recalled to memory
God did shed his grace on Thee from sea to shining sea
The land is big the best is free sand and surf grass and tree

from sea to shining sea
(God shed his grace on me)
And crown thy good with brotherhood
from sea to shining sea

Die Struktur seines Textes ist jedoch anders als die von Katharine Bates, die die redensartliche Aussage sozusagen als krönenden Abschluss in ihrem Gedicht benutzt. Auch Cash verwendet sie als Abschluss, im Gegensatz zu Bates liefert er aber schon früher im Text Synonyme in der gleichen „from – to" Struktur wie „from sea to shining sea". Durch diese Variationen erscheint der Song fast wie eine virtuelle Reise quer durch die USA.

2.3 Sprichwörtliche Redensarten
    Diese sogenannten verbalen Ausdrücke bestehen im Gegensatz zum Sprichwort, das „die Funktion eines abgeschlossenen Satzes in fester und unveränderlicher Formulierung" (Röhrich/Mieder 1977, 15) hat, aus „einem Verb und Objekt, Adjektiv und Substantiv, Präposition und Substantiv oder ähnlichen Verbindungen" (Röhrich/Mieder 1977, 15). Daher lassen sich diese idiomatischen Redewendungen weitaus häufiger anwenden als Sprichwörter. Wichtig bei der Klassifizierung von sprichwörtlichen Redensarten ist die Tatsache, dass sie in einen Satz eingefügt werden müssen, um Sinn zu ergeben, und dass sie als verbale Ausdrücke nach Zeit und Person veränderbar sind. Jedoch ist ihr „Sinn ein anderer als die Summe der Einzelbedeutungen der Wörter" (Röhrich/Mieder 1977, 15). So verwendet auch Johnny Cash eine Vielzahl dieser Wendungen, um seine Texte semantisch und metaphorisch auszuschmücken. Auf seinem 1957 erschienenen Debutalbum *Johnny Cash with His Hot and Blue Guitar* findet sich der Song „I Walk the Line", der schon im Titel eine dieser sprichwörtlichen Redensarten aufzeigt.

I keep a close watch on this heart of mine
I keep my eyes wide open all the time
I keep the hands out for the tie that binds
Because you're mine, I walk the line

I find it very, very easy to be true
I find myself alone when each day is through
Yes, I'll admit that I'm a fool for you
Because you're mine, I walk the line

As sure as night is dark and day is light
I keep you on my mind both day and night
And happiness I've known proves that it's right
Because you're mine, I walk the line

You've got a way to keep me on your side
You give me cause for love that I can't hide
For you I know I'd even try to turn the tide
Because you're mine, I walk the line

„To Walk the Line" definiert die Internet-Version von *Encyclopedia Britannica* (http://www.britannica.com) folgendermaßen: „to maintain a fragile balance between an extreme and another", und „to behave; to abide by the law and/or to abide by moral standards; to walk a straight path of decency by following the rules". In diesem Fall ist die zweite Definition zutreffend; um seiner Geliebten nicht zu schaden, beziehungsweise um sie bei der Stange zu halten, versucht das lyrische Ich sich zu benehmen und nimmt Einschränkungen in Kauf. Um seine Aussage zu verdeutlichen und zu unterstreichen, setzt Johnny Cash den Chorus an das Ende von jeder Strophe und macht so deutlich, dass der Protagonist es wirklich ernst meint. Die ersten drei Zeilen wirken wie eine Steigerung, die in der letzten Strophe mit „To turn the tide" gipfelt; eine Wendung die gerade in diesem Zusammenhang sehr aussagekräftig ist. Die *Encyclopedia Britannica* (vgl. oben) beschreibt sie folgendermaßen: „to completely change the direction of something." Im Kontext des Songs versucht das lyrische Ich zu verdeutlichen, dass es willens ist, alles erdenkliche für seine Geliebte zu tun und sogar darüber hinaus. Interessant ist ebenfalls die Verwendung der Adjektivvergleiche „as sure as night is dark and day is light" in der dritten Strophe. Die Verwendung zweier Adjektivvergleiche, die sich isoliert betrachtet antithetisch gegenüberstehen, scheint hier besonders gelungen, da sie die Ernsthaftigkeit der Aussage sehr gut unterstreichen.

Ein weiteres Beispiel, das Cashs Wortgewandtheit aufzeigt, ist das Spiel mit einer idiomatischen Redewendung im Song „Cold Shoulder":

There's a fire burning bright
At our house tonight
Slow music playing
And soft candlelight

On her lips I keep tasting
The warm red wine
I'm there in her arms
But it's all in my mind

The snow is piled high on the highway tonight
I'm a ship lost at sea on this ocean of white
Eighteen wheels anchored somewhere out of Dover
I wish I could hold her
Instead of huggin' this old cold shoulder

This old highway
Is like a woman sometimes
She can be your best friend
But she's the real jealous kind
She's the lady that leads me
To the life I dream of
She's the mistress that keeps me
From the ones that I love

The snow is piled high on the highway tonight
I'm a ship lost at sea on this ocean of white
Eighteen wheels anchored somewhere out of Dover
I wish I could hold her
Instead of huggin' this old cold shoulder
God, I wish I could hold her
Instead of huggin' this old cold shoulder

Während das Lied neben dem Vergleich „I'm a ship lost at sea on this ocean of white" relativ wenig formelhafte Elemente aufweist, ist der Gebrauch der Wendung „to give (show) someone the cold shoulder" (Mieder 1992, 102) umso interessanter. Jemandem die kalte Schulter zeigen wird hier auf den Seitenstreifen der Strasse übertragen und macht nun doppelten Sinn. „Huggin' this old cold shoulder" beschreibt buchstäblich das Festsitzen des Fernlastwagens auf dem Seitenstreifen, während im übertragenen Sinne der Seitenstreifen, also die „shoulder", dem Gestrandeten die kalte Schulter zeigt und ihn aufgrund der Wetterbedingungen nicht weiterfahren lässt. Es wird zwar anstatt den üblichen Verben „to show" beziehungsweise „to give" eine Variante mit „to hug" benutzt, die aber im Kontext nicht verfälschend, sondern eher verstärkend wirkt, da sie intensiver, persönlicher und intimer ist, und somit die Aussage der verwendeten sprichwörtlichen Redensart betont. Die Herkunft dieser Wendung lässt sich übrigens nach William und Mary Morris bis ins Mittelalter zurückverfolgen:

> When knighthood was in flower, a wandering knight would be received at any castle with a sumptuous hot meal. However, the common traveler would do well to be offered a plate of cold meat. Since mutton was a common food at the times in England, he would be likely to get the cold shoulder. Today we `turn the cold shoulder' to anyone, we treat him with disdain bordering on contempt. This is an especially appropriate phrase if the person was once on friendly terms with us. (Morris 1971, 142)

Das dritte Beispiel, das den Gebrauch von Redensarten in den Texten von Johnny Cash zeigt, ist der 1977 erschienene Song „Hit the Road and Go". Wie schon im vorherigen Beispiel zitiert Johnny Cash die Wendung im Titel, die als Leitmotiv dient und ferner auch den Titel des Albums *The Rambler* widerspiegelt. Das Lied handelt von verblasster Liebe und dem Gedanken des lyrischen Ichs, die Geliebte zu verlassen und sich auf die Reise zu begeben. Um die Überzeugung und Gewissheit, den Plan in die Tat umzusetzen, zu unterstreichen, wird die Wendung „to hit the road" am Ende jeder Strophe als eine Art Refrain wiederholt, wie es schon in „I Walk the Line" geschehen ist. Jedoch wird hier als zusätzlicher Verstärker das Verb „to go" hinzugefügt, was eigentlich grammatikalisch redundant ist, stilistsch aber als Emphase dient.

Die zweite Strophe ist in Bezug auf ihre Metaphorik überaus interessant. So werden die ersten zwei Zeilen durch Metaphern eingeleitet. Die erloschene Liebe wird als „fire that is burning out" beschrieben, wobei bei dem Wort Feuer immer noch die Wärme mitschwingt. Dies wird jedoch mit dem Aufgreifen der Wendung „the air gets colder" in der darauffolgenden Zeile kontrastiert und aufgehoben. Ganz in diesem Stil geht es in der nächsten Zeile weiter, die negierte Form der Wendung „to fan the flame" wird durch das Bild „the last reserve of love is running low" ersetzt. Als letzte Zeile dient wieder das Leitmotiv des Songs. Eine Reihung von sprichwörtlichen Redensarten sind schließlich die letzen beiden Zeilen, die geschickt den progressiven Vorgang des Vergessens und Verlassens darstellen.

I woke up this afternoon looked into your eyes
And somethin' was as wrong as if the sun forgot to rise
I picked up a roadmap and I checked a few
    good places that I know
And if you're no longer givin'
I believe I'll hit the road and go

I just got the feelin' that the fire was burnin' out
Cause the air was turnin' colder every time you came about
And a flame won't take a fannin' if the last
    reserve of love is runnin' low
So since I've gotta button up
I believe I'll hit the road and go

Country road 6-40 state highway 45 life
    out on the interstate is very much alive
There's magic in the mountains and music
    in the valleys down below
And my song ain't through playin' yet so
    I believe I'll hit the road and go

Good morning to you sunshine good morning to you rain
The windshield whipers' rhythm keeps me
    singin' down the pain
Today I'm gonna miss you less if I miss you at all
    you'll never know you'll never know
This rambler had cut all the ties and pulled up
    stakes to hit the road and go
This rambler had cut all the ties and pulled up
    stakes to hit the road and go

2.4 Sprichwörter

Neben sprichwörtlichen Redensarten finden sich aber auch volle Sprichwörter in den Songs von Johnny Cash. Diese sind im Gegensatz zu den genannten Phraseologismen nicht so zahlreich, haben aber dennoch den Weg in seine Texte geschafft. Das erste Sprichwort, das hier behandelt wird, ist der Song „Pie in the Sky" vom 1974 veröffentlichten Album *Ragged Old Flag*:

From the day of your birth it's bread and
    water here on earth
To a child of life to a child of life

But there'll be pie in the sky by and by when I die
and it'll be alright it'll be alright
There'll be pie in the sky by and by when I die
and it'll be alright it'll be alright

Sometimes I doubt and fear that I've really gained
salvation here
For it's out of sight for it's out of sight

But there'll be pie in the sky...

He said if I do his will there's a promise he'd fulfill
And he's gone now to prepare me a mansion up there

And there'll be pie in the sky...
There'll be pie in the sky...
There'll be pie in the sky...

Ursprünglich stammt dieser Ausdruck aus dem Song „The Preacher and the Slave" von Joe Hill:

> The expression may have originated with a song by IWW (International Workers of the World) organizer Joe Hill, whose real name was Joseph Hilstrom, in the years before World War I. Called „The Preacher and the Slave", four of its lines went:

> „You will eat, by and by,
> In that glorious land above the sky (way up high),
> Work and pray, live on hay,
> You'll get pie in the sky when you die (that's a lie)"
> (Hendrickson 1997, 525)

Das *American Heritage Dictionary of Idioms* definiert die Bedeutung dieser Wendung als „An empty wish or promise" (S. 499), und ihr haftet eine eher negative Konnotation an. Im Gegensatz dazu kann man dem Phrasem in Johnny Cashs Text durchaus eine positive Bedeutung nachsagen. Die Thematik hier ist zweifelsohne der Tod und die Kontrastierung des Lebens auf der Erde mit dem Leben im Himmel. Ersteres wird mit „bread and water" beschrieben, also einfach, karg und mit Zweifeln verbunden. Dadurch, dass das Leben nach dem Tod realistisch mit „pie in the sky" umschrieben wird, schwingt ganz deutlich ein gewisser Positivismus mit, der vor allem durch den Kontrast zwischen „bread" und „pie" lebt. So wird hier der ursprünglich negative Klang ins Gegenteil gekehrt und eine neue Bedeutung geschaffen.

Ein anderes sehr weit verbreitetes Sprichwort hat seinen Ursprung 1634 in John Miltons Werk *Comus* (vgl. Mieder/ Kingsbury/Harder 1992, 104). Die Rede ist hierbei von „Every cloud has a silver lining" (Mieder 1988, 35), das laut der *Encyclopedia Britannica* als „hopeful or comforting prospect in the midst of difficulty" beschrieben werden kann.

Bei Johnny Cash findet sich eine Variante dieses Sprachautomatismus unter anderem in dem Song „Lucky Old Sun":

> Up in the mornin', out on the job
> Work like the devil for my pay.
> But that lucky old sun has nothin' to do
> But roll around heaven all day.

> Had a fuss with my woman, an' I toil for my kids,
> An' I sweat 'til I'm wrinkled and gray,
> While that lucky old sun got nothin' to do,
> But roll around heaven all day.

> Oh, Lord above, don't you hear me cryin',
> Tears are rollin' down my eyes.
> Send in a cloud with a silver linin',
> Take me to paradise.

> Show me that river, Take me across,
> Wash all my troubles away
> Like that lucky old sun give me nothing to do,
> But roll around heaven all day.

Verwendet wird hier eine Abwandlung von „Every cloud has a silver lining" in Form einer imperativen Verbalphrase, die aber deutlich erkennbar an das Sprichwort angelehnt ist. Cash verwendet diese Alternative aber ganz bewusst als Kontrast zum Leitmotiv der Sonne in diesem Lied. Das lyrische Ich lamentiert über die Sorgen des Alltags, während die Sonne den ganzen Tag nichts zu tun hat. Beim Blick zum Himmel wird der Sprecher an diese Ungerechtigkeit erinnert und wünscht sich eine Wolke herbei, die die Sonne verdecken soll und somit sein Elend lindert. Mit dem Gebrauch von „silver lining" neben „cloud" zeigt Johnny Cash seine sprachliche

Rafinesse, indem er den Kontrast zwischen Sonne und Wolken mit einem Sprichwort verstärkt. Neben in „That Lucky Old Sun" wird das Sprichwort „Every cloud has a silver lining" auch in „Daddy Sang Bass" verwendet, zwar auch in einer abgeänderten Form, aber die eigentliche Struktur ist dennoch deutlich erkennbar:

> I remember when I was a lad
> Times were hard and things were bad
> But there's a silver linin' behind every cloud
> Just poor people that's all we were
> Tryin' to make a livin' out of backland earth
> But we'd get together in a family circle singin' loud

Auch in diesem Lied dient ein Phraseologismus als Leitmotiv und Überbegriff für die behandelte Thematik, nämlich das Finden von Zuflucht und Schutz im Familienkreis und in der Musik.

3. Zusammenfassung

Am Ende dieser Untersuchung lässt sich sagen, dass sich bei Johnny Cash eine gewisse Sprichwörtlichkeit durchaus belegen lässt. Allerdings muss man anmerken, dass sich der Gebrauch von Sprachautomatismen hauptsächlich auf sprichwörtliche Redensarten beschränkt. Dies mag vor allem daran liegen, dass es sich bei seinen Texten zum größten Teil um narrative Erlebnisse eines lyrischen Ichs handelt, und sich idiomatische Wendungen wie die untersuchten Verbalphrasen besser integrieren lassen. Jedoch haben die von Johnny Cash verwendeten Phraseologismen immer Leitmotivcharakter und bringen die Aussage des Textes auf den Punkt. Der Gebrauch von solcher sprachlichen Fertigware in den Songs von Johnny Cash ist von Fall zu Fall verschieden. Wie die Analyse zeigt, werden die Wendungen, vor allem die religiös motiverten, hauptsächlich in ihrer ursprünglichen, nicht variierten Art benutzt, um so nicht den biblischen Charakter zu verlieren. Jedoch werden andere, vor allem die sprichwörtlichen Redensarten, zum Teil sehr stark variiert, ergänzt und sinnmäßig modifiziert, was vor allem daran liegt, dass sich Verbalphrasen hervorragend zur Modifikation eignen. Da sich diese Arbeit nur auf einen geringen Teil des Gesamtwerks von Johnny Cash bezieht, wäre es auf jeden Fall interessant, diese gesamte Studie eines Tages auf seine sämtlichen Texte auszuweiten.

Bibliographie

Ammer, Christine. *The American Heritage Dictionary of Idioms*. Boston, Massachusetts: Houghton Mifflin Company, 1997.

Bowden, Betsy. *Performed Literature: Music and Words by Bob Dylan*. Bloomington, Indiana: Indiana University Press, 1982.

Bryan, George B. „An Unfinished List of Anglo-American Proverb Songs.“ *Proverbium*, 18 (2001), 15-56.

Folsom, Steven. „Proverbs in Recent American Country Music: Form and Function in the Hits of 1986-87“. *Proverbium*, 10 (1993), 65-88.

Folsom, Steven. „A Discography of American Country Music Hits Employing Proverbs: Covering the Years 1986-1992.“ *Proceedings for the 1993 Annual Conference of the Southwest/Texas Popular Culture Association*. Hrsg. Sue Poor. Stillwater, Oklahoma: The Association, 1993, 31-42.

Hendrickson, Robert. *The Facts on File Encyclopedia of Word and Phrase Origins*. New York: Checkmark Books, 1997.

Lenk, Hartmut E.H. „Von Felsmalereien und Hobbyethnologen. Die Phraseologie des Deutschrock als Gegenstand des DaF-Unterrichts.“ *Phraseologie und Phrasendidaktik*. Hrsg. Martine Lorenz-Bourjot und Heinz-Helmut Lüger. Wien: Edition Praesens, 2001, 155-178.

Litovkina, Anna und Wolfgang Mieder. *Old Proverbs Never Die, They Just Diversify. A Collection of Anti-Proverbs*. Burlington/Veszprem: University of Veszprem Press, 2006.

Mieder, Wolfgang (Hrsg.). *English Proverbs*. Stuttgart: Reclam, 1988.

Mieder, Wolfgang (Hrsg.) *American Proverbs: A Study of Texts and Contexts*. Bern: Peter Lang, 1989.

Mieder, Wolfgang (Hrsg.). *English Expressions*. Stuttgart: Reclam, 1992.

Mieder, Wolfgang. *Proverbs: A Handbook*. Westport, Connecticut: Greenwood University Press, 2004. 224-236

Mieder, Wofang, Stewart A. Kingsbury und Kelsie B. Harder. *A Dictionary of American Proverbs*. New York: The Oxford University Press, 1992.

Morris, William und Mary Morris. *Morris Dictionary of Word and Phrase Origins*. New York: Harper & Row Publishers, 1971.

Prahlad, Sw. Anand. *African American Proverbs in Context*. Jackson, Mississippi: University of Mississippi Press, 1996.

Prahlad, Sw. Anand. *Reggae Wisdom: Proverbs in Jamaican Music*. Jackson, Mississippi: University of Mississippi Press, 2001.

Stoeva-Holm, Dessilava. „Schwerpunktsetzungen durch Phraseologismen in deutschen Schlagertexten, Textkonstituive und funktionale Aspekte.“ *Euphoras 2000. Internationale Tagung zur Phraseologie vom 15.-18. Juni 2000 in Aske/Schweden*. Hrsg. Christine Palm Meister. Tübingen: Stauffenburg, 2004. 509-521.

Taft, Michael. „Proverbs in the Blues. How Frequent is Frequent?" *Proverbium: Yearbook of International Proverb Scholarship*, 11 (1994), 227-258.

Wurmitzer, Gabriele. „‚Andere Länder, andere Sprachen‘: Jimmy Bergs sprichwörtliche Chansondichtung aus Wien und New York.“ *Proverbuim: Yearbook of International Proverb Scholarship*, 22 (2005), 415-447.

„The Grand Slam" of Proverbs and Proverbial Expressions
Zur sprichwörtlichen Sprache amerikanischer Sportzeitschriften

David A. Carmichael

Das moderne Leben wird von der Popularität des Sports beeinflusst. In unserer Kultur wird der Sport immer wichtiger, und mit der erhöhten Bedeutung des Sports findet dessen Terminologie immer mehr Verwendung in der alltäglichen Sprache. „Each sport has generated its own vocabulary to define and describe its rules, players, equipment, strategies and game situations" (Overfield 1999, 21). Nach James Overfield werden solche Wörter oder Ausdrücke benützt, um Ereignisse, Probleme, Personalitätstypen und Einsichten in der menschlichen Lage zu beschreiben und zu dramatisieren. Jetzt können Muttersprachler des amerikanischen Englisch solche Ausdrücke wie „The best offense is a good defense," „to throw a curve ball" und „to have a level playing field" verstehen, und es hängt nicht davon ab, ob die Person sich im Sport auskennt. Als Korpus für die vorliegende Untersuchung haben viele Schlagzeilen der Zeitschriften *Sports Illustrated* und *ESPN: The Magazine* gedient, um zu zeigen, wie Beispiele dieses Phänomens beobachtet werden können. *ESPN: The Magazine* ist auch ein Fernsehprogramm und die Buchstaben repräsentieren „Entertainment and Sports Programming Network."

Zuerst war es der Zweck dieser Arbeit, sportliche Redensarten zu finden, aber weil es so viele Beispiele von normalen Sprichwörtern und Redensarten gibt, war es nicht zu vermeiden, dass ein Teil dieser Arbeit von nicht-sportlichen Phraseologismen handelt. Diese Arbeit hat demnach zwei Teile; die erste Hälfte handelt von sportlichen Redensarten und die zweite Hälfte von anderen Ausdrücken, die in den Zeitschriften erscheinen.

Am Ende war ich ein bisschen enttäuscht, dass manche Redensarten und Sprichwörter nicht gefunden wurden. Ich glaube, es hat mit meinen Auswahlbeispielen zu tun. Ich versuchte, eine ganze Menge von Ausgaben von *ESPN: The Magazine* und *Sports Illustrated* zu finden und habe es auch geschafft, aber für gewisse Zeiträume gab es Lücken, wo mir keine Ausgaben zur Verfügung standen. Auch konnten für die mir vorliegenden Ausgaben nicht immer Redensarten gefunden werden, die mit Baseball zu tun haben. Ich habe zum Beispiel weder das Sprichwort „Three strikes and you're out" noch die Redensart „to bat a thousand" gefunden. Als Quelle standen mir ungefähr 30 Exemplare der Zeitschriften *ESPN: The Magazine* und *Sports Illustrated* zur Verfugung, die zwischen 2003 und 2007 gedruckt wurden. Auf jeden Fall steht fest, dass die Aussage „There is no doubt that proverbs, those old gems of generationally tested wisdom, help people in everyday life and communication to cope with the complexities of the modern human condition" (Mieder 2004, 153) auch für die Sprache des Sports gilt.

Sportliche Redensarten als Schlagzeilen
Eine Entdeckung, die ich gemacht habe, ist, dass die Schlagzeilen in *ESPN: The Magazine* und *Sports Illustrated* viel Sprichwörtliches enthalten. Solche Schlagzeilen sind eingängig und springen ins Auge, und zusammen mit einem Bild entscheidet das, ob der Leser den Aufsatz lesen will oder nicht. „Betrachtet man die Schlagzeile unter einem pragmatischen Gesichtspunkt, so hat sie auf möglichst wenig Raum zwei potentiell kontrastierende Funktionen zu erfüllen: den Leser über den Inhalt des Artikels zu informieren und zugleich seine Aufmerksamkeit zu erregen (vgl. Roloff 1978). Die 'ideale' Schlagzeile sollte daher grundsätzlich kurz sein: einerseits klar und verständlich, andererseits ungewöhnlich und kryptisch" (Di Meola 1998, 217).

Seit langem haben die Journalisten die Nützlichkeit und die Wirksamkeit von sprichwörtlichen Schlagzeilen entdeckt. Wenn diese Überschriften gross und in Fettdruck an den Anfang eines Artikels gesetzt werden, die den Inhalt in einem Bild zusammenfassen (vgl. Mieder 2004), dann ist der Zweck erfüllt, die Aufmerksamkeit des Lesers zu packen.

American Football
Die American-Football-Terminologie hat viele Ausdrücke, die in der alltäglichen Sprache benützt werden können. Man findet solche reiche Terminologie wie „to throw a hail Mary," „to fumble" und „to huddle." Leider wurden diese Redensart und Verben in meinen Beispielen nicht als Schlagzeilen gebraucht. Statt dessen gibt es die Ausdrücke „Go deep," „Red Zone" und „Bump and run."

„Go deep, go wide. Make Each Strand a Wide Receiver" (ESPN, 10. April 2006, 6) erschien als eine Werbung für ein Shampoo von L'oreal, welches das Haar voller macht. Die Redensart „Go deep" bedeutet eigentlich ein Spiel in American Football, wo der „Wide receiver" so schnell und weit wie möglich läuft und versucht, den Ball aufzufangen. Im vorliegenden Beispiel wird die Redensart deshalb gebraucht, weil die Wörter „tief" und „weit" sowohl im Fussball als auch zur Beschreibung des Haares benutzt werden können.

Old Spice, eine amerikanische Firma, die Deodorant und Kölnischwasser verkauft, brauchte einen American-Football-Ausdruck als Produktnamen. Das Produkt heisst „Red Zone" (ESPN, 20. November 2006, 37), was den Teil eines American-Football-Feldes innerhalb der Zwanzig-Yard-Linie bezeichnet. Er wird deshalb so genannt, weil die eine Mannschaft die Chance sieht, einen „Touchdown" zu machen, während die andere Mannschaft versucht, sie daran zu hindern.

„Triple Threat" (ESPN, 12. Februar 2007, 97) bedeutet „great skill in three areas. The term comes from football, where it is used for an offensive player who can run, pass and kick well" (Ammer 1992, 233). Jemand, der als „triple threat" bezeichnet wird, ist gut in jedem Aspekt seiner Arbeit. Dieser Ausdruck wird in einem Artikel verwendet, um einen American-Football-Spieler zu beschreiben, der als Kandidat für die Heismann- Trophäe nominiert wurde. Ein Spieler, der diese Trophäe erhält, gilt als bester Angriffsspieler einer Universitätsmannschaft.

Im American Football gibt es eine Taktik, bei der die Hintermannschaft versucht, den Quarterback zu Boden zu bringen. Sie schickt mehr Spieler nach vorne, als dies normalerweise üblich ist, und damit soll der Gegner überrannt werden. Durch Schnelligkeit und numerische Übermacht soll der gegnerische Quarterback unter Druck gesetzt werden, damit dieser einen Fehler macht oder den Ball wegwirft. Diese Taktik heisst „ to blitz." Der Nachteil ist, dass das Feld geöffnet wird und gegnerische „Wide receivers" nun nicht mehr gedeckt werden können. In einer Werbung erschien der Titel eines Videospiels „Blitz The League" (ESPN, 20. November 2006, 27). Der Hintergrund des Bildes zeigt ein Gewitter und bedeutet die Liga im Sturm erobern. Der Ausdruck erschien auch als Titel eines wöchentlichen Leitartikels, der „Media Blitz" heisst. „Media Blitz" darum, weil er kurz und schnell ist. Jede Woche versucht dieser Leitartikel, eine kritische Abhandlung der sportlichen Massen-Medien zusammenzufassen.

Baseball

Baseball ist der nationale Zeitvertreib des amerikanischen Volkes. Daher überrascht es nicht, dass diese Sportart den grössten Einfluss in der englischen Sprache hat. Es gibt eine fast unbegrenzte Anzahl von Ausdrücken, die aus dem Baseball-Sport kommen (z.B. „ballpark estimate," „Three strikes, and you're out," „to get to first base," „way off base," „to have two strikes against oneself" usw). *Sports Illustrated* braucht anstelle eines Inhaltsverzeichnisses das Wort „Lineup." „Lineup" bezeichnet eigentlich die Art, wie der Chef der Mannschaft die Spieler aufstellt. Normalerweise sind die „heavy hitters" in der Mitte der Aufstellung, wo sie die grösste Wirkung haben können. In *Sports Illustrated* sind „the heavy hitters" sozusagen die wichtigsten Artikel, die deshalb auch in der Mitte stehen. „Heavy hitter" (SI, 3. Juli 2006, 92) ist auch eine Redensart, die in *Sports Illustrated* erschien. Nach Christine Ammer bezeichnet „heavy hitter" im übertragenen Sinn auch „A powerful person, who is very important and/or influential. The term probably originated in boxing, where it refers to a fighter who relies on powerful slugging rather than skill or dexterity [...]. In baseball a batter who is often successful is sometimes called a heavy hitter" (Ammer 1992, 98). „Heavy hitter" kann auch im Fussball oder der Politik verwendet werden, wo es bedeutet, dass eine Person viel Einfluss und Macht hat. *Sports Illustrated* benützt „heavy hitter" als Schlagzeile in einem Artikel über die berühmten Golfspieler Jack Nicklaus und Arnold Palmer. „To lead off" ist ein Ausdruck, der aus dem Baseball-Sport stammt, wo der erste „hitter" in der Aufstellung das Spiel eröffnet. Daher wählte *Sports Illustrated* den Ausdruck „Leading off" (als Schlagzeile für den ersten Artikel der Zeitschrift) .

„Grand slam" (ESPN, 22. Mai 2006, 7, Abb. 1) bedeutet „a total victory or sweeping success. Although this term originated in whist and related card games (notably bridge), where it means the winning of all thirteen tricks by one side [...]. In baseball it denotes a home run hit with (all three) bases loaded" (Ammer 1992, 88). Normalerweise ist dieser Ausdruck mit Baseball verbunden, aber er hat auch seine Bedeutung für Golf und Tennis. Es gibt sowohl im Tennis als auch im Golf vier grosse Turniere, die mehr Prestige als die anderen Turniere haben. Wenn es ein Spieler schafft, diese vier Turniere in einem Jahr zu gewinnen, nennt man die Leistung „to complete the grand slam."

In einem Artikel von *ESPN: The Magazine* erscheint „grand slam" (ESPN, 29. März 2004, 34) als Schlagzeile. Der Artikel handelt von einem Baseballspieler, der etwas Erfolgreiches gemacht hat. „Bump and Run" (ESPN, 17. Juli 2006, 82) ist ein weiteres Spiel, das im Baseball-Sport stattfindet, wobei der wirkliche Ausdruck „hit and run" ist. Dies bedeutet „fleeing the scene of an accident, particularly one involving a vehicle, that one has caused. The term originated around the turn of the century in baseball, where it refers to a play in which the runner on first base breaks for second base on the pitch, and the batter hits into an area left unguarded by the infield (which has moved to cover second base to prevent a steal)" (Ammer 1992, 101). Die Schlagzeile heisst „Bumped and Running." In diesem Artikel wird der amerikanische Fussballspieler, Randy Moss, verhaftet, weil er einen Verkehrsunfall verursachte und dann zu fliehen versuchte.

„Play Ball!" bedeutet „begin; get started. This imperative is the traditional baseball umpire's call to begin a game" (Ammer 1992, 165). Zwei Varianten von „Play Ball" wurden in *ESPN: The Magazine* gefunden. Die erste Variante ist „Play BALCO" (ESPN, 25. Oktober 2004, 72, Abb. 2) was ein Wortspiel zwischen „ball" und BALCO ist. BALCO steht für Bay Area Laboratory Cooperative, einen Betrieb, der angeblich Nahrungsergänzungsmittel herstellt. In Wirkichkeit entwickelte BALCO aber Anabolika, die schwer zu entdecken sind, und stellte sie für die Baseballspieler bereit. Der Artikel „Play BALCO" handelt von Baseballspielern wie Barry Bonds und Gary Sheffield, die angeblich Anabolika von BALCO benutzt haben. Die zweite variierte Schlagzeile benützt „Shut up and Play Ball" (ESPN, 10. April 2006, 54-55, Abb. 3). Das Bild auf der Titelseite zeigt drei Baseballspieler mit dem Klebeband auf ihren Mündern und darauf die Schlagzeile „Shut up and Play Ball."

A „box score" (ESPN, 17. Juli 2006, 39) ist „a detailed record of an event; a summary of the results." Dieser Ausdruck ist auch „popular with elected officials referring to their own record. Among those who used it were Presidents Franklin D. Roosevelt, Harry S. Truman, and more recently, George Bush" (Ammer 1992, 31). Die Benennung wird als Schlagzeile eines Sudokuspiels gebraucht. Es wird so verwendet, weil dieses Geduldspiel viele Antwortkästchen enthält.

In Baseball benutzt der Werfer zwei oder drei Arten des Wurfs. Normalerweise gibt es „the fastball," „the curveball," „the slider" und „the changeup." Der Ausdruck „to throw a curve" bedeutet, dass et-

was ganz Unerwartetes passiert. Es gibt auch einen Ausdruck „to
bring the heat." Das bedeutet, dass der Werfer „a fastball" wirft, um
den Schlagmann herauszufordern. Cattlemen's Beef Board brauchte
„Brings the Heat" (ESPN, 10. April 2006, 53) in einer Werbung in
ESPN: The Magazine als ein Wortspiel. Das Wortspiel ist zwischen
wie würzig das Essen ist und „the heat" oder „fastball."

Basketball
      In der Sprache des Basketball-Sports wurden auch besondere Aus-
drücke entwickelt. Solche Redensarten wie „Alleyoop," „foul-out,"
„slam dunk," und „pick and roll" kommen daher, aber der Sport ist
noch relativ neu im Vergleich zu anderen Sportarten, und es gibt hierfür weniger Redensarten als für ältere Sportarten wie z.b. Baseball.
      Ein Ausdruck, der nur zum Basketball-Spiel gehört, ist „Tip-off"
(ESPN, 20. November 2006, 14). Am Anfang eines Basketballspieles
muss je eine Person von den beiden Mannschaften versuchen, hoch
zu springen und den Ball zu kontrollieren. Der Gebrauch dieses Aus-
druckes ist fast gleich wie „to lead off" oder „play ball." Er bedeutet
„anfangen" und wurde in einem Artikel benützt, um die Anfänge der
College-Basketball-Saison zu beschreiben.
      „Double team" (SI, 11. Dezember 2006, 8) ist auch eine interes-
sante Benennung, die aus dem Basketball-Sport kommt. „A double
team" geschieht im Basketball dann, wenn ein Spieler zu kräftig ist,
und es mehr als eine Person braucht, um ihn zu decken. Basketballspieler wie Shaquille O'Neal, Dirk Nowitzski und Yao Ming sind
immer „doubled down on." Der Beleg für dieses Phänomen erschien
in *Sports Illustrated*, als der 7'6" grosse Basketballspieler Yao Ming
fast ganz alleine ein Spiel gewann.
      Der Fachbegriff „Pick and roll" (ESPN, 6. November 2006, 45,
Abb. 4) ist ein Spiel im Basketball, das in den 90-er Jahren durch
John Stockton und Karl Malone berühmt wurde. Ein Spieler bildet
eine Mauer, während ein anderer Spieler um ihn herumrennt, um so
seinen Gegner loszuwerden. Dann läuft der erste Spieler, der die
Mauer gebildet hatte, Richtung Ziel und bekommt den Ball zuge-
spielt. In einem Beitrag in *ESPN: The Magazine* gibt es die Schlagzeile „Pick 'N Roll," deren Artikel von Mannschaften handelt, die
ausgewählt waren, Spiele zu gewinnen.

Andere Redensarten als Schlagzeilen
      Oft beinhalten die sportlichen Artikel eine sprichwörtliche Re-
densart als Schlagzeile, die mit dem Namen eines Sportlers oder sonst

etwas Sportlichem verbunden werden. Ein Artikel über eine Hok-keymannschaft hat zum Beispiel die Schlagzeile „Busy B's" (ESPN, 15. Januar 2007, 84), die mit dem englischen Ausdruck „busy as a bee" und dem Namen der Mannschaft gleichzeitig spielt. Die Re-densart ist zwar verändert, aber jemand, dessen Muttersprache Eng-lisch ist, versteht dieses Wortspiel. Ein anderer Beleg dieses Stils taucht in einem Beitrag auf, wo der Chef einer Baseballmannschaft etwas Umstrittenes gesagt hatte. Die Überschrift war „Spill the Bea-ne" (ESPN, 22. Mai 2006, 20), weil der Chef den Nachnamen Beane hat. Der Ausdruck „Spill the beans" bedeutet, dass jemand etwas unabsichtlich gesagt hat, z.B. ein Geheimnis.

In einer anderen Schlagzeile gibt es einen ähnlichen wortspieleri-schen Gebrauch einer Redensart. Die Interjektion „Holy smokes!," was auf Deutsch mit „Heiliger Bimbam" übersetzet werden kann, wurde zum Beispiel zu „Holy Smoltz" verändert. John Smoltz ist ein Werfer (pitcher) bei der Atlanta Braves Baseball Mannschaft. Der Artikel handelt von seiner Selbstlosigkeit. Ein anderer Beitrag mit der Schlagzeile „Go to Guy" verbindet ein Wortspiel mit dem Nachna-men von Ray Guy, einem American-Football-Spieler, der jetzt Rent-ner ist. Der Ausdruck „Go-to guy" bezeichnet normalerweise einen Sportler, der das richtige Spiel in Zeitnot macht.

„To blow the whistle" (SI, 16. August 2004, 20) ist ein Aus-druck, der auch auf Deutsch existiert. „Jemanden auffliegen lassen" wird im Sport gebraucht, wenn ein Spieler ein Foul gemacht hat. Der Ausdruck hat auch einen anderen Gebrauch in der Politik und am Arbeitsplatz. Ein Artikel, der in *Sports Illustrated* erschien, handelt von einem Korruptionsskandal des ehemaligen Hauptkampfrichters der NHL (National Hockey League). Andy Van Hellemond, der an-geklagte, ehemahlige Kampfrichter der NHL, hat Wetten im Pferde-rennsport gemacht. Die Korruption kommt aber daher, dass er Geld von anderen Kampfrichtern ausgeliehen hatte, um seine Wetten ab-zudecken. Die Kampfrichter dachten, dass, wenn sie ihn ablehnten, sie lukrative Gelegenheiten verlieren würden, die Nachsaison-Spiele als Schiedsrichter zu leiten. In diesem Fall ist es ironisch gemeint, weil es der Kampfrichter ist, den man auffliegen lassen will.

„Down to the wire" (*Sports Illustrated*, 26. Juni 2006, 66, Abb. 5) bedeutet „to the last minute; to the very end" (Ammer 1992, 58). Es wurde zum ersten Mal in der Pferdesport-Sprache gebraucht. Heutzutage wird der Phraseologismus „Down to the wire" stattdessen als „coming to an end" am Ende fast jeder Sportsaison gebraucht. Ein

Artikel mit „Down to the Wire" als Schlagzeile ist ein Beispiel einer solchen Nutzung der Redensart.

Der Ausdruck „when push comes to shove" bedeutet „if worse comes to worst; in the most serious circumstances. This term appears to come from rugby[...]. For common infractions of the rules, a *scrum* (similar to a face-off) is formed at the point of the infraction. Eight forwards from each team take part, and they push against one another until one of their teammates can kick the ball back out of the scrum to the backs to start the team's offense. When this push comes to (i.e., becomes) shove, the game is resumed" (Ammer 1992, 177). „When Push Comes to Shove" (ESPN, 6. Nov. 2006, 67, Abb. 6) wurde als Schlagzeile in *ESPN: The Magazine* gebraucht. Der Artikel handelt von Basketball und der Nachsaison. Er will einen Vergleich zwischen Basketball und Rugby machen. Das Bild, das auf der gleichen Seite des Artikels erschien, zeigt Basketballspieler wie ein Rugby „scrum" gegeneinander kämpfen.

„That's a keeper" (ESPN, 22. Mai 2006, 27) ist ein Ausdruck, der vom Fischen kommt. Die Grösse des Fisches entscheidet, ob er behalten werden kann, ohne die Fischpopulation zu gefährden, was bei Grenzfällen einer Entscheidung des Fischers bedarf. In einer Schlagzeile erscheint der Ausdruck „That's a Keeper," aber mit einer anderen Bedeutung, die auf das Wort „keeper" anspielt. „Keeper" ist von „Goalkeeper" verkürzt, das dem deutschen Wort Torhüter entspricht.

Das populärste Sprichwort, das gefunden wurde, geht auf ein Zitat aus Shakespeares *Hamlet* zurück. Manchmal wurde es verändert und manchmal nicht. Ein Artikel über die Fussballweltmeisterschaft 2006 stellte die Frage „To Be or Not to Be?" (SI, 26. Juni 2006,45, Abb. 7), als es um die Chancen der Vereinigten Staaten in der Weltmeisterschaft ging. „To be or not to be" fand in abgewandelter Form auch in anderen Schlagzeilen Eingang, wie z.B. „To Trade Or Not To Trade? That Is the Question" (SI, 5. Februar 2007, 60, Abb. 8). Hier bezog sich der Artikel auf den Basketball-Sport und welche Spieler für einen Tausch in Frage kamen.

Manchmal haben Schlagzeilen einen politischen oder sozialkritischen Zweck. Ein Beispiel hierzu wurde von *Sports Illustrated* gedruckt, und der Titel war „Breaking the Grass Ceiling" (SI, 8. Januar 2007, G12, Abb. 9). Es existiert auf Englisch der Ausdruck „to break the glass ceiling," was mit Frauenrechten zu tun hat. Es gibt in manchen amerikanischen Firmen eine unsichtbare Decke, welche die

Frauen hindert, eine höhere Position zu erreichen und mehr Lohn zu verdienen. Die Schlagzeile „Breaking the Grass Ceiling" ist ein Wortspiel zwischen „glass" und „grass." Der Artikel handelt von einer Frau, die für den weltberühmten Golfplatz Torrey Pines sorgt und die erste Frau überhaupt ist, die dem Platz als Leiterin vorsteht.

1989 wurde ein Film mit dem Namen *Field of Dreams* unter der Regie von Phil Alden Robinson produziert. In der Hauptrolle spielte Kevin Costner, und das Thema des Films war Baseball. Kevin Costner muss ein Baseballfeld bauen, wohin die Geister einer ehemaligen Baseballmannschaft zurückkommen, um Baseball zu spielen. Ein Ausdruck, der aus diesen Film kam, ist „If you build it, they will come." Varianten dieses Sprichwortes sind in den amerikanischen Massenmedien besonders beliebt. In einer Werbung brauchte der United States Postal Service eine davon: „If You Click It, We Will Come" (ESPN, 25. Oktober 2004, 123, Abb. 10). Diese Werbung zeigt einem, dass man USPS im Internet finden kann.

Schlussbemerkungen

Durch die Erwähnungen der sportlichen Redensarten haben die Journalisten ihr Ziel erreicht, den Leser aufmerksam zu machen. Manchmal liest man den Artikel weil man neugierig auf den Zusammenhang zwischen der Überschrift und dem Inhalt des Artikels ist, besonders wenn der Autor des Artikels zwei ziemlich verschiedene Ideen verglichen hat. In der heutigen Kultur findet ein anderes Phänomen statt, nämlich dass noch nicht sehr bekannte Phraseologismen als Schlagzeilen verwendet werden können. Die Journalisten brauchen Wörter und Titel, die durch die Pop-Kultur berühmt werden. Trotz dieser neuen Muster werden wir immer auch ältere Sprichwörter und Redensarten in den Massenmedien finden, denn wie das englische Sprichwort sagt: „You can't teach an old dog new tricks."

Hoffentlich ergeben die Beispiele, die in diesem Aufsatz behandelt wurden, ein Bild über den Gebrauch der Redensarten in der modernen Sprache. Die Frauenrechte, die Anabolika und die Korruption von Kampfrichtern wurden angeschaut, um die menschliche Lage in unserer Gesellschaft zu beschreiben. Die folgende Liste enthält sportsprachliche Phraseologismen, die in dem vorliegenden Aufsatz nicht besprochen werden konnten.

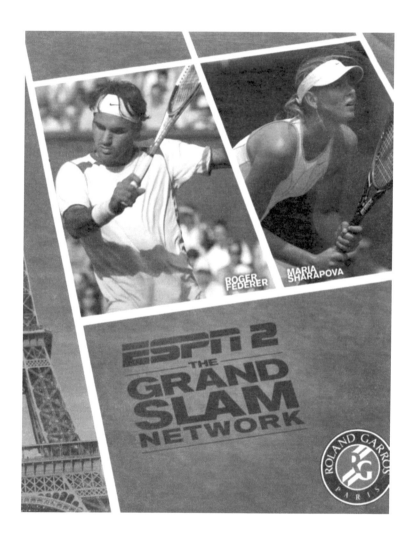

Abb. 1

Abb. 2

Abb. 3

Abb. 4

Down to
The Wire

The mad-as-hell Mavs, the superstar heat of Dwyane Wade
and a fascinating coaching duel between masters old and
new drove the **best postseason** in a decade toward climax

BY JACK McCALLUM

Photograph by John W. McDonough

OVER TWO decades of coaching stratagems at your disposal, thousands of offensive possessions to draw upon, a multitude of options from which to choose. But sometimes it's best to not be too smart, which was the case for Pat Riley at the end of Game 5 of the NBA Finals. ¶ Get the ball to Dwyane! Get the ball to Dwyane! ¶ That's what the Miami Heat coach told his team in a timeout with 9.1 seconds left in the most crucial of situations: overtime, series tied 2–2, Heat trailing 100–99. Sometimes it's that simple. Get the ball to Dwyane. The Heat did as instructed, and Wade, resembling a thief fleeing from the police, dribbled around and through four Mavericks defenders, drew a foul, then canned two free throws that gave the Heat a remarkable 101–100 victory. ¶ "Besides Dwyane," Riley would say afterward, "we did not have a second option." ¶ Though Miami would still need one win in Dallas to earn Riley his seventh ring, Shaquille O'Neal his fourth and Wade his first, there could be little doubt, regardless of how the series

BIG D Back home Shaq was the force he had not been in Dallas.

played out, who would be remembered as the most dominant force of the most captivating NBA Finals A.J. (After Jordan). More than anything this series has been about the ascension of Wade into that select stratum of NBA superstars. In the middle three games in Miami, all Heat wins after two depressing defeats by an

average of 12 points in Big D, Wade made 38 of 77 shots and 42 of 52 free throws. When all else failed—and even when it didn't—Riley would plant Wade on the perimeter of a 1–4 alignment and just tell him to do his thing. When Doug Collins was coaching the Bulls in the late '80s, he once described an end-of-the-game play he ran for Michael Jordan like this: "That was *get Michael the ball and everybody get the f--- out of the way.*" So it has been with Wade. On Sunday's climactic play, Wade told Riley in the huddle that he wanted to go left, so Riley told O'Neal to move to that side of the floor to set a pick. That was pretty much the extent of the future Hall of Fame coach's involvement in that play.

Abb. 5

Abb. 6

To Be or Not to Be

Heavy-handed officiating aside, the U.S.'s fortunes took a turn for the better against Italy, setting up a match that may affect the team for years

BY GRANT WAHL *Photograph by* Bob Martin

NE POINT. That's all it was, a single measly point in the standings, and yet rarely has a World Cup tie meant more. Last Saturday night a nine-man U.S. team stood up to mighty Italy in one of the epic games in American soccer history. The 1–1 thriller had everything except a winner: three red cards, one own-goal, a bloody facial gash, controversial calls galore and players so exhausted they staggered at the final whistle like Bourbon Street drunks. "Head-to-toe cramps, that's what it felt like," said U.S. captain Claudio Reyna, who played all 90 frantic minutes. "If I even move on the plane ride back [to Hamburg] I'm going to completely collapse." ¶ By holding off the Italians in a wild nine-on-10 second half, the Americans earned their first World Cup point in eight games on European soil, delighting a fierce band of supporters at the Fritz-Walter-Stadion in Kaiserslautern, Germany. And so it came down to the final

Group E match on Thursday: Tie or lose to Ghana, which upset the Czech Republic 2–0 on Saturday, and the Americans provide fresh meat to the vultures who circled after a 3–0 opening-game loss to the Czech Republic. *Why can't the Yanks succeed in Europe? Is it time for manager Bruce Arena to move on after eight years in charge? And will forward Landon Donovan ever live up to his potential?* Win in Nuremberg, and the U.S. earns a respectable four points in group play for the second straight World Cup—though without an Italian victory over the Czechs in Hamburg, that total won't be enough to advance. "We've still got a mountain to climb," U.S. goalkeeper Kasey Keller said on Saturday, "but at least it's climbable."

Amid the uncertainty one thing was clear: The Americans had indeed drawn the Group of Death. (Just wondering: If U.S. forward Eddie Johnson was skewered by the press for comparing soccer to war last week, why is the term Group of Death applied each tournament to the most competitive foursome?) But against the same two opening opponents, Ghana had bagged three points to the U.S.'s one. For the Americans, saving face against Italy was worth far more than moving up in the group. It was a reminder to the world, and to themselves: *We're still pretty good at this game.* "Getting beat 3–0 was embarrassing, and we didn't do American

Abb. 7

Abb. 8

Abb. 9

Abb. 10

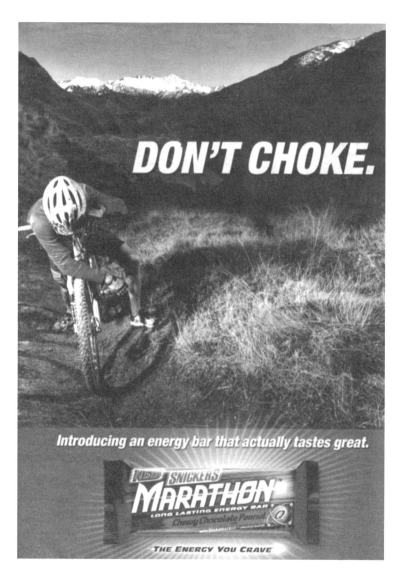

Abb. 11

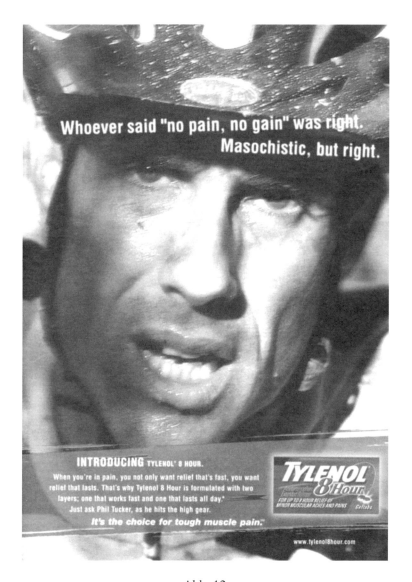

Abb. 12

Abb. 13

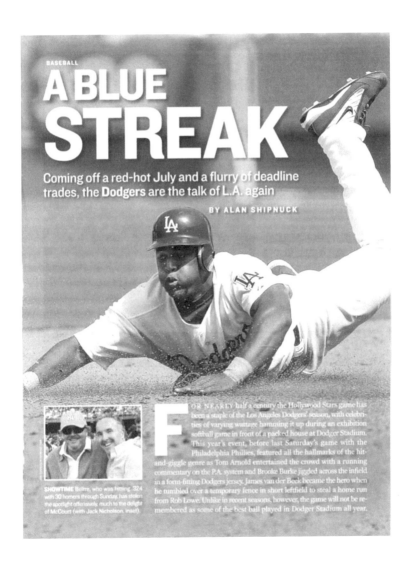

BASEBALL

A BLUE
STREAK

Coming off a red-hot July and a flurry of deadline
trades, the **Dodgers** are the talk of L.A. again

BY ALAN SHIPNUCK

SHOWTIME Beltre, who was hitting .324
with 30 homers through Sunday, has stolen
the spotlight offensively, much to the delight
of McCourt (with Jack Nicholson, inset).

FOR NEARLY half a century the Hollywood Stars game has
been a staple of the Los Angeles Dodgers' season, with celebri-
ties of varying wattage hamming it up during an exhibition
softball game in front of a packed house at Dodger Stadium.
This year's event, before last Saturday's game with the
Philadelphia Phillies, featured all the hallmarks of the hit-
and-giggle genre as Tom Arnold entertained the crowd with a running
commentary on the P.A. system and Brooke Burke jiggled across the infield
in a form-fitting Dodgers jersey. James van der Beek became the hero when
he tumbled over a temporary fence in short leftfield to steal a home run
from Rob Lowe. Unlike in recent seasons, however, the game will not be remembered as some of the best ball played in Dodger Stadium all year.

Abb. 14

Abb. 15

Anhang

Belege	Standardisierte Texte
Service *ace* (ESPN, 17. Juli 2006, 22)	Ace
Up in *arms* (ESPN, 29. März 2004 ,48)	
Cover all your *bases* (ESPN, 10. April 2006, 47)	
Drive like a *bat* out of racing school (ESPN, 25. Okt. 2004, 81)	Like a bat out of hell
Best for Last (SI, 1. Dezember 2003, 90)	Save the best for last
The early *bird* catches the wave (ESPN, 6. November 2006, 47)	The early bird catches the worm
Carpe Mountainum (ESPN, 29. März 2004, 58)	Carpe diem
Catamount out of the bag (SI, 12. Januar 2004, 91)	Let the cat out of the bag
Don't *choke* (ESPN, 29. März 2004, 56, Abb. 11)	
The *Cold* shoulder (ESPN, 10. April 2006, 42-43)	To give s.o. the cold shoulder
Fan *Foul* (ESPN, 8. Dezember 2003, 34)	
The only *game* in town (ESPN, 17. Juli 2006, 84)	
When the *going* gets tough, the tough press the locking rear differential button (ESPN, 10. April 2006, 39)	When the going gets tough, the tough get going
The quickest way to a man's *heart* is through his right foot (SI, 12. Januar 2004, 88)	The way to a man's heart is through his stomach

Ice in his veins
(ESPN, 17. Juli 2006, 53)

Keep your enemies closer   Keep your friends close
(ESPN, 12. Februar 2007,59)   and your enemies closer

What doesn't *kill* you makes you bet-   What doesn't kill you
ter looking   makes you stronger
(ESPN, 29. Januar 2007, 2)

Out of his *league*
(ESPN, 22. Mai 2006, 108)

Better *late* than never
(SI, 3. Juli 2006, 86)

Mind over matter
(ESPN, 15. Januar 2007,49)

Mind over metal   Mind over matter
(SI, 6. September 2004, 174)

Money clips   Money talks
(ESPN, 20. November 2006, 132)

A *New York* minuteman   In a New York minute
(SI, 12. Januar 2004, 86)

Can this *nice guy* finish first?   Nice guys finish last
(ESPN, 6. November 2006, 85)

Opposites distract   Opposites attract
(ESPN, 20. November 2006,84)

No *pain*, no gain
(ESPN, 29. März 2004, 9, Abb. 12)

Pair of aces
(ESPN, 6. November 2006, 136)

Pennant envy   Penis envy
(ESPN, 8. Dezember 2003, 20)

Playing the field
(SI, 22. Januar 2007, 74)

The *real* deal
(ESPN, 25. Okt. 2004, 70)

For the *record*
(SI, 16. August 2004,22)

Right *place*, right time
(ESPN, 22. Mai 2006, 100)

The *ringer*
(ESPN, 17. Juli 2006, 43)

Back in the *running*
(SI, 16. August 2004, 52-53, Abb. 13)

Seeing red   To see red
(ESPN, 17. Juli 2006,25)

The *sky*, no longer the limit   The sky is the limit
(SI, 26. Juni 2006, 34)

A blue *streak*   To talk a blue streak
(SI, 16. August 2004,47, Abb. 14)

Stop and smell the adrenaline   Stop and smell the roses
(ESPN, 20.Novernber 2006, 127)

No *strings* attached
(SI, 12. April 2004, 19)

Time out
(ESPN, 6. November 2006,45, Abb.
15)

Timing is everything
(ESPN, 29. März 2004, 35)

Far from the *tree*   The apple doesn't fall far
(ESPN, 6. November 2006,100)   from the tree

Up in *smoke*
(SI, 12. Januar 2004, 69)

Variety is the spice of death   Variety is the spice of life
(SI, 25. Dezember 2006, 9)

Wake-up call
(ESPN, 10. April 2006, 29)

Win at all costs
(ESPN, 17. Juli 2006, 119)

Bibliographie

Ammer, Christine. *Southpaws & Sunday Punches and Other Sporting Expressions.* New York: Penguin Books, 1992.
Arora, Shirley L. „Baseball as (pan)America: A Sampling of Baseball-Related Metaphors in Spanish." „What Goes Around Comes Around" : *The Circulation of Proverbs in Contemporary Life. Essays in Honor of Wolfgang Mieder.* Hrsg. Kimberly L. Lau, Peter Tokofsky und Stephen D. Winick. Logan, Utah: Utah State University Press, 2004. 58-85.
Cowie, A.P., Mackin, R, und McCaig I.R. *Oxford Dictionary of Idiomatic English.* London: Oxford University Press, 1975.
Di Meola, Claudio. „Zur Syntax und Semantik von Schlagzeilen in der deutschen Tagespresse." *Muttersprache*, 108 (1998),217-231.
Frank, Lawrence. *Playing Hardball: The Dynamics of Baseball Folk Speech.* Frankfurt am Main: Peter Lang, 1983
Hwang, Eun-Mi. *Empirische Untersuchungen zur Phraseologie in der deutschen Pferdesportsprache.* Essen: Die Blaue Eule, 2003.
Korhonen, Jarmo. „Verbidiome in Sportberichten deutscher und finnischer Tageszeitungen." *Osloer Beiträge zur Germanistik*, 16 (1994),247-259.
Kunkel, Kathrin. „'Es springt ins Auge ...', Phraseologismen und ihre Funktionen in einigen Textsorten fachgebundener Kommunikationen der deutschen Gegenwartssprache." *Beiträge zur Erforschung der deutschen Sprache*, 10 (1991), 72-111.
Mieder, Wolfgang. „Verwendungsmöglichkeiten und Funktionswerte des Sprichwortes in der Wochenzeitung (Untersuchung der *Zeit* für das Jahr 1971)." *Muttersprache*, 83 (1973), 89-119.
Mieder, Wolfgang. *Das Sprichwort in unserer Zeit.* Frauenfeld: Huber, 1975.
Mieder, Wolfgang. „Sprichwörtliche Redensarten als Schlagzeile." *Sprachspiegel*, 32 (1976),4-12.
Mieder, Wolf gang. *English Proverbs.* Stuttgart: Reclam, 1988.
Mieder, Wolfgang. *American Proverbs: A Study of Texts and Contexts.* Bern: Peter Lang, 1989.
Mieder, Wolfgang. *English Expressions.* Stuttgart: Reclam, 1992.
Mieder, Wolfgang. „Ein Sprichwort sagt mehr als tausend Worte: Zur sprichwörtlichen Sprache der Massenmedien." *Proverbium*, 12 (1995), 195-238.
Mieder, Wolfgang. *Proverbs: A Handbook.* Westport, Connecticut: Greenwood Press, 2004.
Overfield, James H. „'Enfants de la Balle': Sports Terminology and the French Language in the Age of Louis XIV." *International Journal of the History of Sports,* 16 (1999),21-46.
Röhrich, Lutz und Wolfgang Mieder. *Sprichwort.* Stuttgart: Metzler, 1977.
Sorvali, Tiina. *Lebendige Bildlichkeit im Text. Zu Metaphern und modifizierten Idiomen als Mittel der Themen- und Handlungsstrukturierung und des Einstellungsausdrucks - am Beispiel deutscher und finnischer Sportartikel.* Tampere: Universität Tampere, 1997.
Uhlenbruck, Gerhard. „Vom sprichwörtlichen Sinn von Sinnsprüchen im Sport." *Spiridon*, Nr. 10 (1994), 42-43.

„No Lie Can Live Forever"
Zur sprichwörtlichen Rhetorik von Martin Luther King

Dženeta Karabegović

Martin Luther King Jr. war einer der einflussreichsten Denker der amerikanischen Gesellschaft. Er war einer der Führer der Bürgerrechtsbewegung während der sechziger Jahre, und wird heutzutage immer noch als ein Held der amerikanischen Kultur angesehen. In jeder Großstadt der Vereinigten Staaten gibt es entweder eine Schule, einen Park, oder etwas ähnliches, das ihm gewidmet ist. Er beschäftigte sich mit dem Ideal der Gewaltlosigkeit und forderte die gleiche Behandlung aller Bürger, bis zu seiner Ermordung im Jahre 1968. Als der berühmteste Führer der amerikanischen Zivilrechtsbewegung war King auch ein politischer Aktivist und ein baptistischer Pastor. Seine Reden gelten mit denen von Abraham Lincoln, Frederick Douglass und John F. Kennedy nicht nur als die bekanntesten, aber auch die bedeutsamsten für die amerikanische Kultur. Als Vorgänger hatte Dr. King eigentlich Frederick Douglass: „Frederick Douglass became the collective voice of the three to four million enslaved African Americans [...]. He fought his valiant battle against slavery not with the gun but with words [...], always arguing for the strength of morality, equality, and democracy."[1] Martin Luther King setzte den Kampf für die Gleichheit aller Bürger unter gewaltloser Führung fort. Er wollte seinem Volk helfen, aber zur gleichen Zeit die ganze Gesellschaft verbessern.

Er wurde am 15. Januar 1929 in Atlanta, Georgia, geboren und ist da mit seiner Familie aufgewachsen. Da sein Großvater auch ein Prediger war, wurde King schon als Kind von der Religion und seiner afroamerikanischen Kultur beeindruckt und beeinflusst. Viele in seiner Kirchengemeinschaft kannten ihn und konnten sich besonders an seine singende Stimme erinnern. Von einem jungen Alter war er denkwürdig und empfing 1955 seinen Doktor der Philosophie (Ph. D.) in der systematischen Thelogie an der Boston Universität.[2] 1964 wurde King für seine Arbeit als Friedensstifter der jüngste Mann, der mit dem Friedensnobelpreis belohnt wurde. Am 4. April 1968 wurde King in Memphis, Tennessee, kurz nach einer Rede, ermordet. Schon im Jahre 1977 wurde ihm die Präsidentenmedaille der Freiheit von Jimmy Carter zugesprochen, und neun Jahre später wurde Martin-Luther-King Tag in den U.S.A. zu einem Feiertag. Er ist, neben Abraham Lincoln und George Washington, zwei ehemaligen Präsidenten, der einzige, der diese Ehre bekommen hat. Dies zeigt, wie wichtig seine Erfolge waren.[3] King war ein Symbol für Hoffnung für die afrikanisch-amerikanische Gemeinschaft seiner Zeit. Er war voll von Liebe, Glauben und Gerechtigkeit, und seine Energie war eine Inspiration. Er wollte die Welt ändern und hatte keine Angst, die Probleme der ganzen Gesellschaft klar auszusprechen und Lösungen zu suchen. Er traute sich zu träumen, dass eine bessere Situation für alle Bürger der Vereinigten Staaten möglich war und opferte schließlich sein Leben für diesen Traum, den wir langsam heute immer noch zu verwirklichen versuchen.

Wenn man den Einfluss von Martin Luther King betrachtet, macht es doch Sinn, einige seiner berühmtesten Reden durchzusehen, um seinen Gebrauch der Sprichwörter und Redensarten festzustellen. Natürlich muss man auch daran denken, welche Rolle Sprichwörter und Redensarten in der Politik und Predigten spielen, bevor man King auf eine effektive Weise untersuchen kann. Um den sprichwörtlichen und redensartlichen King besser zu verstehen, muss man wissen, aus welchen Traditionen er seine sprachlichen Fertigwaren sammelte. Die Bibel und afrikanisch-amerikanische, aber auch amerikanische Traditionen waren für ihn sehr wichtig. Zur gleichen Zeit war ihm aber auch bewusst, wie bedeutungsvoll es ist, Sprichwörter in politsche und religiöse Reden einzubauen.

Ein Sprichwort ist, nach Lutz Röhrichs und Wolfgang Mieders Definition, „ein festgeprägter Satz, der eine unser Verhalten betreffende Einsicht oder eine Aufforderung zu einem bestimmten Verhalten ausspricht."[4] Eine Redensart ist nicht ein abgeschlossener Satz, sondern ein Ausdruck, der erst in einem Satz Sinn machen kann. Redensarten formen zur gleichen Zeit auch Bilder und sind volksläufig, aber auch formelhaft.[5] Meistens sind Sprichwörter kurz und drücken eine Lebensregel oder eine volkstümliche Weisheit aus. Diese Weisheiten müssen nicht universal sein, aber sie treten sehr unterschiedlich auf. Dies trägt zur Polyfunktionalität des Sprichwortes, aber auch zur Polysituativität und Polysemantizität bei. Sprichwörter und Redensarten haben mehrere Funktionen und können in vielen Kontexten differenzierte Sachen für verschiedene Leute bedeuten. Besonders bedeutende Elemente des Sprichwortes sind die Bildlichkeit, also die Metaphorik dieser Sprachautomatismen. Sprichwörter sind sehr metaphorisch. Wir sprechen oft von einer Sache, schlagen aber etwas anderes durch die Metapher vor. Während Sprichwörter eine spezifische Szene ausdrücken, können sie in vielen Situationen angewendet werden, und ihre Bedeutung wird dadurch noch größer.

Auf ihre eigene Art sind Sprichwörter, aber auch Redensarten, Miniaturkunstwerke der Sprache, eine indirekte und figurative Weise sich genau auszudrücken. Dies ist wahrscheinlich auch der Schlüssel, wieso sie so bedeutend für uns sind, und wieso wir sie durch Volksläufigkeit und Variation immer weiter beleben. Ein gutes, sehr altes Beispiel davon ist „Große Fische fressen kleine Fische." Dieses Sprichwort kann man bis zu den frühesten schriftlichen Dokumenten während des Altertums verfolgen und erforschen. Es drückt die menschliche Natur aus und ist ein Teil unserer Tradition. Wegen der Elemente, die gerade erwähnt wurden, hat dieses Sprichwort durch die Jahrhunderte hinweg überlebt und wird heute häufig in der Werbung und in Karikaturen benutzt.[6]

Sprichwörter werden häufig von Politikern verwendet. Um besser von den Leuten verstanden zu werden und zur gleichen Zeit wirkungsvoller zu sein, setzen Politiker Sprichwörter ein. Viele Journalisten und politische Konkurrenten benutzen Sprichwörter und Redensarten auf eine ähnliche Weise, um etwas auf eine klarere Weise zu zeigen. Es gibt etliche Beispiele von Schlagzeilen, die mit Sprichwörtern und Redensarten zu tun haben. In Werbungen kann man, zur letzten Zeit, diese Belege auch leicht finden. Meistens werden diese zitiert, um die Aufmerksamkeit des Lesers zu kriegen, so dass er weiter liest. Die Sprichwörter und Redensarten, die häufiger von den Politikern verwendet werden, oder die, die Politiker und ihre Politik in Frage stellen, benutzen Karikaturenzeichner besonders gerne. „Mit dem Kopf durch die Wand wollen" ist ein gutes Beispiel von einem störrischen Politiker, der unvernünftig ist. Teile eines Sprichwortes oder einer Redensart werden deswegen oft in politischen Zeitschriften wie zum Beispiel *The New Yorker* oder *The Economist*, aber auch in Zeitungen wie *Die Zeit*, verwendet. Dieses ist eine Gefahr von Sprichwörtern in der Politik, da man sie gleichzeitig auch missbrauchen kann. Eines der bekanntesten Beispiele ist das amerikanische Sprichwort, „The only good Indian is a dead Indian." Dieses Sprichwort und seine Varianten gibt es in vielen Sprachen, und man sollte sie eigentlich vermeiden. Deswegen muss man eher vorsichtig sein mit dem Sprichwort in der Politik.[7] Martin Luther King war sich dessen bewusst und benutzte deswegen sehr bekannte Sprichwörter, die von den meisten als positiv angesehen wurden. Die Elemente der Verfassung der Vereinigten Staaten oder der Bibel waren für ihn deswegen von besonderer Bedeutung. Diese zwei Schriften kennen die meisten Amerikaner, und King konnte sicher sein, dass sie genau wussten, was er meinte, wenn er diese Sprachautomatismen einsetzte. Da diese Sprichwörter und die Schriften aus denen sie stammen besonders bekannt sind, macht es noch mehr Sinn, dass Martin Luther King sie gebrauchte, um das Volk besser zu erreichen.

Die Bibel und die Religion sind natürlich der Ursprung vieler Sprichwörter und Redensarten. Obwohl es widersprüchliche Angaben über die genaue Zahl von Sprichwörtern und Redensarten in der Bibel gibt, schätzt Paul Grünberg, dass es ungefähr 800 sprichwörtliche Texte gibt. Die Bibel selbst ist eine Art Weisheitsliteratur, und deswegen macht es dann auch Sinn, sie als Ausgangspunkt für das Sprichwort zu gebrauchen. Die große Popularität der Bibel und ihrer Übersetzung in die Volkssprachen hat geholfen, diese religiösen und moralisierenden Sprichwörter und Redensarten weiter zu verbreiten, da Elemente der Religion oft gebraucht werden und auch den meisten Leuten bekannt sind. Immerhin ist die Bibel das meistgelesene Buch in der Welt.[8] Zur gleichen Zeit ist es deswegen auch ein Autoritätsbuch, woraus Texte, wenn gut integriert, eine Rede oder Predigt effektiv verstärken können.

Als Martin Luther King gefragt wurde, was eine sehr gute Predigt ist, antwortete er, sie „paints an appeal to the imagination."[9] Er wollte also seinem Publikum Bilder zeigen, Unterschiede zwischen den Bildern einer idealen Gesellschaft und der, in der Leute leben. Er konnte Sprache manipulieren, um seine Argumente zu bilden. Als er studierte, war Englisch sein Nebenfach, und er lernte die Sprache zu verschönern. Ein guter Redner und Prediger ist in der Lage, die besten Wörter auszuwählen, um sein Ziel zu erreichen, und es ist ihm möglich, dies mit Klarheit zu tun. King war bekannt dafür, andere, ältere Predigten mit Texten aus der Bibel zu nehmen, um dann seine eigenen Predigten und Reden aufzubauen. „Like folk preachers who preceded him, he expertly blended others' voices with his own; in his public discourse, no matter how much he borrowed, he invariably sounded exactly like himself."[10] Obwohl der

Aufbau von Reden und von Predigten bedeutungsvoll ist, ist es auch
nötig, sprachliche Verschönerungen zu haben, die den Redner als
einzigartig hinstellen. Sie beeinhalten den Gebrauch von Betonung,
die Bildlichkeit der Rede und andere rhetorische Feinheiten. Insbe-
sondere verwendete King Alliterationen in seinen Reden und Predigten. Ein gutes Beispiel davon ist seine Predigt, „Shattered
Dreams," aus dem Jahre 1965. Er sagte: „Let us never feel that
God's creative power is exhausted by this earthly life, and his majestic love is locked within the limited walls of time and space."[11]
Dieser Kommentar über Liebe und Religion, statt Waffen und Gewalttätigkeit, zeigt Gandhis Einfluß auf King. Obwohl King glaubte, dass er als Prediger sein Volk am besten zur sozialen Gleichheit
bringen könnte, fand er, dass Gandhis Technik der Liebe und Gewaltlosigkeit ihm wirklich als Mittel der gesellschaftlichen Um-
wandlung des Landes helfen könnte.[12]
     Sprichwörter können auch den Zorn und die Frustration einer
unterdrückten Gruppe ausdrücken. Solche Einblicke in den Sprich-
wortgebrauch der Afroamerikaner lassen auch die Art und Weise
ihrer Kultur erkennen. Im Vergleich mit anderen Kulturen hat sich
der Sozialstatus dieser Gruppe mit der Zeit geändert, und deswegen
ist es besonders aufschlussreich, die Sprichwörter zu untersuchen.
Zum Beispiel wissen Sprichwörterforscher genauer, welche
Sprichworter in der afroamerikanischen Kultur anfingen, da es
leichter ist, diese ziemlich neuen Sprichwörter zu untersuchen und
dafür genauere Belege zu finden. In alltäglichen Gesprächen und
Argumenten werden sie recht zahlreich verwendet.[13] Jack Daniels
Argument nach sollten wichtige, rhetorische, afroamerikanische
Führungskräfte deshalb Sprichwörter benutzen:

> Hence, as a rhetorical device the proverb is suitable to all
> audiences measured along an intelligence continuum. In
> addition, the speaker's ethos can be handled by his ability
> to „say such complex things so simply" and simultaneously
> his ability to „say such simple things that mean so much."
> The persuasiveness of the proverb is also enhanced by its
> brevity, rhyming, figures of speech, and vivid images. Tho-
> se who are interested in the elements of credibility for
> Afroamerican rhetorical figures may profit from a study of
> a given rhetorical figure's use of proverbs.[14]

Zum Beispiel können Sprichwörter dann auch einer Gruppe helfen, sich mit bestimmten Elementen zu kennzeichnen, die sie gemeinsam haben. Der subversive Gebrauch von Sprichwörtern kann den Kampf dieser Gruppen dann zum Ausdruck bringen. So drückte King eine Plakatkampagne mit dem Sprichwort „Black is Beautiful!" aus und machte es möglich, dieses Sprichwort in seinem eigenen Kampf zu verwenden und den Leuten in Amerika zu zeigen, dass nicht nur „weiß" unschuldig, rein und gut ist.[15]

In einer anderen Rede, „Where Do We Go From Here?," aus dem Jahre 1967, verwendet Martin Luther King dieselbe Idee. Hier kann man sehen, wieviel Gedanken sich King um die Sprache machte, besonders wie er selbst die Sprache benutzte. Um den Unerschied zwischen schwarz und weiß zu zeigen, besonders wie es so in der Kultur eingebaut ist, zitiert er unter anderem ein Sprichwort und verschiedene Redensarten, die allen bekannt sind, und macht damit sein Argument natürlich stärker.

Even semantics have conspired to make that which is black seem ugly and degrading. In *Roget's Thesaurus* there are 120 synonyms for blackness and at least 60 of them are offensive, as for example, blot, soot, grim, devil and foul. And there are some 134 synonyms for whiteness and all are favorable, expressed in such words as purity, cleanliness, chastity and innocence. A white lie is better than a black lie. The most degenerate member of a family is a „black sheep." Ossie Davis has suggested that maybe the English language should be reconstructed so that teachers will not be forced to teach the Negro child 60 ways to despise himself, and thereby perpetuate his false sense of inferiority, and the white child 134 ways to adore himself, and thereby perpetuate his false sense of superiority.[16]

King war sich bewusst, wieviel Rassismus es in der Sprache gibt. Immerhin war sein Studiennebenfach Englisch, und als Kind hatte er viel Erfahrung damit, da er im Süden aufgewachsen ist. Indem er diese sprachliche Tatsache unterstrich und Leute darauf hinwies, machte er den ersten Schritt in die Richtung zur Annahme der Idee der Gleichheit. „One of King's foremost rhetorical strategies was to locate his appeal within the context of cherished religious, cultural and patriotic traditions."[17] Wir sind uns manchmal nicht bewusst, wie Sprichwörter und Redensarten unseren Glauben auf eine drastische Weise verändern. Die Redensart „Das schwarze Schaf sein" sehen die meisten nicht als rassistisch an. Aber, wenn man durch die Sprache, wie King es erklärte, immer auf diese Weise unterdrückt wird, dann wird es auch möglich und leichter, auf andere Weise unterdrückt zu werden. Wie schon gesagt, die große Gefahr der Sprichwörter und Redensarten ist, wenn sie für falsche Zwecke benutzt werden. Martin Luther King beendete diese Rede, indem er Sprichwörter aus der Literatur und der Bibel zitiert, um sein Publikum weiter zu überzeugen, dass ihr Glauben ihnen helfen wird, um weiterzukommen und den Kampf für die Gleichheit zu gewinnen.

> Let us realize that William Cullen Bryant is right: *„Truth crushed to earth will rise again."* Let us go out realizing that the Bible is right: „Be not deceived, God is not mocked. *Whatsoever a man soweth, that shall he also reap."* This is our hope for the future, and with this faith we will be able to sing in some not too distant tomorrow with a cosmic past tense, „We have overcome, we have overcome, deep in my heart, I did believe we would overcome."[18]

Je mehr volkssprachliches Material er verwendete, desto einflussreicher wurden seine Reden und Predigten. Das Bibelsprichwort, „As you sow, so shall you reap," wird auch in Kings Rede „Our God is Marching On!" aus dem Jahre 1965 herangezogen. Nach vier Tagesmärschen, um die Unterstützung für die Bürgerrechte und das Wahlrecht zu zeigen, hielt King seine Rede triumphierend in Montgomery, Alabama. Siebenmal wiederholte er die Redensart „to be on the move," um teilweise zu zeigen, wie lange sie marschierten, aber auch als Mittel, um seine Rede noch wirkungsvoller zu machen. Diese Art von Wiederholung hilft dem Publikum sich zu erinnern wieso sie so lange marschierten, schafft aber auch ein Bild, das lange nicht vergessen werden wird.

> We are on the move now. Yes, we are on the move and no wave of racism can stop us. We are on the move now. The burning of our churches will not deter us. The bombing of our homes will not dissuade us. We are on the move now. The beating and killing of our clergymen and young people will not divert us. We are on the move now. The wanton release of their known murderers would not discourage us.

We are on the move now. Like an idea whose time has come, not even the marching of mighty armies can halt us. We are moving to the land of freedom.[19]

Am Ende der Rede gibt er natürlich wieder Hoffnung und Versicherung, dass durch den Glauben an Gott, Gerechtigkeit und Frieden erreicht werden kann. Um die Fragen des Volkes zu beantworten und seine Frustration widerzuspiegeln, benutzt er Sprichwörter. Da wir wissen, dass Sprichwörter volkstümlich sind, macht es dann noch mehr Sinn, dass King sie zitierte, um am Ende einer Rede mit dem Publikum ein engeres Verhältnis aufzubauen. Er wusste ganz genau, dass diese Sprichwörter viel effektiver sein würden als einfache Sätze, weil sie nicht nur aus der Bibel kommen, aber auch sehr bekannt sind und im alltäglichen Gebrauch verwendet werden. Zur gleichen Zeit sehen wir, wie er nicht Gewalttätigkeit will, sondern wie er durch seinen Glauben an Frieden denkt, dass die Afroamerikaner es verdient haben, gleiche Bürgerrechte zu haben. Gandhis Einfluß auf King kann man auch durch solche Sprichwörter sehen. Hier integriert er gleich vier Sprichwörter, eines nach dem anderen:

I come to say to you this afternoon, however difficult the moment, however frustrating the hour, it will not be long, because truth crushed to earth will rise again.
How long? Not long, because no lie can live forever.
How long? Not long, because you shall reap what you sow.
How long? Not long, because the arc of the moral universe is long, but it bends toward justice.[20]

Er erklärt seinen Zuhörern, dass sie Teil der Gesellschaft sind, und dass ihr Glaube ihnen helfen wird, die Lügen und das Unrecht auszutreiben. Sein eigener Glaube, dass dies die Wahrheit werden wird, wird hier noch einmal klar gezeigt. Er ist selbst davon überzeugt, dass man nicht mehr lange warten muss. Dies wird noch offensichtlicher, wenn man weiß, dass dies eigentlich nicht das erste Mal ist, dass King diese Sprichwörter anwendet. Dies zeigt, dass wir immer wieder Lieblingssprichwörter finden, die wir dann einer bestimmten Situation anpassen. „Facing the Challenge of a New Age" ist eine ältere Rede aus dem Jahre 1957, als die Bürgerrechtsbewegung erst anfing. Schon von Anfang an kann man sehen, wie sein Glaube an die Nichtgewalttätigkeit und die Lehre Gandhis, aber auch die Bibel und Religion, ihn beeinflussten. Er zitiert erst ein Gedicht von John

Donne, in dem das Sprichwort „No man is an island" vorkommt, um zu zeigen, dass wir alle zusammen herausgefordert sind und alle zusammen kämpfen sollten. Kurz danach gebraucht er die zwei Sprichwörter, die er später auch, wie schon gesagt, benutzte.

> We are all links in the great chain of humanity. This is what John Donne meant when he said years ago:
> „No man is an island, entire of it selfe; every man is a peece of the Continent, a part of the maine; if a clod bee washed away by the Sea, Europe is the lesse, as well as if a Promontorie were, as well as if a Mannor of thy friends or of thine owne were; any mans death diminishes me, because I am involved in Mankinde;
> And therefore never send to know for whom the bell tolls;
> it tolls for thee."[21]
> Now the fact that this new age is emerging reveals something basic about the universe. It tells us something about the core and heartbeat of the cosmos. It reminds us that the universe is on the side of justice…There is something in this universe that justifies Carlyle in saying, „No lie can live forever." There is something in this universe which justifies William Cullen Bryant in saying, „Truth crushed to earth will rise again."[22]

Mit diesen Sprichwörtern und Redensarten wollte Martin Luther King den Afroamerikanern zeigen, dass ihr Leiden ein Ende finden wird, vor allem wenn sie an ihrem Glauben festhalten und friedlich für ihre Rechte eintreten. Deswegen waren seine Reden so erfolgreich. Sein eigener Glaube als Prediger war natürlich eines der stärksten Elemente seiner Reden, die sich immer wieder wie Predigten anhörten.

Kings Reden sind das größte Element seines Vermächtnisses. „I Have a Dream" (1963) ist nicht nur eine der bekanntesten Reden in der amerikanischen Geschichte, aber ihr Titel ist schon selbst eine Art sprichwörtliche Redensart geworden. Die Rede ist voll von Metaphern, die aus hauptsächlich drei Teilen bestehen: die sogenannte „check/promissory note," die Metapher von Dunkelheit und Licht sowie die Traum Metapher. Der „Check" für die Rechte und Gerech-

tigkeit aller Menschen ist in der Verfassung der Vereinigten Staaten
verankert, und King fordert sein Publikum auf zur „Bank" zu gehen,
um sie zu bekommen. „But we refuse to believe that the bank of
justice is bankrupt. We refuse to believe that there are insufficient
funds in the great vaults of opportunity of this nation. And so, we've
come to cash this check, a check that will give us upon demand the
riches of freedom and the security of justice."[23] Im zweiten Teil erklärt er dem Volk, wo es jetzt steht und wo es eigentlich stehen sollte.
„Now is the time to rise from the dark and desolate valley of segregation to the sunlit path of racial justice. Now is the time to lift our nation from the quicksands of racial injustice to the solid rock of
brotherhood. Now is the time to make justice a reality for all of God's
children."[24] Zuletzt verwendet er das Bild des Traumes als Metapher,
um seine eigene Hoffnung für alle Bürger zu zeigen. Diese Idee erinnert das Publikum an die Bedeutung des *American Dreams*, einer
Zukunftsvision, die in der amerikanischen Mythologie ziemlich stark
ist. Indem er immer diesen Traum wiederholt, indem er durch Metaphern Möglichkeiten einer besseren Welt zeigt, anstatt den Alptraum
am Anfang der Rede, inspirierte er nicht nur die Menschen, die vor
ihm standen, sondern auch die Millionen, die ihn im Fernsehen sahen.
Es ist deswegen auch nicht ganz überraschend, dass die meisten A-
merikaner heute nur den Teil der Rede kennen, der mit dem Traum
zu tun hat und nicht mit der Kritik am Anfang.[25]

   Um dieses Element noch stärker zu machen, integrierte King
ein Sprichwort: „I have a dream that one day this nation will rise up
and live out the true meaning of its creed: 'We hold these truths to
be self-evident, that all men are created equal'."[26] Hundert Jahre
nach dem Unterzeichnen der Emanzipationsproklamation hielt King
seine Rede auf den Stufen des Lincoln Memorials im Jahre 1963.
Heute ist es weithin seine bekannteste und am meisten zitierte Rede.
Er gebrauchte das Sprichwort, das alle Amerikaner ehren, da es aus
der Unabhängigkeitserklärung der Vereinigten Staaten kommt, um
zu zeigen, wie bedeutungsvoll sein Traum wirklich für das ganze
Land ist, nicht nur für ihn und die Afroamerikaner. Dieses Sprichwort erreichte alle Leute im Publikum, benutzt als ein Treibstoff der
schwarzen Volkspredigt, um den Glauben aller zu verstärken. Alexandra Alvarez schreibt ganz richtig: „...[people] did not just hear a
delivered speech. Martin Luther King's audience *did* the sermon, as
is the tradition of the black religious community. It can be said that
the audience was able to interpret the sermon because of common

background knowledge with the speaker."[27] Dieser gemeinsame Schatz der Sprache und Religion war ein Element, welches King effektiv einsetzte, um allen Bürgern zu zeigen, wie gleich sie waren, egal ob schwarz oder weiß.

Natürlich baute King aber auch Redensarten in diese Rede ein: „And those who hope that the Negro needed to blow off steam and will now be content will have a rude awakening if the nation returns to business as usual. And there will be neither rest nor tranquility in America until the Negro is granted his citizenship rights."[28] „To blow off steam" wird oft verwendet um zu sagen, dass jemand seine Gefühle emotional zum Ausbruch bringt. King will hier aber sagen, dass der Gefühlsausbruch auch zu Resultaten führen muss. In dieser ersten Hälfte der Rede schildert er keinen Traum, sondern einen amerikanischen Alptraum, der langsam alltäglich geworden ist, „business as usual." Er zeigt, wie die Gleichheit nicht unterstützt wird und wie die Afroamerikaner es satt haben, auf dieser Insel der Ungerechtigkeit zu sein, „a lonely island of poverty in the midst of a vast ocean of material prosperity." Kurz danach fordert er das Volk mit noch einer Redensart auf: „Let us not seek to satisfy our thirst for freedom by drinking from the cup of bitterness and hatred. We must forever conduct our struggle on the high plane of dignity and discipline."[29] Diese Wendung ist jetzt zu einer der bekanntesten Aussagen der Bürgerrechtsbewegung geworden.

Martin Luther Kings Sieg in der Bewegung für Bürgerrechte war so groß und wurde so vollendet, dass es vielen Menschen schwierig ist zu glauben, dass all dies vor einer recht kurzen Zeit passierte. Teilweise ist es, weil diese Revolution das Produkt von zwei Jahrhunderten des Kämpfens von rechtlosen Männern und der Frauen war, und King eigentlich am Ende nur die Figur wurde, die den Kampf vollendete und die Stimme der Bewegung wurde. In einem großen Sinne war Martin Luther King, sprichwörtlich ausgedrückt, der rechte Mann zur rechten Zeit.

Wenn es zu dem sprichwörtlichen und redensartlichen King kommt, ist es einfach zu sagen, dass er besondere Sprichwörter und Redensarten mehr zitierte als andere. Bibelsprichwörter und Zitate wurden am meisten integriert. „King suceeded to a large degree because the hoary quotations, grand generalizations, and other homilectic boilerplate enabled him to communicate with whites despite their inability to hear entire generations of black speakers and preachers who had previously attacked segregation."[30] Immerhin wollte King, dass die meisten Leute seine Sprachformeln kennen, und dies sicherte ihm die Möglichkeit der effektiven Kommunikation. Zur gleichen Zeit ist es etwas enttäuschend, wie wenig Sprichwörtliches er etwa im Vergleich zu Frederick Douglass, einem seiner Vorgänger, verwendet hat. Es gab viele Möglichkeiten, Sprichwörter und Redensarten in seine Reden und Predigten zu integrieren. Seine beinahe singende Stimme jedoch war perfekt für die zahlreichen Metaphern. Auch muss man sagen, dass alle seine Reden, und besonders seine Predigten, nicht spontan gegeben, sondern vorbereitet und geschrieben wurden. Sprichwörter und Redensarten kommen meistens aus unserem Unterbewusstsein, und dies könnte vielleicht helfen zu erklären, wieso Martin Luther King nicht so viele Sprichwörter und Redensarten gebrauchte. Zur gleichen Zeit hat King auf seine Weise, Sprichwörter erfunden. Die Verbreitung seiner Reden und das Fernsehen haben damit sehr geholfen.

Several contemporary proverbs of African-American origin foster group identify by subverting the devaluation of a people, challenging materialism and injustice. [...]And 'Injustice anywhere is a threat to justice everywhere,' 'The eye-for-an-eye philosophy leaves everybody blind,' 'Unless a man has found the thing he will die for, he is not fit to live' – three sayings coined by Martin Luther King, Jr. (1963).[31]

Obwohl jede seiner Reden mehr mit Metaphern als mit Sprichwörtern und Redensarten angefüllt ist, spielt die sprichwörtliche Sprache in seinen Reden eine erhebliche Rolle. Er nahm die Last auf sich, diese Flut von Menschen auf den Straßen des Südens zu führen und ihnen zu helfen, an sehr vielen Demonstrationen teilzunehmen. Er rief eine Nation zur moralischen Reflexion zusammen und war einer der größten Kämpfer für die positive Veränderung der amerikanischen Gesellschaft.

Anhang

Hier sind noch einige kontextualisierte Beispiele von Sprichwörtern und Redensarten aus Reden von Martin Luther King, die in dem vorliegenden Aufsatz nicht diskutiert werden konnten:

Facing the Challenge of a New Age (1957)
„He was a thing to be used, not a person to be respected. He was *merely a depersonalized dog in a vast plantation machine.*" (17)

„A new world in which men will live together as brothers; *a world in which men will beat their swords into ploughshares and their spears into pruning hooks;* a world in which men will no longer take necessities from the masses to give luxuries to the upper classes; a world in which all men will respect the dignity and worth of the human personality." (27)

The Power of Non-Violence (1958)
„As maladjusted as Jefferson, who in the midst of an age amazingly adjusted to slavery could cry out, '*All men are created equal and are endowed by their Creator with certain inalienable rights and that among these are life, liberty and the pursuit of happiness*'." (33)

Speech Before the Youth March for Integrated Schools (1959)
„But I wonder if you can understand what it feels like to be a Negro, living in the South, where, by attempting to exercise this right, you may be *taking your life in your hands*." (35)

My Trip to the Land of Gandhi (1959)
„As for what should be done, we surely do not have the answer. But we do feel certain that India needs help. She must have outside capital and technical know-how. It is in the interest of the United States and the West to help supply these needs and *not attach strings to the gifts*." (48)

Pilgrimage to Nonviolence (1960)
„The *'turn the other cheek'* philosophy and the *'love your enemies'* philosophy are only valid, I felt, when individuals are in conflict with other individuals; when racial groups and nations are in conflict a more realistic approach is necessary. Then I came upon the life and teachings of Mahatma Gandhi […]." (58)

The Rising Tide of Racial Consciousness (1960)
„The nonviolent struggle, if conducted with the dignity and courage already shown by the sit-in students of the South, will in itself help end the demoralization; but a new frontal assault on the poverty, disease, and ignorance of a people too long deprived of the God-given *rights of life, liberty and the pursuit of happiness* will make the victory more certain." (71)

Letter from Birmingham Jail (1963)
„We know through painful experience that freedom is never voluntarily given by the oppressor; it must be demanded by the oppressed. Frankly, I have yet to engage in a direct-action campaign that was 'well timed' in the view of those who have not suffered unduly from the disease of segregation. For years now I have heard the word 'Wait!' It rings in the ear of every Negro with piercing familiarity. This 'Wait' has almost always meant 'Never.' We must come to see, with one of our distinguished jurists, that *'justice too long delayed is justice denied'*." (87-88)

„You express a great deal of anxiety over our willingness to break laws. This is certainly a legitimate concern. Since we so diligently

urge people to obey the Supreme Court's decision of 1954 outla-
wing segregation in the public schools, it is rather strange and para-
doxical for us consciously to break laws. One may well ask: 'How
can you advocate breaking some laws and obeying others?' The
answer lies in the fact that there are two types of laws: there are just
and there are unjust. I would agree with St. Augustine that '*An unjust law is no law at all*'." (89)

„But though I was initially disappointed at being categorized as an
extremist, as I continued to think about the matter I gradually gained
a measure of satisfaction from the label. Was not Jesus an extremist
for love: '*Love your enemies, bless them that curse you, do good to
them that hate you, and pray for them which despitefully use you,
and persecute you.*'." (94)

„Was not Thomas Jefferson an extremist – '*We hold these truths to
be self-evident, that an men are created equal.*' So the question is
not whether we will be extremists, but what kind of extremists will
we be. Will we be extremists for hate or will we be extremists for
love?" (94)

Nonviolence: The Only Road to Freedom (1966)
„*The line between defensive violence and aggressive or retaliatory
violence is a fine line indeed.*" (130)

A Time to Break Silence (1967)
„We are now faced with the fact that tomorrow is today. We are
confronted with the fierce urgency of now. In this unfolding co-
nundrum of life and history there is such a thing as being too late.
Procrastination is still the thief of time. Life often leaves us standing
bare, naked and dejected with a lost opportunity. The '*tide in the
affairs of men*' does not remain at the flood; it ebbs. We may cry out
desperately for time to pause in her passage, but *time is deaf to every plea* and rushes on. Over the bleached bones and jumbled residue
of numerous civilizations are written the pathetic words: 'Too late.'
There is an invisible book of life that faithfully records our vigilance
or our neglect. '*The moving finger writes, and having writ moves on
[...]*' We still have a choice today; nonviolent coexistence or vio-
lent co-annihilation." (151)

238   DŽENETA KARABEGOVIĆ

Anmerkungen

[1] Mieder, Wolfgang. *Proverbs Are the Best Policy: Folk Wisdom and American Politics.* Logan, Utah: Utah State University Press, 2005. S. 118.

[2] Miller, Keith D. *Voice of Deliverance: the Language of Martin Luther King, Jr., and its Sources.* New York: Free Press, 1992. S. 2-3.

[3] King, Martin Luther Jr. *I Have a Dream: Writings and Speeches that Changed the World.* James Melvin Washington (Hrsg.). San Francisco, California: Harper San Francisco, 1992. S. xx-xxi.

[4] Röhrich, Lutz und Wolfgang Mieder. *Sprichwort.* Stuttgart: Metzler, 1977. S. 2.

[5] Röhrich, Lutz und Wolfgang Mieder. *Sprichwort.* Stuttgart: Metzler, 1977. S. 15-17.

[6] Mieder, Wolfgang. *Proverbs. A Handbook.* Westport, Connecticut: Greenwood Press, 2004. S. 33-34.

[7] Röhrich, Lutz und Wolfgang Mieder. *Sprichwort.* Stuttgart: Metzler, 1977. S. 108-109.

[8] Röhrich, Lutz und Wolfgang Mieder. *Sprichwort.* Stuttgart: Metzler, 1977. S. 31-32.

[9] Warren, Mervyn A. *King Came Preaching.* Downers Grove, Illinois: InterVarsity Press, 2001. S. 142.

[10] Miller, Keith D. *Voice of Deliverance: the Language of Martin Luther King, Jr., and Its Sources.* New York: Free Press, 1992. S.9

[11] Warren, Mervyn A. *King Came Preaching.* Downers Grove, Illinois: InterVarsity Press, 2001. S. 144.

[12] D'Souza, Placido, P. „Gandhi's Influence on Martin Luther King." *San Franciso Chronicle*, 20. Jan. 2003. S. B7.

[13] Daniel, Jack. „Towards an Ethnography of Afroamerican Proverbial Usage." *Black Lines 2* (1973), 9-12.

[14] Daniel, Jack. „Towards an Ethnography of Afroamerican Proverbial Usage." *Black Lines 2* (1973), S. 11.

[15] McKenzie, Alyce M. *Preaching Proverbs: Wisdom for the Pulpit.* Louisville, Kentucky: Westminster John Knox Press, 1996. S. 95-96.

[16] King, Martin Luther Jr. *I Have a Dream: Writings and Speeches that Changed the World.* James Melvin Washington (Hrsg.). San Francisco, California: Harper San Francisco, 1992. S. 170-171.

[17] Miller, Keith D. „Martin Luther King, Jr. Borrows a Revolution: Argument, Audience, and Implications of a Secondhand Universe." *College English*, 48 (1986) S. 249.

[18] King, Martin Luther Jr. *I Have a Dream: Writings and Speeches that Changed the World.* James Melvin Washington (Hrsg.). San Francisco, California: Harper San Francisco, 1992. S. 179.

[19] King, Martin Luther Jr. *I Have a Dream: Writings and Speeches that Changed the World.* James Melvin Washington (Hrsg.). San Francisco, California: Harper San Francisco, 1992. S. 122.

[20] King, Martin Luther Jr. *I Have a Dream: Writings and Speeches that Changed the World.* James Melvin Washington (Hrsg.). San Francisco, California: Harper San Francisco, 1992. S. 124.

[21] King, Martin Luther Jr. *I Have a Dream: Writings and Speeches that Changed the World*. James Melvin Washington (Hrsg.). San Francisco, California: Harper San Francisco, 1992. S. 20.

[22] King, Martin Luther Jr. *I Have a Dream: Writings and Speeches that Changed the World*. James Melvin Washington (Hrsg.). San Francisco, California: Harper San Francisco, 1992. S. 23.

[23] King, Martin Luther Jr. *I Have a Dream: Writings and Speeches that Changed the World*. James Melvin Washington (Hrsg.). San Francisco, California: Harper San Francisco, 1992. S. 102.

[24] King, Martin Luther Jr. *I Have a Dream: Writings and Speeches that Changed the World*. James Melvin Washington (Hrsg.). San Francisco, California: Harper San Francisco, 1992. S. 103.

[25] Bobbitt, David A. *The Rhetoric of Redemption: Kenneth Burke's Redemption Drama and Martin Luther King, Jr.'s „I Have a Dream" Speech*. Lanham, Maryland: Rowman & Littefield Publishers, 2004. S. 72-82.

[26] King, Martin Luther Jr. *I Have a Dream: Writings and Speeches that Changed the World*. James Melvin Washington (Hrsg.). San Francisco, California: Harper San Francisco, 1992. S. 104.

[27] Alvarez, Alexandra. „Martin Luther King's 'I Have a Dream': The Speech Event as Metaphor." *Journal of Black Studies*. 18 (1988) S. 340.

[28] King, Martin Luther Jr. *I Have a Dream: Writings and Speeches that Changed the World*. James Melvin Washington (Hrsg.). San Francisco, California: Harper San Francisco, 1992. S. 103.

[29] King, Martin Luther Jr. *I Have a Dream: Writings and Speeches that Changed the World*. James Melvin Washington (Hrsg.). San Francisco, California: Harper San Francisco, 1992. S. 103.

[30] Miller, Keith D. „Martin Luther King, Jr. Borrows a Revolution: Argument, Audience, and Implications of a Secondhand Universe." *College English*, 48 (1986) S. 260.

[31] McKenzie, Alyce M. *Preaching Proverbs: Wisdom for the Pulpit*. Louisville, Kentucky: Westminster John Knox Press, 1996. S. 97.

Bibliographie

Alvarez, Alexandra. „Martin Luther King's 'I Have a Dream': The Speech Event as Metaphor." *Journal of Black Studies*. 18 (1988), 337-357.

Bobbitt , David A. *The Rhetoric of Redemption: Kenneth Burke's Redemption Drama and Martin Luther King, Jr.'s „I Have a Dream" Speech*. Lanham, Maryland: Rowman & Littefield Publishers, 2004.

Calloway-Thomas, Carolyn und John Louis Lucaites (Hrsg.) *Martin Luther King, Jr., and the Sermonic Power of Public Discourse*. Tuscaloosa, Alabama: University of Alabama Press, 1993.

Daniel, Jack. „Towards an Ethnography of Afroamerican Proverbial Usage." *Black Lines 2* (1973), 3-12.

D'Souza, Placido, P. „Gandhi's Influence on Martin Luther King." *San Franciso Chronicle*, 20. Jan. 2003.

Garrow, David J. *Martin Luther King, Jr.: Civil Rights Leader, Theologian, Orator.* Brooklyn, New York: Carlson Publisher, 1989.

Grünberg, Paul. *Biblische Redensarten. Eine Studie über den Gebrauch und Missbrauch der Bibel in der deutschen Volks- und Umgangssprache.* Heilbronn: Henninger, 1888.

King, Martin Luther Jr. *I Have a Dream: Writings and Speeches that Changed the World.* James Melvin Washington (Hrsg.). San Francisco, California: Harper San Francisco, 1992.

Lentz, Richard. *Symbols, the News Magazines, and Martin Luther King.* Baton Rouge, Louisiana: Louisiana State University Press, 1990.

Lischer, Richard. *The Preacher King: Martin Luther King, Jr. and the Word that Moved America.* New York: Oxford University Press, 1995.

Louis, Cameron. „Proverbs and the Politics of Language." *Cognition, Comprehension, and Communication: A Decade of North American Proverb Studies (1990-2000).* Wolfgang Mieder (Hrsg.) Baltmannsweiler: Schneider Verlag Hohengehren, 2003. 271-292.

McKenzie, Alyce M. „The Preacher as Subversive Sage: Preaching on Biblical Proverbs." *Proverbium* 12 (1995), 169-193.

McKenzie, Alyce M. *Preaching Proverbs: Wisdom for the Pulpit.* Louisville, Kentucky: Westminster John Knox Press, 1996.

Mieder, Wolfgang. *American Proverbs: A Study of Texts and Contexts.* Bern, Schweiz: Peter Lang, 1989.

Mieder, Wolfgang. *Proverbs. A Handbook.* Westport, Connecticut: Greenwood Press, 2004.

Mieder, Wolfgang. *Proverbs Are the Best Policy: Folk Wisdom and American Politics.* Logan, Utah: Utah State University Press, 2005. 118-146. (Frederick Douglass).

Miller, Keith D. „Martin Luther King, Jr. Borrows a Revolution: Argument, Audience, and Implications of a Secondhand Universe." *College English,* 48 (1986), 249-265.

Miller, Keith D. *Voice of Deliverance: the Language of Martin Luther King, Jr., and its Sources.* New York: Free Press, 1992.

Miller, William Robert. *Martin Luther King, Jr. His Life, Martyrdom, and Meaning for the World.* New York: Weybright and Talley, 1968.

Röhrich, Lutz und Wolfgang Mieder. *Sprichwort.* Stuttgart: Metzler, 1977.

Sunnemark, Fredrik. *Ring out Freedom! The Voice of Martin Luther King, Jr. and the Making of the Civil Rights Movement.* Bloomington, Indiana: Indiana University Press, 2004.

Warren, Mervyn A. *King Came Preaching.* Downers Grove, Illinois: InterVarsity Press, 2001.

„Des Pudels Kern"
Eine Analyse zur Variation von Sprichwörtern in der Autowerbung

Allen Evans

Die Funktion von Sprichwörtern in der Werbung besteht hauptsächlich aus dem Verständnis von einem Sprichwort (das einen kulturellen Hintergrund hat) in Zusammenhang mit dem Kontext, der in der Werbung (die normalerweise auch mit einem gewissen Produkt zu tun hat) vorkommt.[1] „Sprichwörter sind allgemein bekannte, festgeprägte Sätze, die eine Lebensregel oder Weisheit in prägnanter, kurzer Form ausdrücken."[2]

Normale Sprichwörter sind, in den meisten Fällen, für die Leser etwas Lehrhaftes –sie haben oftmals Moral oder unterstützen die Klarheit, Ethik oder gewisse Regeln einer Kultur.[3] Sprichwörter lassen sich in allen literarischen Textsorten mit unterschiedlichen Frequenzen und Funktionen finden, aber sie spielen in der Werbung eine einzigartige Rolle.[4] Sprichwörter in der Werbung (seien sie in ihrer Original- oder Variantenform) bestehen nicht unbedingt, um das Allgemeinverständnis der Leser aufzubauen, sondern normalerweise um eine gewisse Verbindung zwischen den kulturell begründeten Ideen, Themen oder Gefühlen eines Sprichworts mit dem Produkt hervorzubringen.

Sprichwörter spielen in Werbungen eine wichtige Rolle, weil, wenn man das Sprichwort liest (oder ein Bild, das ein Sprichwort symbolisiert zeigt), man sich an einige bestimmte Ideen, Themen oder Gefühle erinnert.[5] „Das Hauptziel der Werbetexte besteht darin, die Aufmerksamkeit des Rezipienten zu erwecken und den Erinnerungswert zu erhöhen."[6] Diese Informationen, die durch das bekannte Sprichwort hervorkommen, versteht man durch ein gutes (das heisst, ein weit verbreitetes) gebildetes Verständnis der Kultur. Diese bestimmten Ideen, Themen oder Gefühle verbindet man, in den erfolgreichen Werbebeispielen, mit dem Produkt der betreffenden Firma. Weil diese kulturabhängigen Informationen schon einfach durch die Verwendung des Sprichworts verstanden werden, braucht die Werbung nicht unbedingt alle diese Ideen, Themen oder Gefühle mit mehreren Wörtern offensichtlich und klar auszudrükken.[7] Sprichwörter in Werbungen „dienen letzten Endes als wirksame Strategien, potentielle Konsumenten emotionell für das umworbene Produkt zu gewinnen."[8]

In manchen Fällen wird der Werbeslogan einer Firma als Sprichwort in die Kultur eindringen.[9] Oft wird ein Sprichwort oder ein Sprichwort in variierter Form als langfristiger Slogan einer Firma benutzt.[10] Wenn Sprichwörter normalerweise in der Werbung vorkommen, kommen sie oft, wenn nicht immer, in einer variierten Form vor.[11] Variationen vereinfachen und/oder verändern oft die Verbindung zwischen den Ideen, Themen oder Gefühlen eines Sprichworts mit dem Produkt. Die Bedeutung dieser Verbindung zwischen Sprichwort und Produkt wird also durch die Variation des Sprichwortes deutlicher.

Die Hauptformen von Variationen, die oft in Autowerbungen vorkommen, sind (a) der Austausch von nur einem einzigen Lexem, (b) eine Lexem-Substitution mit dem Produktnamen, (c) der Austausch von mehreren Elementen, (d) die Erweiterung des Sprichwortes, (e) die Verkürzung des Sprichwortes, (f) Literalisierung, (g) die Veränderung der Wortsequenz, oder sogar (h) mehrere Modifikationen gleichzeitig.[12] Um diese Variationsarten am besten zu verstehen, werden hier einige Beispiele analysiert:

(a) Austausch von nur einem einzigen Lexem
Bei einer Werbung mit einem variierten Sprichwort, bei dem nur ein einziges Lexem aus dem Original verändert wird, ist die Verbindung zwischen der Variante und Originalform ganz deutlich zu sehen.[13] Durch Beispiele von Lancia und Ford kann man die Wirksamkeit dieser Sprichwortänderungen sehen.

(a.1) „Autos machen Leute."[14]
Originalform: *Kleidung machen Leute.*
Aus: *Cosmopolitan.* 4 (April, 1986), S. 303.

In dieser Werbung von Lancia ist das Sprichwort in dieser Variantenform der einzige Text, den es in der Werbung gibt. Ansonsten sieht man nur ein schickes Bild von der Kofferraumtür von einem Lancia Auto. In der Originalform bedeutet dieses Sprichwort, dass man von der Kleidung her beurteilt wird. So sollte man darauf achten, sich gut zu kleiden. Lancia will den Lesern dieser Werbung durch die variierte Form des Sprichworts sagen, dass man auch nach der Automarke beurteilt wird, und dass Lancia diese Theorie versteht. Diese Werbung zeigt uns, dass Lancia die Idee versteht, dass eine gute Form (das heißt die Figur) und nicht nur die Funktion (das heißt die technischen Elemente) eine Rolle bei der Konstruktion eines Autos spielten.

(a.1) „Autos machen Leute."

(a.2) „One drive is worth a thousand words."[15]
Originalform: *A picture is worth a thousand words.*
Aus: *Time.* 3. September, 1984, S. 43.

Hier will uns Ford sagen, dass die Testfahrt bei diesem Thunderbird besonders wichtig ist. Diese Variation des Sprichwortes funktioniert als eine Art Antisprichwort, denn statt der Idee der Originalform des Sprichworts (dass das Aussehen am wichtigsten ist) wird uns durch diese Form gesagt, dass doch etwas anderes am wichtigsten ist. Das Bild dieser Werbung sagt uns doch nicht alles über das Auto. Diese Variante des Sprichwortes soll uns erklären, dass bei dem Thunderbird mehr als ein schickes Aussehen (der Form) von Bedeutung ist, nämlich dass auch eine gute Funktion eine wichtige Rolle spielt. In diesem Fall erinnert man sich ganz schnell an die Originalform des Sprichwortes, denn es ist nur ein einziges Lexem ausgetauscht worden.

(a.2) „One drive is worth a thousand words."

(b) Lexem Substitution mit dem Produktnamen

Ganz klar wird das Produkt oder der Markenname in den Fällen, wenn diese Namen einfach mit einem Wort (oder einigen Wörtern) des Originalsprichwortes ausgetauscht werden. Deutlich ist die Originalform des Sprichwortes natürlich immer noch. Ein gutes Verständnis der Originalform des Sprichworts ist hier oft nicht erforderlich, um die Idee der Variation zu verstehen. Beispiele von Suzuki und Mazda zeigen diese Art der Änderung sehr gut.

(b.1) „Wo ein Suzuki SJ410 ist, ist auch ein Weg."[16]
Originalform: *Wo ein Wille ist, ist auch ein Weg.*
Aus: *Stern.* 11 (18. März, 1982), S. 71.

Diese Suzuki Werbung tauscht nicht nur ein einziges Lexem der Originalform mit einer Marke oder einem Produktnamen aus, sondern sie ersetzt ein einziges Lexem mit einer Marke und einem Produktnamen. Das Bild ist künstlich und zeigt einen Suzuki SJ410, der auf eine Pyramide steigt. Hier wird uns, in Zusammenhang mit der Originalform des Sprichwortes, mit Humor gezeigt, dass das Auto es ermöglicht, alle möglichen Wünsche zu erreichen. Die Originalform des Sprichwortes muss man hier nicht unbedingt kennen, um die Idee dieser Werbung zu verstehen, denn das Sprichwort und das Bild sind deutlich.

(b.2) „Wo ein Mazda ist, ist auch ein Weg."[17]
Originalform: *Wo ein Wille ist, ist auch ein Weg.*
Aus: *Stern.* 38 (9. September, 1976), S. 145.

Hier hat Mazda nur den Markennamen mit einem einzigen Lexem ausgetauscht. Das Bild zeigt einen Mazda Sportswagen unterwegs, aber der Text handelt nicht von einem einzigen Mazda Modell sondern von Mazda allgemein. Bilder mit Modellnamen und Preisen sind auch dabei. Durch das Bild von den verschiedenen Modellen wird uns nicht gesagt, dass ein einziges Mazda Modell alles machen kann, sondern dass es so viele Mazda Modelle gibt, dass es eins für jeden Wunsch gibt.

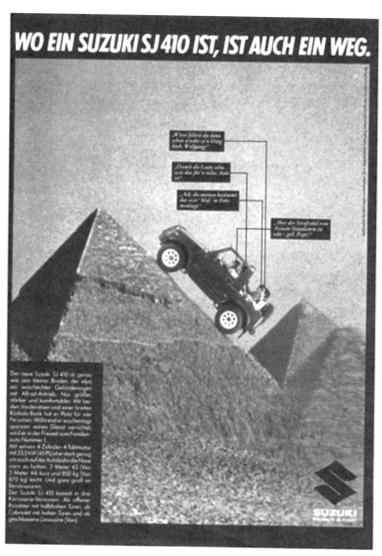

(b.1) „Wo ein Suzuki SJ410 ist, ist auch ein Weg."

(b.2) „Wo ein Mazda ist, ist auch ein Weg."

(c) Austausch von mehreren Elementen

Bei einer Werbung mit einem Sprichwort, bei dem mehrere Elemente ausgetauscht werden, kommen oft die Themen des Produkts oder der Marke vor. Diese Themen sind (oder symbolisieren) oft genau die Ideen, die die Leser von der Werbung bekommen sollten. Ein Beispiel von Volkswagen, einer Firma, die für innovative Werbungen bekannt ist, zeigt diese Art Änderung eindeutig auf.

(c.1) „Verändern ist Silber. Verbessern ist Golf."[18]
Originalform: *Reden ist Silber, Schweigen ist Gold.*
Aus: *Auto Bild.* 25. September, 1989, S. 37.

Mit dieser Werbung will Volkswagen uns das Thema des neusten Golfs (Baujahr 1989) zeigen. Das Thema ist, dass der neueste Golf neu gestaltet ist. Diese Werbung zeigt uns dieses Thema durch das variierte Sprichwort (als Überschrift), durch das Bild und auch durch den Text. Das variierte Sprichwort präsentiert uns die Idee dieser Werbung sehr deutlich, aber es hat nichts (außer der Form) mit der Idee der Originalversion des Sprichwortes zu tun. Im ersten Satz des Textes steht, „jeder Golf, den Sie kaufen konnten, war der beste Golf, den es je gab." Das Bild zeigt uns immer noch dieses Thema, denn es zeigt das neue Modell im Kontrast zu den vorjährigen Modellen.

(c.1) „Verändern ist Silber. Verbessern ist Golf."

(d) Erweiterung des Sprichwortes
    Wenn Sprichwörter in der Werbung erweitert werden, hat diese Änderung „die Literalisierung der Redensarten und die Verstärkung/ Hervorhebung der zugrundeliegenden Bildlichkeit zur Folge"[19] Produkt- und Markenamen kommen oft in der erweiterten Titelform vor. Hier sind Werbungen von Porsche und wieder von Volkswagen eindrucksvolle Beispiele.

(d.1) „Geld allein macht nicht glücklich. Der 911."[20]
Originalform: *Geld allein macht nicht glücklich.*
Aus: *Stern.* 21 (19. Mai 2003), S. 171.

    Unter einem himmlischen Bild von einem Porsche Modell 911 auf der Hochebene mit Sonnenuntergang steht das Sprichwort in der Originalform mit einem zweiten Satz. Der Modellname kommt hier in dem erweiterten Teil vor. Da dieses Sprichwort in der Originalform eine ziemlich tiefe philosophische These ohne Antwort vorgibt, ist es für unterschiedliche Interpretationen und Meinungen ganz offen. Hier spielt natürlich der Produktname (oder in diesem Fall, Modellname) eine Rolle, denn Porsche gibt die Antwort bekannt, dass, während uns Geld allein nicht glücklich macht, man nur ein 911er Modell kaufen muss, um glücklich zu sein!

(d.2) „Erst die Arbeit –dann das Vergnügen. Oder umgekehrt."[21]
Originalform: *Erst die Arbeit, dann das Vergnügen.*
Aus: *Der Spiegel.* 43 (24. Oktober, 1988), S. 66 – 67.

    Hier, wie es in dem ersten Satz des Werbetextes lautet, will Volkswagen sagen, dass der Passat das Autofahren von einer Art Arbeit zu einem Vergnügen macht, „Mit der neuen Passat Variante wird selbst der graue Arbeitsalltag zum reinsten Vergnügen." Es kommt kein Produkt- oder Markenname in dem erweiterten Text vor, sondern hier erscheint nur das Thema dieser Werbung (und eigentlich das Thema dieses Autos). Auch ohne ein Verständnis der Kultur (und der Originalform des Sprichwortes) kann man die Ideen dieser Variation des Sprichwortes verstehen.

Hier erfahren Sie mehr – Porsche Online: Telefon 01805 356 · 911 · Fax · 962 (EUR 0,12/min) oder www.porsche.com.

Geld allein macht nicht glücklich.

Der 911.

(d.1) „Geld allein macht nicht glücklich. Der 911."

(d.2) „Erst die Arbeit –dann das Vergnügen. Oder umgekehrt."

(e) Verkürzung des Sprichwortes

Die Verkürzung des Sprichwortes, abgesehen von der Kontraktion von zwei verkürzten Sprichwörtern, funktioniert, da das Produkt oder die Marke (egal ob geschrieben oder angedeutet) für den fehlenden Teil des Sprichwortes steht. Das Produkt oder die Marke stehen in dem variierten Sprichwort, um die Ideen, Themen oder Gefühle des fehlenden Teils des Sprichwortes zu übernehmen. Range-Rover Auto hat eine ziemlich bekannte Verkürzung, die wiederholt verwendet worden ist.

(e.1) „A man's best friend.“[22]
Originalform: *A dog is a man's best friend.*
Aus: *Die Zeit.* 50 (6. Dezember, 2001), S. 19.

Durch die Verkürzung der Originalform spielt die Sprichwortvariation die Rolle eines Austauschs, denn hinter dem Bild von dem Sprichworttext liegt ein Bild des Range-Rover Autos. Wir wissen hier, dass diese Sprichwortverkürzung nicht idiomatisch (Wort für Wort) ist, denn diese Werbung kommt in einer deutschen Zeitung vor. Das heißt, man muss sie ohne Verständnis der ursprünglichen (nicht-deutschen) Kultur und mit nur einer Wort für Wort Übersetzung verstehen können.

(f) Literalisierung

Literalisierung ist die Theorie, dass ein Sprichwort zwei Bedeutungen haben kann, da es idiomatisch (normal) und nicht-idiomatisch (Wort für Wort) zu verstehen ist. Das Verständnis dieser Doppelbedeutung wird durch ergänzende Information (wie ein Bild) deutlicher gemacht.[23] Volkswagen kommt hier wieder als Beispiel vor mit einer Anlehnung an die Ehe.

(f.1) „Volkswagen Original Teile: Etwas anderes kommt bei uns nicht unter die Haube.“[24]
Originalform: *Unter die Haube kommen.*
Aus: *Stern.* 42 (10. Dezember, 2000). S. 66 – 67.

Diese Redensart steht innerhalb des Werbetextes in der Originalform und kann von zwei Seiten verstanden werden. Auf der einen Seite gibt es die Autohaube und auf der anderen Seite die Heiratshaube, die Frauen früher tragen mussten. Hier spielt das idiomatische Thema der Originalform keine Rolle, denn man soll die Redensart Wort für Wort verstehen.

(e.1) „A man's best friend."

Volkswagen Original Teile®.
Etwas anderes kommt bei uns
nicht unter die Haube.

Volkswagen Service®

(f.1) „Volkswagen Original Teile: Etwas anderes kommt
bei uns nicht unter die Haube."

(g) Veränderung der Wortsequenz
Wenn der Kontext (und nicht unbedingt die Lehre) eines Sprichwortes mit einem gewissen Produkt zu tun hat, dann kann man die
Wortsequenz des Sprichwortes variieren, so dass der Kontext und
auch die Lehre des variierten Sprichworts mit dem Produkt zu tun
haben.[25] Hier kommt wieder das Range-Rover Auto als Beispiel vor.

(g.1) „It's like a china shop in a bull."[26]
Originalform: *Like a bull in a china shop.*
Aus: *New York Times.* 27. Juni, 1999. S. Rückendeckel.

Hier wird das Thema dieser Werbung (und das Thema des Autos) durch das Bild, den Werbetext und auch durch die Umstellung
der Redensart gezeigt. In dem Bild sieht man ein aggressiv gezeigtes
Range-Rover Auto, und in dem Werbetext liest man im ersten Satz,
„everything about the Range-Rover has been handled with care." In
der variierten Redensart sieht man wieder dieses wiederholte Thema
von einem festen, starken und aggressiven (wie ein Bulle) Auto, das
innen auch schön und luxuriös (wie ein Porzellanladen) ist. Die Idee

der variierten Redensart, sowie der Wortsequenz, ist ungefähr die gleiche wie bei dem Original, nur umgekehrt.

(g.1) „It's like a china shop in a bull."

(h) mehrere Modifikationen gleichzeitig
    Manche, vielleicht sogar die meisten Sprichwörter, die in den
Werbungen stehen, haben mehrere Modifikationen gleichzeitig.[27]
Das wird wahrscheinlich gemacht, um den Lesern ganz gewisse
Gefühle und Ideen zu geben, ohne den Text zu kompliziert zu ma-
chen. Mercedes, Volkswagen und BMW kommen hier als Beispiele
von Werbung mit mehreren gleichzeitigen Modifikationen vor.

(h.1) „Der Transporter. Erfahrung macht den Meister."[28]
Originalform: *Übung macht den Meister.*
Aus: *Der Spiegel.* 47 (1988), S. 140 – 141.

    In diesem Beispiel ist eine Erweiterung und auch der Austausch
von nur einem einzigen Lexem zu sehen. Bei der Erweiterung ist
der Produktname (der in diesem Fall auch ein Wort ist) zu sehen
und bei dem Austausch wird das Thema dieser Werbung gezeigt.
Die variierte Form des Sprichworts hat, in diesem Fall, ungefähr die
gleiche Bedeutung wie bei der Originalform, allerdings in einem
neuen Kontext. Frühere Modelle haben die Wirksamkeit des Autos
geübt und jetzt, da das Automodell schon so viele Erfahrungen hat,
ist es ein Meister (als Autotransporter) geworden.

(h.2) „Der Mensch lenkt, Mercedes denkt."[29]
Originalform: *Der Mensch denkt, Gott lenkt.*
Aus: *Stern.* 18 (27. April, 1995), S. 110 – 110. *Focus.* 18 (29. April,
1995), S. 16 – 17. *Der Spiegel.* 24. April, 1995, S. 46 – 47.

    Bei diesem Beispiel von Mercedes gibt es in der Wortsequenz
der Variation Änderungen und auch einen Wortaustausch. Die Wörter werden ausgetauscht, um den Ideen von den Wortsequenz-
änderungen einen Sinn zu geben. Mit dieser Variation will Mercedes
uns sagen, dass das Auto „denkt," indem es den Input von dem/der
Autofahrer/in (die „lenken") interpretiert (durch „die aktive Fahrdy-
namikregelung Electronic-Stability-Program") und etwas Kompliziertes mit den Reifen (die „denken") tut. Die Idee der Originalform
des Sprichworts hat sich bei dieser Modifikation verändert, denn die
Originalform beschreibt eine Situation, wo Gott den Menschen (mit
seinen Ideen) führt. Hier aber fährt das Auto immer noch hin, wo
man es hinlenkt, aber das Auto hilft einem bei diesem Fahren und
bringt einen so effektiv wie möglich zum Endziel (aber das Auto
selbst stellt sich kein Ziel vor). Dieses Beispiel ist sehr in der Kultur

begründet. Man braucht vielleicht nicht unbedingt das Sprichwort zu kennen, aber wenn man es kennt, dann muss man unbedingt gleichzeitig ein Verständnis von der Rolle Gottes in dem Leben auf der Erde haben, um diese Variation richtig zu interpretieren.

(h.1) „

(h.1) „Der Transporter. Erfahrung macht den Meister."

(h.2) „Der Mensch lenkt, Mercedes denkt."

(h.3) „BMW 320, 323i: Kommen Sie zum Kern der Sache."[30]
Originalform: *Das ist des Pudels Kern.*
Aus: *Bunte.* 15. Juni, 1978, S. 113.

Hier werden gleichzeitig drei Elemente der Originalform verändert. Das Sprichwort wurde mit mehreren Elementen ausgetauscht, das Sprichwort wurde erweitert und die Wortsequenz wurde in Zusammenhang mit dem Austausch von einem Wort verändert. Zu diesem Beispiel muss man wissen, dass BMW zur Zeit dieser Werbung ein paar Modelle in Europa verkaufte, die kostengünstiger waren. Billiger waren der BMW 320 und 323i, da sie keinen luxuriösen Innenraum hatten. Nur beim Motor hat BMW nicht gespart. Im Werbetext steht daher auch, „und in der Geschichte des Automobils gehörten BMW Triebwerke immer zu den besten, die man kaufen konnte." Bemerkenswert ist hierbei auch, dass „BMW" eine Abkürzung für Bayerische Motoren Werke ist. Wenn man das weiß, kann man sehen, dass das Sprichwort zum Kern des Autos und auch zum Kern des Namens der Firma passt. Diese Werbung will uns also sagen, dass wer sich keinen teuren BMW leisten kann, aber dennoch einen erstklassigen Motor unter der Haube haben will, einen BMW 320 oder 323i kaufen sollte.

Durch meine eigene Forschung und meine Arbeit in dem internationalen Sprichwortarchiv von Professor Wolfgang Mieder in der Deutschen und Russischen Abteilung an der Universität Vermont habe ich auch einen gewissen Trend bei Sprichwörtern und Variationen von Sprichwörtern in der Werbung und Autowerbung festgestellt.[31] Die meisten Autowerbungen mit Sprichwörtern, ob variiert oder nicht, sind entweder von Marken, die weltbekannt sind, wie Volkswagen, Mercedes-Benz und BMW, oder sie sind von kleineren, luxuriösen Marken, wie Land-Rover.

Insgesamt wird eine allgemeine Theorie von Sprichwörtern in der Werbung deutlich. Durch die Ideen und dargestellten Werbebeispiele wird deutlich, dass Sprichwörter in der Autowerbung eine wichtige Rolle spielen. Die Nutzung von modifizierten Sprichwörtern spielt in der Werbung die wichtigste Rolle, denn durch die Veränderungen kommen immer zwei Themen vor. Die Ideen, Themen oder Gefühle des Sprichworts in der Originalform kommen deutlich vor und stehen im Kontrast zu der Variation, die in der Werbung steht. Im Zusammenhang mit einem Bild und/oder anderen Texten sagt uns dieser Kontrast zwischen dem Original und der Variation des Sprichwortes die Idee oder das Thema der Werbung (und des Produkts oder der Marke).

(h.3) „BMW 320, 323i: Kommen Sie zum Kern der Sache.“

Anmerkungen

[1]Sprichwörtliche Redensarten gehören auch zu dem Ausdruck „Spricwort" in dieser Arbeit.

[2]Mieder, *Deutsche Sprichwörter und Redensarten.* S. 17.

[3]Gute Beispiele von besonders lehrhaften Sprichwörtern sind, „Einmal ist keinmal" und „Der Krug geht solange zum Brunnen, bis er bricht."

[4]Die weit verbreitete Erscheinung von Sprichwörtern in allen literarischen Textsorten tritt in *Proverbs in World Literature: A Bibliography* von Wolfgang Mieder und George B. Bryan (New York: Peter Lang, 1996) ganz deutlich zum Vorschein.

[5]Hier sollte "man" die gesamte Bevölkerung einer Kultur (die inklusiv mit der Literatur und Sprache besteht) bedeuten. Den meisten davon ist das Sprichwort schon verständlich (das heißt, wenn sie an das Sprichwort denken, erinnern sie sich an bestimmte Ideen, Themen oder Gefühle).

[6]Forgács, "Sprichwortabwandlungen in der Werbesprache." S. 71.

[7]Barrick, S. 43.

[8]Forgács, "Sprichwortabwandlungen in der Werbesprache." S. 71.

[9]Ein gutes Beispiel davon könnte die Sprichwortvariante „When it rains it pours" von Mortons Salt sein, denn das Originalsprichwort ist „It never rains but it pours." Mit solchen Fällen beschäftigt sich diese Arbeit jedoch nicht. Vgl. Barrick, S. 43.

[10]Mieder, „Tradition and Innovation: Proverbs in Advertising." S. 309 – 319.

[11]Forgács, „Sprichwortabwandlungen in der Werbesprache." S. 77.

[12]Forgács, „Sprichwortabwandlungen in der Werbesprache." S. 71 – 95.

[13]Forgács, „Sprichwortabwandlungen in der Werbesprache." S. 80.

[14]*Cosmopolitan.* 4 (April, 1986), S. 303.

[15]*Time.* 3. September, 1984, S. 43.

[16]*Stern.* 11 (18. Märtz, 1982), S. 71.

[17]*Stern.* 38 (9. September, 1976), S. 145.

[18]*Auto Bild.* 25. September, 1989, S. 37.

[19]Koller, S. 81.

[20]*Stern.* 21 (19. Mai 2003), S. 171.

[21]*Der Spiegel.* 43 (24. Oktober, 1988), S. 66 – 67.

[22]*Die Zeit.* 50 (6. Dezember, 2001), S. 19.

[23]Forgács, „Sprichwortabwandlungen in der Werbesprache." S. 83 – 84.

[24]*Stern.* 42 (10. Dezember, 2000). S. 66 – 67.

[25]Forgács, „Sprichwortabwandlungen in der Werbesprache." S. 85.

[26]*New York Times.* 27. Juni, 1999. S. Rückendeckel.

[27]Forgács, „Sprichwortabwandlungen in der Werbesprache." S. 86.

[28]*Der Spiegel.* 47 (1988), S. 140 – 141.

[29]*Stern.* 18 (27. April, 1995), S. 110 – 110; und *Focus.* 18 (1995), S. 16 – 17; und *Der Spiegel.* 24. April, 1995, S. 46 – 47.

[30]*Bunte.* (15. Juni, 1978), S. 113.

[31]International Proverb Archives, 425 Waterman Building; The University of Vermont; Wolfgang Mieder; 85 South Prospect St.; Burlington, Vermont, 05405, USA.

Bibliographie

Barrick, Mac E. „Where's the Beef?" *Midwestern Journal of Language and Folklore,* 12 (1986), 43 – 46.

Forgács, Erzsébet. „Im Sprichwort liegt die Wahrheit (?): Zur spielerischen Verwendung von Sprichwörtern und geflügelten Worten." *Beiträge zur Fremdsprachenvermittelung,* 32 (1997), 78 – 88.

Forgács, Erzsébet. „Sprichwortabwandlungen in der Werbesprache." *Germanistik* (Publications du Centre Universitaire du Luxembourg), 2 (1997), 71 – 95.

Forgács, Erzsébet. „Spielerische Verwendung vorgeprägter Sprachformeln: Literalisierung in der Werbesprache und in Witzen." *Kontaktsprache Deutsch. Vorträge, gehalten auf der germanistischen Tagung Nitra – Passau am 26. und 27. Oktober 1995 in Račková dolina (Hohe Tatra).* Hrsg. v. Stefan Pongo. Nitra: Pädagogische Hochschule Nitra, 1996. S. 85 – 103.

Herles, Helmut. „Sprichwort und Märchenmotiv in der Werbung." *Zeitschrift für Volkskunde,* 62 (1966), S. 67 – 80.

Hochmeister, Karl-Heinz. *Veränderungen in der Sprache der Anzeigenwerbung: Dargestellt an ausgewählten Beispielen aus dem 'Giessener Anzeiger' vom Jahre 1800 bis zur Gegenwart.* Frankfurt: Fischer, 1981.

Klotz, Volker. „Slogans." *Sprache im technischen Zeitalter,* 7 (1963), 538 – 546.

Koller, Werner. *Redensarten. Linguistische Aspekte, Vorkommensanalysen, Sprachspiel.* Tübingen: Niemeyer, 1977.

Mieder, Barbara und Wolfgang. „Tradition and Innovation: Proverbs in Advertising." *Journal of Popular Culture,* 11 (1977), 309 – 319.

Mieder, Wolfgang. „Proverbial Slogans Are the Name of the Game." *Kentucky Folklore Record,* 24 (1978), 49 – 53.

Mieder, Wolfgang. *Deutsche Sprichwörter und Redensarten.* Stuttgart: Reclam, 1979.

Mieder, Wolfgang. „Ein Sprichwort sagt mehr als tausend Worte: Zur sprichwörtlichen Sprache der Massenmedien." *Proverbium: Yearbook of International Proverb Scholarship,* 12 (1995), 195 – 238.

Mieder, Wolfgang. *Proverbs: A Handbook.* Westport, Connecticut: Greenwood Press, 2004.

Mieder, Wolfgang und Alan Dundes (Hrsg.). *The Wisdom of Many: Essays on the Proverb.* New York: Garland, 1981. S. 309 – 322.

Mieder, Wolfgang und Anna T. Litovkina. *Old Proverbs Never Die, They Just Diversify: A Collection of Anti-Proverbs.* Veszprém, Umgarn: Universität Veszprém, 2006.

Piller, Ingrid. „Englische Werbeslogans." *Anglia,* 115 (1997), 193 – 222

Vesalainen, Marjo. „Phraseologismen in der Werbung." In M. Versalainen. *Prospektwerbung: Vergleichende rhetorische und sprachwissenschaftliche Untersuchungen an deutschen und finnischen Werbematerialen.* Frankfurt a.M.: Peter Lang, 2001. S. 162 – 186.

„Übung macht den Meister"
Studentische Redensartengedichte aus dem Fremdsprachenunterricht

Wolfgang Mieder

Seit gut drei Jahrzehnten habe ich als Professor für Germanistik und Volkskunde an der Universität Vermont die willkommene Gelegenheit, jedes vierte Semester für etwa sieben bis zehn Studentinnen und Studenten einen Kurs über „Fortgeschrittene Sprach- und Aufsatzübungen" anzubieten. Der Kurs beginnt humorvoll mit Mark Twains bekanntem Aufsatz über „Die schreckliche deutsche Sprache" und befaßt sich dann mit kurzen Beiträgen zur deutschen Sprache, Kultur und Literatur, wobei das Hauptaugenmerk auf grammatische, syntaktische und stilistische Aspekte ausgerichtet ist. Da es sich um den fortgeschrittenen Sprachunterricht handelt, gehört selbstverständlich auch die differenzierte Erweiterung des Wortschatzes dazu, und da kommen für mich als Parömiologen (Sprichwortforscher) ganz natürlich die in der deutschen Sprache so geläufigen und gewichtigen Sprichwörter, sprichwörtlichen Redensarten, sprichwörtlichen Vergleiche, Zwillingsformeln, Wellerismen (Sagwörter), geflügelten Worte usw. hinzu. Schließlich ist von Sprachdidaktikern ganz allgemein und von Vertretern des Faches Deutsch als Fremdsprache (aber auch für alle anderen Sprachen) immer wieder betont worden, daß der Fremdsprachenunterricht unbedingt das sogenannte parömiologische Minimum, bestehend aus rund 300 vorgeprägten Sprachformeln, zu vermitteln habe. Die Argumente dafür habe ich vor etlichen Jahren in meinem Beitrag über „Deutsche Sprichwörter im amerikanischen Sprachunterricht" (1993) dargestellt, und zwar mit weiterführenden Belegen aus der umfangreichen Sekundärliteratur zu eben diesem Thema.

Für meinen eigenen Unterricht habe ich mehrere Stunden eingeplant, wo wir Sprachübungen durchführen, die sich mit der Bedeutung und dem Gebrauch von solchen Sprachautomatismen befassen. Neben zahlreichen Handreichungen dienen das verdiente Lehrbuch *1000 deutsche Redensarten. Mit Erklärungen und Anwendungsbeispielen* (2001) von Heinz Griesbach und Dora Schulz sowie mein speziell für die im Reclam Verlag erscheinende Reihe „Arbeitstexte für den Unterricht" zusammengestelltes Buch *Deutsche Sprichwörter und Redensarten* (1979) als Quellen- und Textmaterial. Zur Veran-

schaulichung der meist metaphorischen Sprichwörter und Redensarten bringe ich für diese Unterrichtsstunden zahlreiche Dias aus meinem internationalen Sprichwörterarchiv mit, die die Verwendung,
Funktion, Bedeutung und oft auch spielerisch-parodistische Abwandlung dieser sprachlichen Fertigware in den Massenmedien aufzeigen.
Natürlich kommen zu den auf sprichwörtlichem Sprachmaterial beruhenden Reklamen, Schlagzeilen, Karikaturen, Comic strips, Witzzeichnungen, Graffiti, T-shirt Botschaften, Aufklebern usw. noch
Belege aus der ikonographischen Überlieferung hinzu, also Holz-
schnitte, Miserikordien, Embleme, Ölbilder (etwa Pieter Bruegels
berühmtes Gemälde „Die niederländischen Sprichwörter" von 1559),
Zeichnungen, Geschirr, Handtücher usw. All dies vermittelt den Studentinnen und Studenten einen Einblick in die faszinierenden Aspekte der Herkunft, Überlieferung, Verwendung und Bedeutung der
volkstümlichen und formelhaften Sprache.

Einige Unterrichtsstunden sind dem interessanten Gebrauch von
Sprichwörtern und Redensarten in modernen Kurzprosatexten (etwa
von Walter Benjamin, Bertolt Brecht, Elias Canetti, Friedrich Dür-
renmatt, Oskar Maria Graf, Ludwig Harig, Wolfgang Hildesheimer,
Karl Kraus, Günter Kunert, Helga Schubert und Martin Walser) und
Gedichten (ganz besonders von Rose Ausländer, Erich Fried, Walter
Helmut Fritz, Ulla Hahn, Marie Luise Kaschnitz, Erich Kästner, Peter
Maiwald, Christian Morgenstern, Josef Reding, Gisela Steineckert
und Rudolf Otto Wiemer) gewidmet. Dazu enthalten fünf von mir
herausgegebene Anthologien reichhaltiges Material: „Kommt Zeit –
kommt Rat!?" Moderne Sprichwortgedichte von Erich Fried bis Ulla
Hahn (1990), „Deutsch reden": Moderne Redensartengedichte von
Rose Ausländer bis Yaak Karsunke (1992), „Hasen im Pfeffer":
Sprichwörtliche Kurzprosatexte von Marie Luise Kaschnitz bis Martin Walser (1995), „Geht einmal euren Phrasen nach": Sprachkritische Lyrik und Kurzprosa zur deutschen Vergangenheit (2001) und
„Liebe macht blind": Sprichwörtliche Lyrik und Kurzprosa zum
Thema Liebe (2004). All dies ergibt durchaus pädagogischen Sinn,
und meine jungen Studierenden haben ihre sprachliche und intellek-
tuelle Freude daran, solche durchaus anspruchsvollen Texte zu entzif-
fern und zu interpretieren. Sie behandeln schließlich meistens auf
Metaphern beruhende Themen des alltäglichen Lebens, also zum
Beispiel sozialpolitische Probleme, Fragen der Umweltverschmut-
zung, zwischenmenschliche Kommunikationsschwierigkeiten, die
sogenannte Vergangenheitsbewältigung, stereotypische Vorurteile

und ebenfalls die zahlreichen Gefühlslagen der Liebe. Das habe ich in
zwei Aufsäzen an Hand von zahlreichen Beispielen zu erläutern versucht: „'Komm wir wollen weiße Westen wenden': Sprach- und sozialkritische Redensartengedichte" (2006) und „'Du sagtest es mir
durch die Blumen': Zur sprichwörtlichen Zwiesprache in der modernen Liebeslyrik" (2005).

Natürlich erkläre ich den jungen Leuten auch, daß die sprichwörtliche Lyrik, wie aus der von George B. Bryan und mir erfaßten
Aufstellung *Proverbs in World Literature: A Bibliography* (1996)
hervorgeht, auf eine seit dem Mittelalter bestehende Tradition zu-
rückblicken kann. Solche auf Sprichwörtern und Redensarten beruhende Lyrik hat es schon seit den Minnesängern gegeben, aber sie
scheint sich ganz besonders in der Moderne mit ihrem Interesse an
der kritischen aber auch spielerischen Auseinandersetzung mit
Sprache noch breiter zu entwickeln. Ich habe dazu in meinen Beiträgen über „Moderne deutsche Sprichwortgedichte" (1980) und
„'In der Kürze liegt die Würze': Zur sprichwörtlichen Sprache moderner Mini-Lyrik" (2006) etliches Material zusammengetragen,
aber man wird gewiß verstehen können, wie stolz ich auf einige
meiner Studentinnen und Studenten bin, die inzwischen selbst Veröffentlichungen zu diesem reichhaltigen Thema vorgelegt haben;
vgl. dazu die in der Bibliographie aufgeführten Aufsätze, Magister-
thesen und Bücher von Janet Besserer, Alena D'Aran, Eva-Maria
Goy, Martha Ann McKenna, Folke-Christine Möller-Sahling, Andreas Nolte, Vicky Reithinger, Stephan Vdoviak und Gabriele
Wurmitzer, die die sprichwörtliche Sprache in der Lyrik von Rose
Ausländer, Jimmy Berg, Bertolt Brecht, Erich Fried, Ulla Hahn,
Heinrich Heine, Mascha Kaléko und Marie Luise Kaschnitz analy-
sieren. Wie aus dem bereits erwähnten Literaturverzeichnis hervor-
geht, liegen weitere Arbeiten zu sprichwörtlichen Gedichten von
Bertolt Brecht (von Nicole Fernandez Bravo und von mir), Erich
Kästner (von Karlheinz Daniels und von Peter Kühn), Christian
Morgenstern (von Christine Palm), Karl Christian Nadler (von Kurt
Bräutigam), Kurt Sigel (von mir) und Josef Weinheber (von Maria
Hornung-Jechl) vor, doch gäbe es selbstverständlich zu diesem
Thema noch viel zu erarbeiten.

Das ist zwar alles gut und schön und ergibt positive Lernerfol-
ge, doch gibt es zusätzlich noch ein besonderes Erfolgserlebnis für
meine fleißigen Studentinnen und Studenten sowie ihren sie stets

ermutigenden Professor. Dabei dreht es sich um ein studentisches
Phänomen, das mich während meiner langen Lehrtätigkeit in der
amerikanischen Peripherie des landschaftlich so schönen Staates
Vermont in Neuengland immer begeistert hat. Die jungen Studierenden erweisen sich nämlich nicht nur als aufnahmebereite Rezep-
toren solcher in literarischen Bearbeitungen auftretenden Phraseologismen, sondern sie greifen selbst mit Mut, Interesse, Enthusias-
mus und gutem Willen zur Feder (zum Computer) und schreiben
ihre eigenen kreativen Texte, die an sprachlicher und gehaltlicher
Qualität durchaus mit ähnlichen Kurzprosatexten und Gedichten
bekannter Schriftsteller konkurrieren können. Davon soll im Folgenden die Rede sein, wobei die hier abgedruckten Gedichte zum
Teil bereits in der kleinen Studentenzeitschrift *Die schmale Leier*
unserer Deutschabteilung erschienen sind. Manche Texte habe ich
auch in meine oben erwähnten Anthologien aufnehmen können.
Natürlich bin ich als Professor und Mentor dieser jungen Autorinnen und Autoren stolz auf ihre Verse, die sie in der erlernten deutschen Sprache verfassen. Sie bereiten mir schon seit so vielen Jahren große Freude mir ihrem phraseologischen Interesse, sei dies nun
in Form von dichterischen Texten, guten Seminararbeiten oder be-
deutenden Magisterarbeiten, die zum Teil, wie bereits erwähnt, sogar im Druck vorliegen.

So ist es eigentlich ganz natürlich, daß ich mich dazu entschlossen habe, für das vorliegende Buch eine gute Anzahl ehema-
liger Studentinnen und Studenten durch ihre sprichwörtliche Lyrik
zu Wort kommen zu lassen. Da dieses Buch ein Gemeinschaftswerk
meiner jetzigen Studierenden in meinem Sprichwort-Seminar und
mir darstellt, können wir auf diese Weise die Arbeit von vielen weiteren jungen Leuten würdigen, wodurch unser Buch zu einem re-
präsentativen Werk unserer soliden Spracharbeit mit besonderer
Gewichtung auf dem Sprichwörtlichen wird. Aus Platzgründen
werden mit nur zwei Ausnahmen am Schluß keine Kurzprosatexte
abgedruckt, und auch muß ich mich auf nur einige kurze Bemerkungen zu den einzelnen Gedichten begrenzen. Vor allem aber sollen die zitierten Gedichte, wobei es sich meistenteils um lyrische
Redensartencollagen handelt, für sich selbst und ihre Autorinnen
und Autoren sprechen. Dabei dürfte es schnell ersichtlich werden,
daß es sich bei diesen Gedichten um kleine redensartliche Meister-
werke handelt.

Da es sich um Gedichte junger Studierender handelt, möge der folgende „Alptraum" einer lieben Studentin den Anfang bilden, worin es sich um das Arbeits- und Erwartungsverhältnis zwischen Studentin und Professor handelt. Natürlich ist das alles humorvoll-ironisch und „cum grano salis" gemeint, doch zeigen sich in dieser rund fünfzig Redensarten enthaltenden Collage dennoch die verständlichen Ängste eines gestreßten Studentendaseins. Besonders gut gelungen scheint mir der Beginn des Gedichts mit der Betonung des lyrischen „ich" zu sein, das so furchtbar unter Streß steht und wegen so großer Arbeit nicht mehr ein noch aus weiß. In der Mitte kommt es dann in mehreren Zweizeilern zu der vielleicht erwarteten Gegenüberstellung von „er (Professor) – ich (Studentin)", und schließlich kehrt das Gedicht dann in den letzten drei längeren Strophen zurück zu der verängstigten und gequälten Studentin. Sicherlich können Leser dieses Gefühl nachempfinden, doch hoffentlich handelt es sich lediglich um einen „Angsttraum" – ich weiß natürlich nur zu gut, daß Jennifer Davis eine sehr gewissenhafte und gute Studentin war, die ihre Schreibarbeiten stets rechtzeitig ablieferte und sich in ihren Deutschkursen nie auf dem absteigenden Ast befand, wie es ihr Alptraum wahrhaben will:

Der Alptraum eines tüchtigen Studenten, der nach dem letzten Wort seiner Arbeit auf seiner Schreibmaschine eingeschlafen ist (1985)
   Jennifer Davis

Ich stehe unter Streß
Ich habe immer alle Hände voll zu tun
Arbeite wie ein Pferd
Komme aber nicht vom Fleck
Ich schiebe die Arbeit nicht auf die lange Bank

Plötzlich ist es ohnehin fünf vor zwölf
Ich mache Dampf dahinter und
Setze Himmel und Hölle in Bewegung
Aber die Themen sind böhmische Dörfer für mich
Ich verliere den Faden
Es klappt nicht wie am Schnürchen

Ich tappe im dunkeln
Ich schwebe in tausend Ängsten
Der Professor wird kurzen Prozeß mit mir machen
Ich will die Flinte ins Korn werfen

Stattdessen entschließe ich mich ihn zu überreden
Ich laufe von Pontius zu Pilatus und endlich finde
Ich ihn dann lüge ich das Blaue vom Himmel herunter
Ich spiele mit dem Feuer und mache aus einer
Mücke einen Elefanten
Aber es ist alles für die Katz'

Ich trete ins Fettnäpfchen
Er nimmt meine Aussage nicht für bare Münze
Sondern sieht durch die Sache
Ich bin in Teufels Küche gekommen

Er liest mir die Leviten
Ich will die Beine in die Hand nehmen

Er macht mir die Hölle heiß
Ich will mich aus dem Staube machen

Er macht Hackfleisch aus mir
Ich will Fersengeld geben

Er steigt mir aufs Dach
Ich will sang- und klanglos verschwinden

Er jagt mich zum Teufel
Ich muß die Zeche bezahlen

Ich hätte in den sauren Apfel beißen sollen
Und ihm die Wahrheit unverblümt sagen sollen
Er läßt sich nicht die Butter vom Brot nehmen
Ich hätte mir ein Herz fassen sollen und mich
Aufrichtig in die Höhle des Löwen begeben sollen
Ich war bei ihm gut angeschrieben

Ich habe über die Stränge geschlagen und
Bin auf frischer Tat ertappt worden
Ich bin nicht mit allen Wassern gewaschen
Ich habe meine weiße Weste beschmutzt und
Mußte meine schmutzige Wäsche waschen
Ich habe mir ein X für ein U vorgemacht und
Den Ast abgesägt auf dem ich saß
Und befinde mich auf dem absteigenden Ast
    (*Die schmale Leier*, 1985, S. 7-8)

Bei dem nächsten Gedicht handelt es sich um eine Spracharbeit, die von Susan Essex Luce 1989 verfaßt wurde und die sie dann in dem von meiner Assistentin Janet Sobieski herausgegebenen Büchlein „A Friend in Need is a Friend Indeed": A Festschrift for Professor Wolfgang Mieder on the Occasion of his Sixtieth Birthday (2004) zu meiner großen Überraschung und Freude als Geburtstagsgeschenk für mich veröffentlicht hat. Natürlich habe ich mich auch darüber gefreut, daß meine Studentin nach all diesen Jahren das Gedicht noch zur Hand hatte, was doch gewiß darauf schließen läßt, daß ihr unser Sprachkurs noch gut in Erinnerung war. In dem Gedicht selbst geht es um ihre Erfahrungen als amerikanische Studentin während eines einjährigen Studiums in Deutschland. Die etwa fünfzehn Redensarten sind geschickt miteinander verbunden und zeigen das sprachliche und emotionale Auf und Ab eines solchen Studienaufenthalts auf, wo man in der Tat am Anfang nur „Bahnhof versteht" und schließlich doch „Feuer und Flamme" ist, weil sich mit der Zeit alles zum Besten wendet. Es dürfte kaum Studierende geben, die nicht einen ähnlichen Vorgang während ihres Auslandsstudiums durchgemacht hätten. An Hand der emotional ausgerichteten Redensarten kommt ein ganz natürlicher und vor allem positiver Integrationsablauf zum Ausdruck:

Ausländische Erfahrung (1989)
 Susan Essex Luce

Zum Bahnhof kommen
und nur Bahnhof verstehen
oder gar nichts verstehen
und nicht genau wissen wo der Kopf steht
weil der Kopf vielleicht verloren ist.
Einen Bärenhunger haben
oder ein Bierchen trinken wollen
aber überhaupt nicht wissen
wo und mit wem gut Kirschen essen ist.
Ja, das Maß voll haben und denken,
daß der Bart ab ist.
Aber die Daumen drücken statt
den Daumen drehen
um ein Sonntagskind zu sein;
über die Runden endlich kommen

auf eigenen Füßen stehen
vielleicht sogar eine Runde ausgeben
wenn man Schwein hat.
Endlich Feuer und Flamme sein
mit einem unvergeßlichen und unersetzlichen und (natürlich)
superaffengeilen Erlebnis.
(Sobieski, „*A Friend in Need*", S. 41)

Wie bereits erwähnt, behandeln wir in unserem fortgeschritten
Sprachkurs unter anderem auch die Verwendung sprichwörtlicher
Sprache in Werbeschlagzeilen, wozu ich meinen jungen Leuten
zahlreiche Diasbelege aus Zeitungen und Zeitschriften zur Veran-
schaulichung vorzeige. Das hat meine Studentin Carolyn Poly Rossinsky dazu angeregt, gut sechzig Redensarten zu einer Collage zu
verarbeiten, die die vordergründige Manipulation durch die Werbung kritisch unter die Lupe nimmt. Sie zeigt auf, was die Werbung
alles tut und reagiert dann meist am Ende der zahlreichen Strophen
mit einer subjektiven Redensartenreaktion auf die manipulative
Kraft der Reklamebotschaften, also etwa „doch ich bin nicht hirnverbrannt", „da ärgere ich mich grün und blau", „denn ich bin völlig
im Bilde", „ich weiß, woher der Wind weht" usw. Deutlich stehen
sich die auf gängigen Redensarten beruhenden Werbeschlagzeilen
und die überlegene Klugheit der jungen Konsumentin gegenüber.
Und doch ist diese ganz am Ende ihres so überzeugenden Gedichts
bereit dazu, der Werbung einzugestehen, daß wohl ohne sie der
ganze Laden der modernen Konsumgesellschaft nicht funktionieren
würde:

Ich gehe der Werbung nicht auf den Leim (1992)
    Carolyn Poley Rossinsky

In der Manipulation sind die Werbetexter groß.
Sie versprechen uns alles in die Hand,
Und sie beteuern es hoch und heilig.
Sie setzen alle Hebel in Bewegung,
Doch ich bin nicht hirnverbrannt.

Mir können sie nicht das Fell über die Ohren ziehen,
Obwohl sie steif und fest darauf bestehen.
Sie versprechen uns goldene Berge,
Aber sie führen uns doch nur aufs Glatteis.
Da ärgere ich mich grün und blau.

„ÜBUNG MACHT DEN MEISTER"

Sie fassen jede Gelegenheit beim Schopf,
Immer den Nagel auf den Kopf zu treffen.
Doch die Wahrheit sagen sie nie,
Denn sie reden ja nur Kohl und Quark
Und haben nie was Wahres zu melden.

Sie kennen alle Schliche
Und machen dauernd viel Schmu.
Sie lassen uns im dunkeln,
Doch mich können sie nicht hinters Licht führen,
Denn ich bin völlig im Bilde.

Mich können sie für voll nehmen,
Denn ich habe die Weisheit mit großen Löffeln gefressen.
Ich bin nicht dumm wie Bohnenstroh.
Junges Gemüse fällt darauf hinein.
Ich bin nicht die Lackierte.

Sie machen nur schöne Worte,
Und sie reden ganz geschwollen.
Ich kann aber zwischen den Zeilen lesen
Und lasse mir kein X für ein U vormachen,
Denn ich lege ihre Worte auf die Goldwaage.

Sie schmieren uns Honig ums Maul.
Sie haben es faustdick hinter den Ohren.
Manipulieren können sie aus dem ff.
Dafür habe ich aber ein feines Ohr
Und lasse mich deswegen nicht übers Ohr hauen.

Sie sagen alles durch die Blume,
Aber das geht nicht über meinen Horizont.
Sie können mich nicht an der Nase herumführen,
Und sie schneiden sich in den Finger, wenn sie meinen,
Daß ich ihre Lügen für bare Münze nehme.

Es liegt auf der Hand,
Daß die Werbetexter sich über uns lustig machen.
Mit ihren Produkten spucken sie große Bogen.
Dann lachen sie sich heimlich ins Fäustchen
Und reiben sich die habgierigen Hände.

Sie sind ständig auf dem Sprung,
Uns auf Teufel komm raus zu manipulieren.
Es ist, um aus der Haut zu fahren.
Mir platzt der Kragen,
Und ich spucke gleich Gift und Galle.

Sie wollen, daß wir immer in ihr Netz gehen.
Halten sie uns für Narren?
Mich schicken sie nicht in den April,
Denn ich habe Grütze im Kopf
Und lasse mich nicht breitschlagen.

Mich können sie nicht in den Sack stecken.
Sie können mir auch keinen Sand in die Augen streuen,
Denn ich bin nicht von gestern.
Ich weiß, was die Uhr schlägt.
Ich weiß, woher der Wind weht.

Ich lasse mich nicht von ihrer Werbung für dumm verkaufen.
Ich weiß, daß ihre Worte nur falscher Zauber sind.
Doch schlügen sie nicht mit der Faust auf den Tisch
Und krakeelten sie nicht aus vollem Hals,
So würden sie verkaufen ...
NICHTS!
    (Mieder, „Deutsch reden", S. 137-139)

    Zeigt sich in diesem Gedicht die kommerzielle Unabhängigkeit
eines jungen Menschen, so bringt meine Studentin Valentina Griffin
in ihrem etwa zwanzig Redensarten anführenden Gedicht zum Ausdruck, daß sie eine ganz schön (ironisch gemeint) komplizierte
beziehungsweise „verzwickte" Person ist, die sehr gut ihre eigene
Frau (!) zu stehen weiß. Wer ihr in den Weg kommt, dem wird der
Kopf gewaschen, der wird auf den Arm genommen und dem wird
die Hölle heiß gemacht. Überhaupt ist ist diese junge Person resolut
und draufgängerisch veranlagt, die einem aber trotzdem ans Herz
wachsen kann. Und dann kommt am Ende des Gedichts der herrli-
che Überraschungseffekt! Normalerweise heißt es ja redensartlich
„mit jdm. ist *nicht* gut Kirschen essen", doch verdreht meine Studentin diese negative Aussage zu der absolut auf sie passenden
Aussage: „mit mir ist gut Kirschen essen!" Hier kommt auf ge-
glückte Art und Weise antiredensartlich zum Ausdruck, daß es sich
bei aller Unabhängigkeit und emanzipierter Individualität bei dieser

engagierten Person um jemanden handelt, die ein Herz für andere hat und mit der man gut auskommen kann. Die meist somatischen Redensarten verleihen diesem gefühlsechten Gedicht dabei die effektive Aussagekraft:

Eine verzwickte Person (2003)
> Valentina Griffin

Mein Name ist Hase:
Doch das dicke Ende kommt noch...
Nun schlägt's dreizehn,
und ich wasch' euch den Kopf:
Mit Ach und Krach verdiene ich mir meinen Respekt,
da verkauft ihr mich nicht so leicht für dumm.
Ich nehm' euch alle auf den Arm!
Bin kein alter Knacker sondern noch junges Gemüse,
noch beiß' ich nicht ins Gras.
Wenn ihr nicht aufpaßt, mach' ich euch die Hölle heiß!
Wenn ich mir etwas in den Kopf setze,
dann will ich gleich damit durch die Wand.
Ich werf selten Steine, doch schlag' oft Rat in den Wind!
Ich kann aus meiner Haut nicht raus -
doch das sollt' euch freu'n,
denn im Handumdrehen wachs' ich euch ans Herz.
Kurz und gut, klipp und klar,
ihr werdet euch im Kreise drehen:
Mit mir ist gut Kirschen essen!
> (*Die schmale Leier*, 2003, S. 10; auch
> in Mieder, *„Liebe macht blind"*, S. 223)

Während sich das Individuum in diesem Gedicht durchaus zu behaupten weiß und hoffnungsvoll in die Zukunft blickt, läßt allein schon der Gedichttitel „Ein tierisches Leben" von Jennifer Davis erkennen, daß es sich hier nun um ein negatives Lebensbild handelt, Man denkt unwillkürlich an das lateinische Sprichwort „Homo homini lupus", das als deutsche Lehnübersetzung im Wortlaut von „Der Mensch ist dem Menschen ein Wolf" bekannt geworden ist. Gut dreißig Redensarten, fast alle aus der Tierwelt, werden aneinandergereiht und zeigen auf, daß die Autorin als das „ich" des Gedichts sich in der modernen Welt bedroht fühlt. Das Leben ist voller Gefahr und ein ewiger Kampf, wie man es aus der Tierwelt kennt.

Doch einem solchen Tierdasein stellt Jennifer Davis das
Menschsein gegenüber, dem sie sich widmen will. Da soll wenigstens für sie das Sprichwort „Die großen Fische fressen die kleinen"
(vgl. dazu die Gedichte in meinem 2003 erschienenen Buch „*Die
großen Fische fressen die kleinen": Ein Sprichwort über die
menschliche Natur in Literatur, Medien und Karikaturen*) keine
Geltung mehr haben, und natürlich weigert sie sich auch als Wolf
im Schafspelz wie ein Tier ihr Leben zu fristen:

Ein tierisches Leben (1992)
     Jennifer Davis

Ich arbeite wie ein Pferd
Pack' den Stier bei den Hörnern
bis ich den Vogel endlich abschieße -
oder noch wahrscheinlicher -
schieße ich einen Bock indem
ich den Bock zum Gärtner mache
statt meine Schäfchen ins Trockene zu bringen.

Gedrängt wie die Heringe
stehe ich Schlange nur
um eine Katze im Sack zu kaufen denn
wie der Hase läuft weiß ich eigentlich nicht
und ich will sowieso keiner Fliege etwas zu leide tun
komm' aber deswegen öfters auf den Hund
und steh' wie ein begossener Pudel da.

Fast jeder hat ein Hühnchen mit mir zu rupfen
sie gehen nicht wie die Katze um den heißen Brei herum
sondern zeigen mir was eine Harke ist
obwohl mein Name Hase ist.

Ich fühle mich wie auf dem Trockenen
die anderen meinen daß ich Flausen im Kopf habe
daß ich einen Vogel habe
daß ich mich wie ein Elefant im Porzellanladen benehme
daß ich nur Eulen nach Athen trage
die Spatzen pfeifen es sogar von den Dächern
aber da liegt doch kein Hase im Pfeffer
weil ich noch wie ein Murmeltier schlafen kann.

Ich werde weiter wie ein Schießhund aufpassen
sogar in ein Wespennest greifen
aber niemals mich aufs hohe Pferd setzen
mein eigenes Nest beschmutzen
oder kleinere Fische essen
lieber arm wie eine Kirchenmaus aber
mich wohl fühlen in meiner eigenen Haut
als ein Wolf im Schafspelz
als ein Tier in diesem tierischen Leben.
(Mieder, „*Deutsch reden*", S. 48-49)

Von dieser die eigene Person betreffenden Lebensauffassung geht Daniel Gilfillan in seinem vorwurfsvollen Gedicht „Ein negatives Charakterbild" dazu über, einem problematischen Mitmenschen auf krasse Weise die Leviten zu lesen. An Hand von knapp dreißig Redensarten wird dieser Mensch abgekanzelt und zurechtgestaucht, daß am Ende kein gutes Haar mehr übrigbleibt. Angeprangert werden die Dummheit, Unehrlichkeit und Charakterlosigkeit des modernen Lebens, wo anscheinend dem Sprichwort gemäß „eine Hand die andere wäscht". Mit so einer Person will niemand etwas zu tun haben, was in der letzten Strophe durch die Aufnahme der beiden neueren Redensarten „Null Bock haben auf jdn. oder etwas" und „total tote Hose sein" bildhaft unterstrichen wird. Schließlich folgt als Abschluß auf diese Tirade gegen menschlich-allzumenschliche Unzulänglichkeiten noch das grundlegende Sprichwort „Ehrlich währt am längsten", dessen Beachtung möglicherweise eine soziale Besserung bewirken könnte:

Ein negatives Charakterbild (1992)
    Daniel Gilfillan

Sie haben nicht alle Tassen im Schrank,
Sie sind nicht recht bei Trost,
Sie haben einen Vogel
und haben immer ein Brett vor dem Kopf.

Sie sind ein falscher Fuffziger,
Sie lügen das Blaue vom Himmel herunter,
Sie binden allen einen Bären auf
und lügen stets, daß sich die Balken biegen.

Sie beißen in den sauren Apfel,
Sie machen einen Schnitzer,
Sie schlucken die bittere Pille
und schießen einen Bock.

Sie machen aus einer Mücke einen Elefanten,
Sie setzen Himmel und Hölle in Bewegung,
Sie gießen Öl ins Feuer
und hängen Ihr Mäntelchen nach dem Wind,
um eine weiße Weste zu haben.

Aber dann
stecken Sie Ihren Kopf in den Sand,
sehen Sie den Wald vor lauter Bäumen nicht,
drücken Sie ein Auge zu
und tappen immer noch im dunkeln,
weil Sie Ihre Hand nicht vor Ihren Augen sehen können.

Wir riechen Lunte,
weil es immer klarer wird,
daß eine Hand die andere wäscht,
und Sie viele Leute um den kleinen Finger wickeln.

Wir haben Null Bock auf Sie,
weil Sie total tote Hose sind.
Wir bitten Sie immer daran zu denken:
Ehrlich währt am längsten!
(Mieder, „Deutsch reden", S. 66-67)

Noch drastischer wird diese negative Einstellung gegenüber dem modernen Dasein von Adrienne Bean in ihrem Gedicht „Todesspiel" dargestellt, wo es sich um nur sehr indirekt ausgedrückte Aspekte des Leids, Verlusts und Todes handelt. Die Schuld und die Unmöglichkeit des Vergessens spielen ebenfalls mit hinein in dieses tiefe Gedicht, wo die leitmotivisch verwendete Redensart „Schwamm drüber" als volkssprachliche Formel für eine „tabula rasa" aller Verbrechen erfolglos bleibt. Die schwarzen Finger und leeren Hände, Symbole für böse Taten bzw. nicht vollbrachte gute Taten, sind nicht zu verdrängen. Das zeigt auch die Anspielung auf das Sprichwort „Was Hänschen nicht lernt, lernt Hans nimmermehr", denn „was Hans nicht lernt" zeigt in der Abwandlung von „Hänschen" zu „Hans", daß es keine Hoffnung auf Besserung gibt. Die Menschen werden oder

können nicht lernen, ihr gewagtes und gefährliches Spiel mit dem
Tod (Verbrechen, Mord, Holocaust usw.) zu unterbinden. So in etwa
dürfte die letzte sprachlich etwas erzwungene Zeile „es ist immer,
immer her", die sich mit der zweiten Zeile „es ist lange, lange her"
reimt, zu verstehen sein. Im Nachhinein glaube ich fast, daß meine
Studentin vielleicht eingängiger „es kommt immer, immer her" hätte
formulieren sollen (was aber keine Schulmeisterei meinerseits bedeuten soll):

Todesspiel (1993)
    Adrienne Bean

Die Finger sind schwarz, die Hände sind leer,
es ist lange, lange her.

Schwamm drüber!
das ist verlorene Liebesmühe
da ist Hopfen und Malz verloren
da kann man nichts machen
es ist zwecklos

Schwamm drüber!
das sind nur hohle Worte
über die Klinge springen
den Tod ins Auge fassen
mich über die Klinge springen
lassen

Schwamm drüber!
ich kam ich sah ich verweste
wer hat das Wort gebrochen?

Schwamm drüber!
was Hans nicht lernt

Schwamm drüber!

Die Finger sind schwarz, die Hände sind leer,
es ist immer, immer her.
    (*Die schmale Leier*, 1993, S. 13)

In ihrem zweiten Gedicht über „Die Anatomie der Leugnung" reiht
Adrienne Bean gut dreißig somatische Redensarten aneinander, worauf sie mit dem Wort „Anatomie" im Titel Bezug nimmt. Da geht es

um Phraseologismen, die sich auf die Körperteile Kopf, Hand, Fuß,
Auge, Arm, Schulter, Haar, Mund, Nase, Ohr, Zunge, Herz, Hals und
Finger beziehen. Doch aus dem Sprachspiel wird schnell Ernst, denn
offensichtlich dienen diese Redensarten wie so oft im alltäglichen
Sprachgebrauch dazu, sich vor der Wahrheit und Erkenntnis zu ver-
stecken. Irgendwie erscheinen sie lediglich dazu, sich vor der Ver-
antwortung zu verstecken, diese abzulehnen und zu leugnen. Und so
stehen am Ende dieses ethischen Gedichts die Mutationen des
Sprichwortes „Man muß das Kind beim Namen nennen", die die
Mitmenschen zu einem verantwortungsbewußten Leben auffordern.
Man kann die Schuld oder Verantwortung nicht auf andere verschie-
ben, denn sie gehören zu jeder Person: „Nenn das Kind beim Namen!
Es ist nicht / mein". Mit „mein" (besser vielleicht „meins" oder „mei-
nes") ist gemeint, daß das Problem nicht allein der Dichterin anhaftet
sondern allen verantwortlichen Menschen:

Die Anatomie der Leugnung (1993)
    Adrienne Bean

du weißt nicht, wo dir der Kopf steht
den Kopf du verloren hast
den Kopf du dir zerbrochen hast
um den Kopf in den Sand zu stecken
um es dir aus dem Kopf zu schlagen

es hat weder Hand noch Fuß
die Hände legst du in den Schoß
auf eigenen Füßen stehst du nicht
dabei wäschst du deine Hände in Unschuld
dabei bist du auf freiem Fuß

es hatte ein böses Auge
ein Auge hat es nicht zugedrückt
ins Auge ist es dir gefallen
um dir Sand in die Augen zu streuen
um dir ein Dorn im Auge zu sein

er hat noch einen langen Arm
die kalte Schulter zeigt er dir
am steifen Arm läßt er dich verhungern
dabei nimmt er es auf die leichte Schulter
dabei nimmt er dich auf den Arm

sie liegen sich in den Haaren
den Mund halten sie fest
an der Nase führen sie dich herum
ohne dir damit in den Ohren zu liegen
ohne ihnen die Zunge zu lösen

du machst aus deinem Herzen keine Mördergrube

zu Herzen hast du es genommen
den Hals drehst du dir gerne um
so hängt es dir zum Halse heraus
so läßt du die Finger nicht davon

du mußt das Kind beim Namen nennen
das Kind mußt du beim Namen nennen
beim Namen mußt du das Kind nennen

Nenn das Kind beim Namen!
Es ist nicht

mein.

(*Die schmale Leier*, 1993, S. 3)

Um die Verweigerung der Verantwortlichkeit geht es ebenfalls im folgenden Gedicht von meinem bosnischen Studenten Irjasen Sunj. Sein Gedicht enthält nur etwa dreizehn Redensarten, die jedoch offensichtliche Schlüsselfunktionen übernehmen, wie etwa die Wendungen „im gleichen Boot sitzen" gleich am Anfang, womit deutlich ausgedrückt wird, daß wir als Menschen wohl alle Schuld an der Weltmisere haben. Gut gemacht ist ebenfalls die Abwandlung von „jdm. reinen Wein einschenken" zu „Schenken sie gewiss / Einen vergifteten und unklaren Wein ein". Mit so viel Lüge und Unredlichkeit laden Menschen schwere Schuld auf sich, und die Tragödie liegt darin, daß der Weg zur Erkenntnis, Aufklärung und Wahrheit ein so mühseliger aber hoffentlich möglicher Lebensprozeß ist. Vor allem sollte man nicht nur Zuschauer dabei sein, sondern sich verantwortungsvoll und aufklärerisch am Daseinskampf beteiligen, so daß die biblische Redensart „Perlen vor die Säue werfen" keinen Wahrheitsanspruch mehr hat:

Zuschauer (2003)
    Irjasen Sunj

Trotz der inneren Verweigerung,
Sitzen sie im selben Boot wie der Täter,
Und früher oder später
Klopft an die schmerzende Wahrheit, die Ernüchterung.

Angeblich warfen sie Perlen vor die Säue,
Bekamen nichts mit,
Weil sie sich die Augen schmieren ließen.
Doch die Ohren!? Doch die Ohren!?
Sie warfen Perlen vor die Säue!

Millionen grelle Hilferufe
Lassen unbekümmerte Millionen
Nichts als heiße Luft vorbeiblasen.
Liegt euch nicht schwer im Magen,
Dass jemand den Brotkorb unerreichbar hoch hängen hat?
Es wird!

Sie essen gut Kirschen mit einem,
Doch auch am selben Tisch
Schenken sie gewiss
Einen vergifteten und unklaren Wein ein.

Schuld ist ihnen in den Schuhen festgenagelt.
Obwohl in dunklen und kalten Zeiten
Man leicht kalte Füße bekommt,
ist man nicht abgeschrieben,
bis man selber den Faden der Hoffnung,
An welchem die Erwartenden hängen,
Abzwickt und blutige Gedanken versucht zu säubern.

Doch die Natur wird lehren,
Denn die Düfte erinnern,
Und der Wind wird es auf deren Weg wehen.
Die Klänge erinnern,
Die Vögel werden es im passenden Moment singen.
Der Anblick erinnert,
Das Auge wird es erkennen.

Es wird sie treffen,
Sie innerlich quälen.
Sie werden die Hölle auf Erden erleben.
Und es wird ihnen am Herzen liegen,
Andere aufzuklären.
  (*Die schmale Leier*, 2003, S. 16)

Ein kürzeres aber dennoch auf über zehn Redensarten basierendes Gedicht ist mir von meiner ehemaligen Magisterstudentin Dorothee Racette als Geschenk zu meinem sechzigsten Geburtstag gewidmet worden. Man wird sich vorstellen können, wie mächtig ich mich darüber gefreut habe, besonders weil sein Titel „Suche" meiner Lebenseinstellung entspricht. Wenn wir eine bessere Welt aufbauen wollen, so müssen wir den Weg von einem verständlichen Kulturpessimisus zu einem lebensbejahenden Optimismus finden. Wir müssen uns der Suche nach Menschlichkeit in einer scheinbar lieblosen Gesellschaftsordnung widmen, und zwar ohne Angst sondern mit gesunder Zuversicht. Nächstenliebe, Zusammenarbeit und Engagement vermögen uns auf diesem Weg zu helfen: „Da heißt es einen Fuß vor den anderen setzen / Immer der Nase nach, die Furcht aus dem Nacken schütteln / und ihr auf die Zehen getreten!" Das geht nicht nur durch den Verstand, sondern ein guter Schuß Liebe gehört ganz gewiß dazu, wie es so wunderbar in der letzten Zeile dieses Gedichts ausgedrückt wird:

Suche (2004)
  Dorothee Racette

Ich zerbreche mir den kühlen Kopf,
Das Leben geht mir schwer von der Hand,
Ich stolpere über meine eigenen Beine
Und falle mir selbst in den Arm.
Da heißt es einen Fuß vor den anderen setzen,
Immer der Nase nach, die Furcht aus dem Nacken schütteln
Und ihr auf die Zehen getreten!

Wenn nicht alle Zeichen trügen, wird umgekehrt eine Einsicht daraus.
Nehmen wir also die Beine in die Hand,
Geben wir der Sache das richtige Gesicht,
Halten wir die Ohren offen, arbeiten wir Schulter an Schulter,

Stecken wir die Köpfe zusammen,
Dann kommen wir schließlich auf den rechten Fleck:
Man muß mit dem Herzen denken.
(Sobieski, „A Friend in Need", S. 35)

   Diese verständnisvolle Liebe muß sich nicht unbedingt nur auf
Mitmenschen beziehen, wie aus einer köstlichen Liebeserklärung
meiner Studentin Valentina Griffin hervorgeht. Ich erinnere mich
noch gut daran, wie sie ihr „Liebesgedicht" mit viel Humor und
Witz vor ihren Kommilitoninnen und Kommilitonen vorgetragen
hat. Die meisten von uns hängen genauso an unseren Haustieren,
die uns das Leben durch ihre bedingungslose Liebe versüßen. Natürlich zeigt dieses Gedicht auch ein souveränes Sprachspiel mit
fünfzehn bekannten Redensarten auf, die sich so passend auf den so
geliebten Hund beziehen, wie etwa „das ist ein dicker Hund", „ein
armes Würstchen sein" und „wie ein begossener Pudel dastehen".
Kurz gesagt, dieses Gedicht ist in der Tat „zum Schreien" in seiner
sprachlichen Komik und dem menschlichen Einfühlungsvermögen:

Liebeserklärung an meinen Lümmel:
Mensch, das ist ein dicker Hund! (2003)
      Valentina Griffin

Er sitzt dauernd auf seinen Ohren,
bringt mich auf die Palme -
doch lange kann man keinen Pik auf ihn haben,
denn ein Blick aus seinen honigfarbenen Augen,
und man schmilzt selber wie Honig davon.

Pantoffeln kaut er lieber als darunter stehen,
man merkt, wer hier die Hosen anhat!
Vor die Tür setz' ich ihn oft samt Hundehütte,
aber denkt nicht, daß er ein armes Würstchen ist.

Stolz, daß er ein Dackel ist,
steht Lümmel nie wie ein begossener Pudel da!
Bei mir gibt es dauernd "dog days".
Ich bin wohl völlig aus dem Häuschen,
denn in ihn bin ich total verknallt.

Da seid ihr wohl platt,
ein Liebesgedicht an einen Hund?

Ja, so was gibt's auch,
und ich bin mir sicher ich hab keinen Vogel,
sondern nur einen kleinen Hund!
Das ist doch zum Schreien - oder?
(*Die schmale Leier*, 2003, S. 8; auch
in Mieder, „*Liebe macht blind*", S. 144)

Ebenfalls um einen ausgesprochenen Überraschungseffekt handelt es sich in Veronika Lorenc Carters verheißungsvollem Gedicht
„Der Andere". Sie verarbeitet knapp zwanzig Redensarten, wobei
Texte wie „Liebe auf den ersten Blick", „unter dem Pantoffel stehen", „auf die Nerven gehen" und „gute Miene zum bösen Spiel
machen" vielleicht auf ein kompliziertes Liebesverhältnis unter Erwachsenen schließen lassen. Doch darum dreht es sich absolut
nicht. Auch hier erinnere ich mich wieder nur zu gut, wie meine
Studentin ihr Gedicht mit verschmitztem Gesichtsausdruck vor uns
vorgetragen hat. Wir erwarteten ganz einfach ein Ende dieser komplizierten und fragwürdigen Liebschaft, und dann kam plötzlich
„wie ein Blitz aus heiterem Himmel" die große Überraschung, denn
das Gedicht dreht sich um eine schöne Geschwisterliebe, wo sich
die ältere Schwester liebe- und gefühlsvoll an ihren jüngeren Bruder
erinnert. Trotz aller redensartlich ausgedrückten Frustrationen wie
„auf die Nerven gehen" und „die bittere Pille schlucken" wird am
Ende deutlich, daß der „kleine" Bruder der älteren Schwester ungemein viel bedeutet:

Der Andere (1997)
    Veronika Lorenc Carter

Es war nicht Liebe auf den ersten Blick,
als ich ihn zum ersten Mal traf.
Er sah mich mit aufgerissenen Augen an,
und ich wollte Himmel und Hölle in Bewegung setzen,
um mich aus dem Staube zu machen, woher ich kam.

Wir hatten viel Zeit uns auszuspionieren,
ohne dabei Kopf und Kragen zu riskieren.
Ich weiß, wie ich immer die erste Geige spielen wollte,
während er unter dem Pantoffel stehen sollte.

Er steckte seine Nase in alles hinein,
in Telefongespräche und alles was war mein.

Oft mußte ich gute Miene zum bösen Spiele machen,
sein teuflisches Verhalten war absolut nicht zum Lachen.
Manchmal ist er mir schrecklich auf die Nerven gegangen,
und hat sich wie ein Elefant im Porzellanladen benommen.
Ich habe meine Ungestörtheit wie ein Blitz aus heiterem Himmel
verloren,
und er hat wie Gott in Frankreich in Saus und Braus zu leben be-
gonnen.
Obwohl ich manchmal wegen ihm eine bittere Pille schlucken mußte,
gab es auch Momente, wo er sich wie ein Engel benehmen konnte.
Ihn so gut zu kennen habe ich Schwein,
ohne meinen Bruder würde mein Leben sinnlos sein.
(*Die schmale Leier*, 1997, S. 4)

Natürlich geht die Liebe nicht immer so positiv aus, wie aus den folgenden vier Gedichten meiner Studentinnen und Studenten hervorgeht. In meiner bereits erwähnten Anthologie *„Liebe macht blind": Sprichwörtliche Lyrik und Kurzproa zum Thema der Liebe* (2004) habe ich an Hand von 189 Texten von 120 Autorinnen und Autoren nachweisen können, daß sich die sprichwörtliche Metaphorik auch in der den vorgeformten Sprachklischees eher abgewandten Liebeslyrik niederschlägt. Liebe und Lyrik sind natürlich seit eh und je eng verbunden, wobei die rein romantische Liebeslyrik den Phraseologismen fremd gegenübersteht. Aber es gibt eben doch viele Liebesgedichte, die sich distanzierter mit dem differenzierten Liebesthema befassen. Die vielen Themen dieser auf Phraseologismen beruhenden Gedichte reichen von Gefühlsoffenbarungen bis zu vordergründigen Sexualbeschreibungen, wobei Aspekte wie Liebeserklärung, Partnerschaft, Ehe, Scheidung, Abschied, Enttäuschung, Glück, Leid, Erotik, Rollenspiel und Zusammenarbeit durch formelhafte Sprache verdeutlicht werden. Besonders somatische Redensarten treten wiederholt auf, um die Bedeutung der Liebe auf humoristische, ironische oder satirische Weise zu hinterfragen. Um die Dialektik vieler Liebesverhältnisse, die schließlich zum Abbruch führt, handelt es sich in dem Prosagedicht von meiner Studentin Jeanine Cogan mit dem redensartlich aufschlußreichen Titel „Katz und Maus spielen". Mehr als fünfzig Redensarten verdeutlichen, daß der Glaube an Liebe auf den ersten Blick auf einen Holweg führt, was durch eine Art „er –

sie" Zwiegespräch ausgedrückt wird. All dies aber führt darauf hinaus, daß das sogenannte Schlußmachen mit einem Liebesverhältnis eine problematisache Sache ist. Der psychologische Kampf jedoch läßt sich sehr überzeugend durch die Gegenüberstellung zahlreicher auf das Leben bezogener Phraseologismen verallgemeinern:

Katz und Maus spielen (1985)
  Jeanine Cogan

Wer an Liebe auf den ersten Blick glaubt ist auf den Holzweg
sie sieht alles durch eine rosa Brille
er will an Boden gewinnen um sein Schäfchen ins Trockene
zu bringen
ihr hängt der Himmel voller Geigen es ist höchste Eisenbahn
daß einer sie unter seine Fittiche nimmt
er lacht sich ins Fäustchen und versucht Druck auf sie
auszuüben so daß er weiter in Saus und Braus leben kann
außer Rand und Band wie Gott in Frankreich
sie soll alle anderen Brücken hinter sich abbrechen damit
er immer die erste Geige spielen kann
er soll rund um die Uhr den Ausschlag geben doch er haut
auf die Pauke und macht einen langen Salm und frisst die
Weisheit mit Löffeln
sie darf keinen berücken
er darf alle einwickeln
sie will bis in die Puppen tanzen
das sind böhmische Dörfer für ihn
sie hängt ihr Mäntelchen nach dem Wind schluckt die bittere
Pille so daß alles wie am Schnürchen klappt und nichts
drunter und drüber geht
er trägt Eulen nach Athen um ein Haar in der Suppe zu finden
lässt ihr kein gutes Haar
sie schiebt es auf die lange Bank und nimmt ein Blatt vor
den Mund es ist unnötig aus einer Mücke einen Elefanten
zu machen
er reagiert darauf sauer und kann nur noch rot sehen denn
sie soll unverblümt sagen was ihr auf dem Herzen liegt
schon wieder ist sie wie ein Blitz aus heiterem Himmel in
Teufels Küche geraten
sie will auf keinen Fall diese glänzende Liebe in die Binsen

gehen lassen sie fasst sich ein Herz und macht reinen Tisch
doch wieder baut sie Luftschlösser
alles bleibt beim Alten
ihr geht ein Licht auf als er Krokodilstränen vergießt sie
hat sich ins Bockshorn jagen lassen sie tappte im dunkeln
jetzt hängt es ihr zum Halse heraus und will nicht mehr wie
die Katze um den heißen Brei herumgehen sondern sie macht mit
ihm kurzen Prozeß
wie entflieht man dem allmählichen Schlußmachen...
...das mag der Kuckuck wissen!
 (*Die schmale Leier*, 1985, S. 17)

Im folgenden Gedicht von Geoffrey L. Belanger verrät bereits
der Titel „Einsam in einem Boot" auf metaphorische Weise, daß
etwas mit dem dargestellten Liebesverhältnis nicht zu stimmen
scheint. Eigentlich sollten zwei Verliebte der Redensart entsprechend gemeinsam und nicht einsam im selben Boot sitzen! Hier
aber erfährt man, daß es laut fast dreißig integrierten Redensarten
allerhand Probleme gibt. So hat das Verhältnis einen Haken, und
möglicherweise wird man nicht mit einem blauen Auge davon-
kommen. Das Gedicht handelt deutlich von verlorener Liebe, und
doch dringt irgendwie immer wieder das Gefühl durch, daß doch
noch alles gut ausgehen könnte. Der Mann scheint bereit zu einem
neuen Anfang zu sein, wenn seine Geliebte nur willens ist, kein
Brett vor dem Kopf zu haben und alles mehr oder weniger durch die
rosa Brille zu sehen, d.h., daß sie ihm möglicherweise für seine Unzulänglichkeiten vergeben kann. So könnte aus der erfahrenen Einsamkeit doch wieder die so erwünschte Zweisamkeit entstehen, und
sie wären wieder glücklich im selben Boot:

Einsam in einem Boot (1994)
 Geoffrey L. Belanger

Die Sache hat einen Haken,
das stimmt schon,
aber keine Trübsal blasen.

Ich hätte nicht
einen Riesenkrach schlagen,
Gift und Galle spucken,
das Blaue vom Himmel herunterlügen,

ihr ein X für ein U vormachen,
einen Streit vom Zaun brechen,
ihr ein Schnippchen schlagen,
ihr einen Strich durch die Rechnung machen,
sollen.

Aber ich bringe mein Schäfchen ins Trockene.
Sie wird bald meinen, daß
ich mein Herz auf dem rechten Fleck habe;
ich keiner Fliege etwas zuleide tue;
ich ihr kein Haar krümme.

Doch habe ich bei ihr einen Stein im Brett.
Sie wird sich errinnern, daß wir
uns wie ein Ei dem andern gleichen;
uns wieder in einander verknallen;
uns auf den ersten Blick verlieben;

Oder rede ich Quatsch mit Soße?
Hat sie kein Brett vor dem Kopf?
Sieht sie den Wolf im Schafspelz?
Trägt sie nicht die rosa Brille, die
ich ihr als Geschenk gab?
Ist sie nicht von gestern?!?

Sie bleibt doch am Ball
und packt den Stier
bei den Hörnern.

Ich komme mit einem blauen Auge
nicht davon.

Der Bart ist ab,
darauf kannst du Gift nehmen,
oder selbst
eine bittere Pille,
wie ich.

Und da kräht schon
mein Hahn danach.
        (*Die schmale Leier*, 1994, S. 5-6; auch
        in Mieder, *„Liebe macht blind"*, S. 216-217)

Es ist interessant zu bemerken, daß die beiden Redensarten „jdm. ein X für ein U vormachen" und „ein Wolf im Schafspelz sein" in dem Gedicht von Sara Holub erneut auftauchen. Doch während Geoffrey Belanger trotz dieser negativen Ausdrücke einen Hoffnungsschimmer am Horizont sieht, benutzt Sara Holub diese sprachliche Fertigware gleich in der ersten Strophe ihres Gedichts, um dem Geliebten ein für alle Mal die Leviten zu lesen. Mit dem Leitmotiv „Du denkst" und den darauf folgenden Aussagen drückt sie deutlich aus, daß das Verhältnis vorbei ist. Sie ist nicht von gestern und bricht alle Brücken ab, indem sie sich ein Herz faßt und sich ihre Freiheit zurückerobert. Sie weiß, daß sie mit dem Feuer der Liebe gespielt hat und sich dieses Mal die Finger verbrannt hat, aber nun ist Schluß, was die einfache Formel „Auf Wiedersehen" deutlich zu erkennen gibt:

Ich verlasse die Höhle des Löwen (1997)
  Sara Holub

Du denkst,
daß du mir ein X für ein U vormachen kannst.
Aber du bist verkehrt gewickelt.
Jetzt kann ich klar sehen,
Du bist ein Wolf im Schafspelz.

Du denkst,
daß du mich mit deiner falschen Liebe und falschen
Freundlichkeit hereinlegst.
Aber das kannst du nicht.
Ich bin nicht von gestern.
Meine Liebe ist für dich von der Bildfläche
verschwunden.

Ich breche alle Brücken hinter mir ab.
Ich will mir ein Herz fassen.
Nicht mehr kräht kein Hahn nach mir.
Ich habe mit dem Feuer gespielt und mir die Finger
verbrannt.
Nicht mehr! Auf Wiedersehen!
  (*Die schmale Leier*, 1997, S. 19; auch
    in Mieder, *„Liebe macht blind"*, S. 222)

Gereimte Gedichte meiner Studierenden sind eher selten, doch
Namik Sevlić, ein weiterer aus Bosnien nach Amerika gekommener
Student, hat es in seinem Gedicht „Liebesplage" versucht. Sein Gedicht enthält nur ein halbes Dutzend Redensarten, darunter erneut
die Wendung „sich die Finger verbrennen" des vorhergehenden
Textes. Auch Namkin Sević gibt bekannt, daß er sich von der Liebe
abwendet, die ihm nach mehreren Mißerfolgen gestohlen bleiben
kann. Er räumt das Feld, nimmt Abschied von der Liebe (wenigstens vorübergehend), und ist „auf das Freier Leben gekommen".
Diese letzte Aussage ist in ihrem Wortlaut auf großartige Weise
zweideutig, denn sie kann einmal bedeuten, daß er sich als freier
Mensch fühlt und zum anderen daß er bereits wieder um neue Frau-
en freit. Im Moment will das Gedicht aber wohl doch ein Abschied
und eine Befreiung von der Liebe zum Ausdruck bringen, aber wer
weiß was kommt?

Liebesplage (2003)
    Namik Sevlić

Ich habe mir schon mal die Finger in der Liebe verbrannt
mich mit meinen Beziehungen etliche Male verrannt
Ich habe Haut und Haar in Freuden investiert
neben dem Gesetz haben nur Weiber mich regiert

Ich tanzte nach der Liebe Pfeife
in meinem Leben fand ich keine Reife
Ich ließ mir von niemandem etwas sagen
die Liebe gab mir keine Zeit zu fragen

Ich schien nicht ganz bei Trost zu sein
nach einer Liebe kam die andere rein
Ich fing an mich herumzutreiben
nun kann mir die Liebe gestohlen bleiben

Ich habe endlich das Feld geräumt
mir ein anderes Leben erträumt
Ich habe von der Liebe Abschied genommen
und bin auf das Freier Leben gekommen
    (*Die schmale Leier*, 2003, S. 13; auch
    in Mieder, *„Liebe macht blind"*, S. 118)

Doch jung wie meine guten Studentinnen und Studenten nun einmal sind, sehen sie die Liebe in ihren redensartlichen Gedichten doch immer wieder auch als etwas sehr Positives und Schönes. Das zeigt bereits der die Redensart „Öl ins Feuer gießen" abwandelnde Gedichttitel „Öl ins Liebesfeuer" von Susan Powers. Durch knapp zwanzig Redensarten dreht es sich hier um metaphorisch und dennoch direkt ausgedrückte Liebe, die die Erotik und wohl auch Sexualität einschließt. So handelt es sich um unverblümt geforderte Liebe, worauf der erwünschte Partner Gift nehmen kann, wie es wiederholt prophezeit wird. Diese Liebe auf den ersten Blick läßt den Himmel voller Geigen hängen, und so sind die Würfel gefallen für ein „tolles" Liebesverhältnis. Kein Wunder, daß die Partnerin die Gelegenheit beim Schopf faßt und und ungestüm ausruft: „Ich möchte Öl ins / Feuer gießen. / Heiß soll alles sein". Einem solchen Angebot wird sich der Partner nicht entziehen wollen, es sei denn, er hat nicht alle Tassen im Schrank:

Öl ins Liebesfeuer (1994)
    Susan Powers

Im Zaum
kann ich mich
nicht halten.
Und meine Gefühle
zeigen sich schon.
Alle Tassen
habe ich nicht
im Schrank.
Und ich möchte
mich um deinen Körper
herumdrehen.

Ich bekomme Gänsehaut,
wenn du mir ins Auge fällst.

Sag es mir unverblümt!
Gehe nicht wie die Katze
um den heißen Brei herum!
Sag mir, wo mir der Kopf
steht!
Wir können doch

etwas aus dem Schornstein
rausholen.
Darauf kannst du Gift nehmen!
Darauf mußt du Gift nehmen!
Neben dir,
ruhig, ruhig,
möchte ich liegen.

Ins Ohr
möchte ich dir flüstern:
Schatz,
keinen Schwamm drüber.

Es war Liebe auf
den ersten Blick.
Und mir hängt der Himmel
voller Geigen.

Ich fiel aus allen Wolken.
Ich fiel aus allen Wolken.

Die Würfel sind gefallen,
Darauf kannst du Gift nehmen.
Ich packe die Gelegenheit
beim Schöpf.

Ich möchte Öl ins
Feuer gießen.

Heiß soll alles sein.
    (*Die schmale Leier*, 1994, S. 22-23; auch
    in Mieder, *„Liebe macht blind"*, S. 218-219)

Feuer und Flamme für ihren Geliebten ist auch Colleen Crook
in ihrem kurzen aber dennoch auf sieben Redensarten beruhenden
Gedicht, wobei gleich drei das Feuer, sprich „Liebesfeuer", ins Ge-
spräch bringen. Die Autorin ist selbstsicher und stark, aber scheinbar liebt der Auserwählte sie (noch) nicht. Was ist zu tun? Sprichwörtlich will sie sich ein Herz fassen und ihm ganz offen ihre Gefühle als moderne Frau mitteilen. Sie ergreift die Initiative und baut
die Herzmetapher hoffnungsvoll mit der weiteren Redensart „sich
ein Herz nehmen" aus. Vielleicht wird doch etwas aus der Sache,

und so ruft sie dem Mann „Paß auf!" zu, denn sie scheint um ihre
erotische Macht zu wissen:

Paß auf! (1997)
    Colleen Crook

Bin Feuer und Flamme
brenne mächtig
werde mit Studium versorgt
bin voller Kraft und selbstsicher.

Habe auch einen Liebling
werde für ihn durchs Feuer gehen
aber er muß nicht mit meinem Herzen
dem Feuer spielen.

Ich schütte mein Herz aus
wie das Kind mit dem Badewasser.
Ich liebe ihn aber er liebt mich nicht.
Ich muß mir ein Herz fassen
und erzähle ihm, was meine Gefühle sind.
Vielleicht wird er es sich zu Herzen nehmen.
        (*Die schmale Leier*, 1997, S. 2; auch
        in Mieder, *„Liebe macht blind"*, S. 133)

In einem zweiten Gedicht von Colleen Crook wird der erhoffte Partner sogar im Titel mit Namen genannt. Mit über zwei Dutzend Redensarten erklärt sie ihm erneut ihre Liebe, woran er sich die Finger
verbrennen könnte, indem er sie um den kleinen Finger wickelt.
Auch nennt sie ihn ein Sonntagskind, das immer Schwein haben
wird. Nur für ihn ist sie da, und sie wird ihm auf die Sprünge helfen
und für ihn Kopf und Kragen riskieren – alles aus Liebe! Diesen
Partner will sie erobern, und das ist absolut kein Märchen, wie
gleich eingangs festgestellt wird:

An Ryan (1997)
    Colleen Crook

Komm doch Kleinchen,
ich habe mit Dir ein Hühnchen zu rupfen.
Ich erzähle Dir kein Märchen.
Ich sauge mir das nicht aus den Fingern.

Ich sehe, wie Du die flackernde Flamme anschaust.
Aber wenn Du mit Feuer spielst,
verbrennst Du Dir die Finger.
Das mußt Du früh lernen.

Du mußt keinen Finger rühren,
um meine Liebe zu bekommen.
Du mußt nur lächeln,
um mich um den kleinen Finger zu wickeln.

Jetzt gehst du im Gänsemarsch zur Schule,
aber wenn Du auf freiem Fuß in der weiten Welt stehst,
errinnere Dich, was ich gesagt habe.
Du wirst die Welt im Sturmschritt nehmen.
Ich bekomme Gänsehaut, wenn ich daran denke.

Du wirst auf dem Holzweg sein.
Du wirst in Teufels Küche kommen,
So viel habe ich schon bemerkt.
Aber wenn Du den Kopf nicht verlierst,
wirst Du auf einen grünen Zweig kommen.

Es wird Wölfe in Schafspelzen geben,
aber Du wirst doch ein schönes Mädchen finden.
Vielleicht wird es Liebe auf den ersten Blick,
und Du wirst an ihren Lippen hängen.

Laß sie nicht weggehen,
das kommt alle Jubeljahre vor.
Sei kein Pantoffelheld,
sondern sei ein Partner.

Denkst Du, daß ich vom Hundertsten ins Tausendste komme?
Meine Rede kommt schnell zu Ende.
Du wirst überall Schwein haben.
Du bist ein Sonntagskind.

Du mußt mich auf dem Laufenden halten.
Ich möchte Dir auf die Sprünge helfen.
Ich werde für Dich Kopf und Kragen riskieren.
Warum? Weil ich Dich liebe.
    (*Die schmale Leier*, 1997, S. 17; auch
    in Mieder, *„Liebe macht blind"*, S. 220-221)

Ein ähnliches nur in kleinen Buchstaben verfaßtes Gedicht liegt von Valentina Griffin vor, wo der Titel „die ungeschminkte wahrheit" zu verstehen gibt, daß es sich darin um ganz ehrliche Gefühlsoffenbarungen und Wünsche handelt. Ein Phraseologismus reiht sich an den anderen, so daß dieses nur fünfzehn Zeilen umfassende Gedicht zu einer bildreichen Aussage über die Hoffnung auf die wahre Liebe wird. Ist Colleen Crook bereit, für ihren Partner redensartlich Kopf und Kragen zu riskieren, so ist es nun Valentina Griffin, die willens ist, dies für ihren erhofften Geliebten zu tun. Sie möchte, daß sie beide eine Zweisamkeit bilden, wo sie ganz weg und in ihn verschossen ist und er total in sie verknallt ist, so daß sie schließlich Sterne im siebten Himmel sehen. In der Tat ist das keine hirnverbrannte Idee, und wie ich meine Studentin vor ihrer Abreise nach Deutschland zum Magisterstudium an der Universität Augsburg mit ihren eigenen Worten versicherte, wird es „irgendwann schon klappen" mit der wahren Liebe:

die ungeschminkte wahrheit (2003)
    Valentina Griffin

ich geh der einsamkeit aus dem weg
will ganz weg sein
in ihn verschossen
daß er total in mich verknallt ist
ganz verrückt nach mir
mich in watte packt
und mir nichts vormacht
kopf und kragen für mich riskiert
sich dabei nicht den köpf zerbricht
vor dem ich mich nicht verstecken muß
wo ich mir nicht das herz verkorkse
wo wir beide Sterne im siebten himmel sehen
das ist nicht mit gold zu bezahlen
ist doch keine hirnverbrannte idee
muß irgendwann schon klappen
    (*Die schmale Leier*, 2003, S. 2; auch
    in Mieder, *„Liebe macht blind"*, S. 22)

Auf dieses kurze und doch gefühlvolle Gedicht möge nun das kürzeste Liebesgedicht aus meiner Sammlung folgen. Ich erinnere mich noch gut daran, daß ich zuerst Schwierigkeiten damit hatte, doch klärte mich meine Studentin Erin Regan rasch auf. Die Sache ist doch ganz einfach, meinte sie, und beschrieb ihren Arbeitsvorgang folgendermaßen: Sie hatte sich entschlossen, ein Gedicht über die Liebe zu schreiben, und sie wußte auch, daß sie mit der Redensart „Liebe auf den ersten Blick" anfangen wollte. Nun brauchte sie aber weitere Phraseologismen, worin das Wort „Liebe" vorkam. So griff sie zu Horst und Annelies Beyers *Sprichwörterlexikon* (1985), wo sie auf Anhieb rund hundert Sprichwörter (S. 367-368) mit dem Wort „Liebe" vorfand. Daraus wählte sie folgende acht Texte aus: „Liebe ist blind", „Keine Liebe ohne Leid", Alte Liebe rostet nicht", „Genuß tötet Liebe", „Geld kann viel, Liebe kann alles", „Liebe macht nicht satt", „Die erste Liebe ist die beste" und „Große Liebe, großer Schmerz". Indem sie weiterblätterte, fand sie noch das Sprichwort „Liebes geht über Schönes" (S. 515), und dann machte sie aus den neun Sprichwörtern und der Eingangsredensart ihr fünfzeiliges Gedicht. Dabei enthält das Titelwort „Liebe" genau das Wort, das in dieser Collage aus den Phraseologismen gestrichen wurde. Und was kommt bei diesem Spiel mit der Sprache heraus? Kein lyrisches Liebesgedicht, aber doch eine kurz und bündige, metaphernreiche Aussage über alltäglich erfahrene Aspekte der Liebe, das Posotive wie das Negative, und wohl auch wieder irgendwie die Feststellung, daß ein Leben ohne Liebe keinen Wert hat:

Liebe (2003)
 Erin Regan

Auf den ersten Blick. Ist blind.
Geht über Schönes. Keine ohne Leid.
Alte rostet nicht. Genuß tötet.
Geld kann viel. Macht nicht satt.
Die erste ist die beste. Großer Schmerz.
 (Mieder, *„Liebe macht blind"*, S. 30)

Damit ist das letzte Gedicht von Betsy Pennebaker erreicht, die inzwischen an der berühmten Oxford Universität in England promoviert hat. Es ist das zweitkürzeste dieser Sammlung von studentischen Redensartengedichten, und es enthält von allen die wenigsten Phraseologismen, nämlich nur die beiden Texte „jdm. etwas unverblümt sagen" und „jdm. etwas durch die Blume sagen". Kein Wunder also, wenn der ebenfalls lakonische Titel schlicht „Blumen" heißt. Zur Sprache gebracht wird in dieser lyrischen Naturstimmung das Schicksal einer gescheiterten Liebe:

Blumen (1994)
      Betsy Pennebaker

Du liebtest mich
Du sagtest es mir im Herbst unverblümt
Und der Winter kam und blühte
Die Sonne lachte und der Schnee glühte
Nachdem der Schnee verging fandest du
Du liebtest mich nicht mehr
Du sagtest es mir durch die Blumen
Die in jenem Frühling überall zu finden waren
Aber meine Seele welkte
      (*Die schmale Leier*, 1994, S. 2; auch
      in Mieder, *„Liebe macht blind"*, S. 82)

Fast hätte ich damals als pedantischer Professor die Zeile „Du sagtest es mir durch die Blumen" verschlimmbessert, das heißt, ich wollte mit meinem Rotstift zuerst „Blumen" der gängigen Redensart entsprechend zur Singularform „Blume" ändern. Doch meine sehr gute Studentin hatte natürlich ganz bewußt die Pluralform sinngemäß eingesetzt. Meine Kolleginnen und Kollegen waren vor gut zehn Jahren von diesem Gedicht ebenso beeindruckt wie ich, und mit Stolz sind wir der Meinung, daß es zu einigen der besten sprichwörtlichen Gedichte gehört, die sich ja oft auf die phraseologische Blumensprache beziehen. Zweifelsohne ist dies nicht nur ein Gelegenheitsgedicht, daß für einen Stilistikkurs als Pflichtübung geschrieben wurde. Es hält den Ansprüchen lyrischer Erwartungen durchaus stand, indem es den Verlust der Liebe durch die Herbst- und Winterstimmung sowie das Verwelken der symbolischen Blumen verbildlicht und dies alles auf die leidende Menschenseele bezieht.

     Lob aber verdienen meiner Meinung nach alle zweiundzwanzig hier vorgestellten Redensartengedichte. Sie zeigen auf überzeugende Weise, daß es sich im Fremdsprachenunterricht sehr gut kreativ mit Redensarten und Sprichwörtern arbeiten läßt. Es ist ja nun einmal eine Binsenweisheit, daß Phraseologismen jeglicher Art erst im Kontext einen Sinn ergeben, und so ist es für Studierende ungemein wichtig, mühsam gelernte Ausdrücke der Volkssprache in ihre mündliche und schriftliche Kommunikation einzubauen. Dabei habe ich wieder-

holt feststellen können, daß gerade die Formulierung von Kurzprosatexten und Gedichten meinen jungen Leuten ungemein viel sprachliche und gedankliche Freude macht. Um wenigstens zu verdeutlichen,
was es mit solchen Prosatexten auf sich hat, seien noch zwei Beispiele von einem Studenten und einer Studentin zitiert, die auch mit je
einem Gedicht in diesem Beitrag vertreten sind.

Bei dem ersten Text von Namik Sevlić handelt es sich um eine
Redensartencollage um das „Herz", wo es diesem jungen Schriftsteller gelingt, tief in die möglichen Sprach- und Gefühlslagen ein-
zudringen. Zum Nachdenken zwingt dabei ebenfalls die Wortschöp-
fung „Herzgut" des Titels:

Herzgut (2003)
Namik Sevlić

Soll ein starkes Herz auf dem rechten Fleck sein, auch wenn es oft
gebrochen wird? Soll man es öffnen oder geschlossen lassen? Kann
man hineinschauen, es aushängen? Ob man es für den Glauben hin-
gibt, an die Liebe verschenkt, oder es sprechen läßt, es wird ihm
immer weh getan. Es wird einem warm, wenn es endlich ruht, doch
es wird schwach, wenn es die Zeit berührt. Es wird erobert und mit
den Füßen getreten, bis es endlich stehenbleibt. So manches kann
man auf dem Herzen haben, doch was nutzt es, wenn man vergißt
sein Herz zu fragen.
       (Mieder, *„Liebe macht blind"*, 2004, S. 134)

Ein ganzes Leben rinnt in diesen wenigen Zeilen vorbei, und doch
drückt der Schluß aus, daß es das Herz ist, was uns zu wahrhaften
und verständnisvollen Menschen macht, die an das Gebot der Nächstenliebe glauben und dementsprechend handeln.
    Zu guter Letzt nun dieser Kurzprosatext von Erin Regan, wo
nochmals eine Unmenge an Redensarten und Sprichwörtern scheinbar nur gekoppelt werden. Doch führt diese Collage schnellstens
zum Nachdenken, was auch durch die eingebauten Fragestellungen
bedingt wird. Wie in ihrem ähnlichen bereits zitierten Gedicht geht
es um die das ganze Leben umfassende Liebe und das damit verbundene Leid:

Liebe und Leid (2003)
Erin Regan

Man sagt Geld kann viel, Liebe alles. Manchmal heißt es Liebe auf
den ersten Blick oder einfach Liebe ist blind. Rostet alte Liebe tat-

sächlich nicht? Braucht man Liebe wirklich nicht zu lernen? Hat
Liebe im Ernst kein Alter? Liebe geht durch den Magen, aber Liebe ohne Schmerz bewegt kein
Herz. Wer Liebe stiehlt, ist kein Dieb. Was Liebe tut, ist alles gut.
Der Liebe ist kein Ding unmöglich. Die Liebe kommt vom Sehen.
Die erste Liebe ist die beste. In Nöten geht die Liebe flöten.
Wer liebt wird leiden, aber wer nicht leidet wird nicht lieben.
(Mieder, „*Liebe macht blind*", 2004, S. 225)

Obwohl all diese Sprichwörter „nur" aufgezählt werden, ergibt sich
dennoch eine gewisse Widersprüchlichkeit, die erkennen läßt, daß
Sprichwörter nun einmal keine Universalweisheiten sind und sich
widersprechen wie das Leben selbst. Auf das Sprichwort „Keine
Liebe ohne Leid" wird offensichtlich im Titel angespielt, und diese
Weisheit wird am Ende in einem sprichwörtlich anmutenden Satz
mit für Sprichwörter typischer Parallelstruktur noch einmal wiederholt. Aber dabei handelt es sich nicht um ein belegtes Sprichwort
sondern um eine Erfindung der jungen Autorin.

Das aber zeigt, wie alle hier abgedruckten Texte, daß meine
Studentinnen und Studenten eine beachtliche Meisterschaft im Gebrauch von Redensarten und Sprichwörtern erreicht haben. Natürlich verwenden sie diese ebenfalls im normalen Sprachgebrauch,
aber ihre dichterischen Leistungen sind doch etwas wirklich Besonderes, worauf sie zweifelsohne stolz sein können. Ihre Gedichte
gehen weit über phraseologische Sprachspielereien hinaus. Sie zeigen ihre stilistischen Sprachfähigkeiten auf und verdeutlichen, daß
junge Leute gerade am kreativen Sprachunterricht ihre Freude haben. Inzwischen sind einige sogar weiterhin schriftstellerisch in der
Fremdsprache sowie ihrer Muttersprache tätig, auch wennn es sich
nicht immer nur um sprichwörtliche Lyrik handelt. Aber es muß ja
nicht immer Kaviar sein, um es redensartlich auszudrücken. Eines
aber kann mit Überzeugung festgestellt werden: Was ihre sprichwörtlichen Gedichte betrifft, so können sich meine Studentinnen
und Studenten mit den zahlreichen deutschsprachigen Schriftstel-
lern messen, die über Jahrhunderte hinweg solche Texte verfaßt
haben. Zwar sagt ein Sprichwort „Es ist noch kein Meister vom
Himmel gefallen", aber dennoch gilt ohne Zweifel auch das andere
Sprichwort „Übung macht den Meister", und die sprichwörtlichen
Sprachübungen haben meine jungen Leute zu beachtlichen Mei-
stern in der deutschen Sprache und Literatur gemacht.

Bibliographie

Besserer, Janet. „*Noch ist das Lied nicht aus*": *Die Funktion von Sprichwörtern und sprichwörtlichen Redensarten im Werke Rose Ausländers*. Magisterthese University of Vermont, 1995.

Besserer, Janet. „'Es heisst / zwischen den Zeilen / das Unsagbare / sagen': Sprichwörtliche Sprache in der Lyrik Rose Ausländers." *Proverbium: Yearbook of International Proverb Scholarship*, 13 (1996), 1-23.

Beyer, Horst und Annelies. *Sprichwörterlexikon. Sprichwörter und sprichwörtliche Ausdrücke aus deutschen Sammlungen vom 16. Jahrhundert bis zur Gegenwart*. München: C.H. Beck, 1985.

Bräutigam, Kurt. „Volkstümliche Redensarten in Nadlers Mundartgedichten." *Wie mer redde un schwätze: Mundarten zwischen Rhein und Tauber, Main und Murg*. Hrsg. Rudolf Lehr und Paul Waibel. Karlsruhe: Badenia, 1980. 14-22.

Daniels, Karlheinz. „Erich Kästner als Sprach- und Gesellschaftskritiker dargestellt an seiner Verwendung sprachlicher Schematismen." *Wörter: Schätze, Fugen und Fächer des Wissens: Festgabe für Theodor Lewandowski*. Hrsg. Hugo Aust. Tübingen: Gunther Narr, 1987. 191-206.

D'Aran, Alena. „*Auch von Sprichwörtern lebt der Mensch*": *Der Gebrauch von biblischen Sprichwörtern in der modernen deutschsprachigen Lyrik*. Magisterthese University of Vermont, 2001.

Fernandez Bravo, Nicole. „Rhetorik und Phraseologie im Text 'Das Lied von der großen Kapitulation' (in Bertolt Brechts Mutter Courage und ihre Kinder)." *Phraseologiae Amor: Aspekte europäischer Phraseologie. Festschrift für Gertrud Gréciano*. Hrsg. Annelies Häcki Buhofer, Harald Burger und Laurent Gautier. Baltmannsweiler: Schneider Verlag Hohengehren, 2001. 135-149.

Goy, Eva-Maria S. „*Erst kommt das Fressen, dann kommt die Moral*": *A Proverbial Analysis of Bertolt Brecht's „Mutter Courage und ihre Kinder"*. Magisterthese University of Vermont, 1990.

Griesbach, Heinz und Dora Schulz. *1000 deutsche Redensarten. Mit Erklärungen und Anwendungsbeispielen*. Berlin: Langenscheidt, 2001 (1. Aufl. 1961).

Hornung-Jechl, Maria. „Wiener Redensarten in Josef Weinhebers Wien wörtlich." *Muttersprache*, 68 (1958), 142-147.

Kühn, Peter. „'Das schießt denn doch der Krone den Gipfel ab!' Phrasem-Montagen in der Kabarettpoesie Erich Kästners." *Deutsch als Fremdsprache - Konturen und Perspektiven eines Faches. Festschrift für Barbara Wotjak*. Hrsg. Antje Heine, Mathilde Hennig und Erwin Tschirner. München: Iudicium, 2005. 153-166.

McKenna, Martha Ann. „*Der Mensch lebt nicht von Brot allein*": *Sprichwörter und sprichwörtliche Redensarten in Bertolt Brechts "Dreigroschenoper" und verschiedene englische und französische Übersetzungsversuche*. Magisterthese University of Vermont, 2003.

Mieder, Wolfgang. „'Aus de windische Schprich de Wind rauslasse': Bemerkungen zu Kurt Sigels redensartlicher Dialektdichtung." *Der Sprachdienst*, 23 (1979), 145-149. Auch in W. Mieder. *Sprichwort, Redensart, Zitat: Tradierte Formelsprache in der Moderne*. Bern: Peter Lang, 1985. 45-51; und in Kurt Sigel. *Geifer-, Gift- und Suddelverse: Gedichte, Prosa und Spinnericks in Frankfurter Mundart*. Frankfurt am Main: Heinz Schutt, 1989. 68-73.

Mieder, Wolfgang (Hrsg.). *Deutsche Sprichwörter und Redensarten.* Stuttgart: Philipp Reclam, 1979. 79-96.

Mieder, Wolfgang. „Moderne deutsche Sprichwortgedichte." *Fabula,* 21 (1980), 247-260. Auch in W. Mieder. *Sprichwort, Redensart, Zitat: Tradierte Formelsprache in der Moderne.* Bern: Peter Lang, 1985. 73-90.

Mieder, Wolfgang (Hrsg.). „*Kommt Zeit - kommt Rat!?"* *Moderne Sprichwortgedichte von Erich Fried bis Ulla Hahn.* Frankfurt am Main: Rita G. Fischer, 1990.

Mieder, Wolfgang (Hrsg.). „*Deutsch reden": Moderne Redensartengedichte von Rose Ausländer bis Yaak Karsunke.* Frankfurt am Main: Rita G. Fischer, 1992.

Mieder, Wolfgang. „Deutsche Sprichwörter im amerikanischen Sprachunterricht." *Die Unterrichtspraxis,* 26 (1993), 13-21.

Mieder, Wolfgang (Hrsg.). „*Hasen im Pfeffer": Sprichwörtliche Kurzprosatexte von Marie Luise Kaschnitz bis Martin Walser.* Frankfurt am Main: Rita G. Fischer, 1995.

Mieder, Wolfgang. „*Morgenstunde hat Gold im Munde": Studien und Belege zum populärsten deutschsprachigen Sprichwort.* Wien: Edition Praesens, 1997. 105-121.

Mieder, Wolfgang. „*Der Mensch denkt: Gott lenkt - keine Red davon!" Sprichwörtliche Verfremdungen im Werk Bertolt Brechts.* Bern: Peter Lang, 1998.

Mieder, Wolfgang (Hrsg.). „*Geht einmal euren Phrasen nach": Sprachkritische Lyrik und Kurzprosa zur deutschen Vergangenheit.* Burlington, Vermont: The University of Vermont, 2001.

Mieder, Wolfgang. „'Komm wir wollen weiße Westen wenden': Sprach- und sozialkritische Redensartengedichte." *Neuphilologische Mitteilungen,* 103, (2002), 461-479. Auch in W. Mieder. „*Andere Zeiten, andere Lehren": Sprichwörter zwischen Tradition und Innovation.* Baltmannsweiler: Schneider Verlag Hohengehren, 2006. 227-246.

Mieder, Wolfgang, „*Die großen Fische fressen die kleinen": Ein Sprichwort über die menschliche Natur in Literatur, Medien und Karikaturen.* Wien: Edition Praesens, 2003. 89-107.

Mieder, Wolfgang (Hrsg.). „*Liebe macht blind": Sprichwörtliche Lyrik und Kurzprosa zum Thema der Liebe.* Burlington, Vermont: The University of Vermont, 2004.

Mieder, Wolfgang. „*Wein, Weib und Gesang": Zum angeblichen Luther-Spruch in Kunst, Musik, Literatur, Medien und Karikaturen.* Wien: Edition Praesens, 2004. 131-156.

Mieder, Wolfgang. „'Du sagtest es mir durch die Blumen': Zur sprichwörtlichen Zwiesprache in der modernen Liebeslyrik." *„Krieg und Frieden": Auseinandersetzung und Versöhnung in Diskursen.* Hrsg. Ulla Kleinberger Günther, Annelies Häcki Buhofer und Elisabeth Piirainen. Tübingen: A. Francke, 2005. 127-145.

Mieder, Wolfgang. „'In der Kürze liegt die Würze': Zur sprichwörtlichen Sprache moderner Mini-Lyrik." *Nauchnyi vestnik. Seriia: Sovremennye lingvisticheskie i metodiko-didakticheskie isslevdovaniia,* ohne Bandangabe, Nr. 5 (2006), 7-26.

Mieder, Wolfgang und George B. Bryan. *Proverbs in World Literature: A Bibliography.* New York: Peter Lang, 1996.

Möller-Sahling, Folke-Christine. „'Tierischer Ernst': Zu Erich Frieds sprichwörtlicher Lyrik." *Proverbium: Yearbook of International Proverb Scholarship*, 13 (1996), 267-280.

Nolte, Andreas. „Ein Leben, 'wie es im Buche steht': Sprichwörter und Redensarten im Werk der Dichterin Mascha Kaléko." *Sprichwörter bringen es an den Tag: Parömiologische Studien zu Lessing, Brecht, Zuckmayer, Kaschnitz, Kaléko und Eschker.* Hrsg. Wolfgang Mieder. Burlington, Vermont: The University of Vermont, 2000. 159-208.

Nolte, Andreas. „'Was geschehen soll, wird geschehen': Exilbewältigung durch Sprichwörter und Redensarten im Werk der Dichterin Mascha Kaléko." *Proverbium: Yearbook of International Proverb Scholarship*, 17 (2000), 283-297.

Nolte, Andreas. „*Mir ist zuweilen so als ob / Das Herz in mir zerbrach": Leben und Werk Mascha Kalékos im Spiegel ihrer sprichwörtlichen Dichtung.* Magisterthese University of Vermont, 2003. Auch als Buch mit gleichem Titel. Bern: Peter Lang, 2003.

Nolte, Andreas. „*Ich bin krank wie ein Hund, arbeite wie ein Pferd, und bin arm wie eine Kirchenmaus": Heinrich Heines sprichwörtliche Sprache. Mit einem vollständigen Register der sprichwörtlichen und redensartlichen Belege im Werk des Autors.* Hildesheim: Georg Olms, 2006.

Palm, Christine. „Christian Morgensterns groteske Phraseologie - ein Beitrag zur Rolle der Phraseologismen im literarischen Text." *Beiträge zur allgemeinen und germanistischen Phraseologieforschung.* Hrsg. Jarmo Korhonen. Oulu: Oulun Yliopisto, 1987. 221-235.

Reithinger, Vicky. „'Wenn wir uns wieder in den Haaren liegen': Sprichwörtliche Ambiguitäten in Ulla Hahns Lyrikband *Herz über Kopf.*" *Proverbium: Yearbook of International Proverb Scholarship*, 24 (2007), 319-334.

Sobieski, Janet (Hrsg.). „*A Friend in Need is a Friend Indeed": A Festschrift for Professor Wolfgang Mieder on the Occasion of his Sixtieth Birthday, February 17, 2004.* Burlington, Vermont: The University of Vermont, 2004.

Vdoviak, Stephan. „'Ein Wort gibt das andere': Sprichwörter und Redensarten in der Lyrik von Marie Luise Kaschnitz." *Sprichwörter bringen es an den Tag: Parömiologische Studien zu Lessing, Brecht, Zuckmayer, Kaschnitz, Kaléko und Eschker.* Hrsg. Wolfgang Mieder. Burlington, Vermont: The University of Vermont, 2000. 121-157.

Wurmitzer, Gabriele. „*Andre Länder, andre Sprachen": Die Exilerfahrung Jimmy Bergs im Spiegel seiner sprichwörtlichen Kabarett-Dichtung.* Magisterthese University of Vermont, 2004. 104 S.

Wurmitzer, Gabriele. „'Andre Länder, andre Sprachen': Jimmy Bergs sprichwörtliche Chansondichtung aus Wien und New York." *Proverbium: Yearbook of International Proverb Scholarship*, 22 (2005), 415-447.

Supplement Series of Proverbium: Yearbook of International Proverb Scholarship

Volume 1: *Swahili Proverbs*, by Jan Knappert, 1997. [out of print].

Volume 2: *"A House Divided": From Biblical Proverb to Lincoln and Beyond*, by Wolfgang Mieder, 1998. [out of print].*

Volume 3: *Proverbs in Russian Literature: From Catherine the Great to Alexander Solzhenitsyn*, Kevin J. McKenna, editor, 1998.

Volume 4: *Twisted Wisdom: Modern Anti-Proverbs*, by Wolfgang Mieder and Anna Tóthné Litovkina, 1999. [out of print].*

Volume 5: *"Wie ein Elefant im Porzellanladen": Zur Weltgeschichte einer Redensart*, by Olga V. Trokhimenko, 1999.

Volume 6: *Sprichwörter bringen es an den Tag: Parömiologische Studien zu Lessing, Brecht, Zuckmayer, Kaschnitz, Kaléko und Eschker*, Wolfgang Mieder, editor, 2000. [out of print].

Volume 7: *"Children and Proverbs Speak the Truth"*: *Teaching Proverbial Wisdom to Fourth Graders*, by Wolfgang Mieder and Deborah Holmes, 2000. [out of print].

Volume 8: *"Des Volkes Stimme ist auch eine Stimme"*: *Zur Sprichwörtlichkeit in Carl Zuckmayers Dramen "Der fröhliche Weinberg", "Der Hauptmann von Köpenick" und "Des Teufels General"*, by Ilka Pritchard, 2001. [ISBN 0-9710223-0-5].

Volume 9: *"Geht einmal euren Phrasen nach"*: *Sprachkritische Lyrik und Kurzprosa zur deutschen Vergangenheit*, Wolfgang Mieder, editor, 2001. [ISBN 0-9710223-1-3].

Volume 10: *"In der Kürze liegt die Würze"*: *Sprichwörtliches und Spruchhaftes als Basis für Aphoristisches*, Wolfgang Mieder, editor, 2002. [ISBN 0-9710223-3-X].

Volume 11: *A Collection of the Proverbs of All Nations, by Walter K. Kelly*, Wolfgang Mieder, editor, 2002. [ISBN 0-9710223-5-6].

Volume 12: *Wellerisms in Ireland*, by Fionnuala Carson Williams, 2002. [ISBN 0-9710223-2-1].

Volume 13: *Proverbs and Their Lessons, by Richard Chenevix Trench,* Wolfgang Mieder, editor, 2003. [ISBN 0-9710223-4-8].

Volume 14: *Sorbian Proverbs. Serbske prislowa,* Susanne Hose, editor, in collaboration with Wolfgang Mieder, 2004. [ISBN 0-9710223-6-4].

Volume 15: *"Liebe macht blind." Sprichwörtliche Lyrik und Kurzprosa zum Thema der Liebe,* Wolfgang Mieder, editor, 2004. [ISBN 0-9710223-7-2].

Volume 16: *"The Netherlandish Proverbs": An International Proverb Symposium on the Pieter Brueg(h)els,* Wolfgang Mieder, editor, 2004. [ISBN 0-9710223-8-0]. (Cost of volume 16 is $15; all other volumes are $10.)

Volume 17: *Refranes, otras paremias y fraseologismos en "Don Quijote de la Mancha",* by Jesús Cantera Ortiz de Urbina, Julia Sevilla Muñoz and Manuel Sevilla Muñoz, 2005. [ISBN 0-9710223-9-9].

Volume 18: *"So Many Heads, So Many Wits": An Anthology of English Proverb Poetry,* Janet Sobieski and Wolfgang Mieder, editors, 2005. [ISBN 0-9770731-0-6].

Volume 19: *"Best of All Possible Friends": Three Decades of Correspondence Between the Folklorists Alan Dundes and Wolfgang Mieder,"* Wolfgang Mieder, editor, 2006. [ISBN 0-9770731-1-4].

Volume 20: *Gebärde-Metapher-Parodie. Studien zur Sprache und Volksdichtung,* by Lutz Röhrich, Wolfgang Mieder, editor, 2006. [ISBN 0-9770731-2-2].

Volume 21: *"Tilting at Windmills." History and Meaning of a Proverbial Allusion to Don Cervantes 'Don Quixote.'* Wolfgang Mieder, 2006. [ISBN 0-9770731-3-0].

Volume 22: *"Gold Nuggets or Fool's Gold?" Magazine and Newspaper Articles on the (Ir)relevance of Proverbs and Proverbial Phrases.* Wolfgang Mieder and Janet Sobieski, editors, 2006. [ISBN 0-9770731-4-9].

Volume 23: *Proverb Lore. F. Edward Hulme,* Wolfgang Mieder, editor, 2007. [ISBN 0-9770731-5-7].

Volume 24: *"Freundschaft ist des Lebens Salz." Dreieinhalb Jahrzehnte Korrespondenz zwischen den Folkloristen Lutz Röhrich und Wolfgang Mieder,* Wolfgang Mieder, editor, 2007. [ISBN 0-9770731-6-5].

Volumes 1, 2, 4, 6 and 7 are out of print; all other volumes are available through *Proverbium* at the Department of German and Russian, University of Vermont, at the price of $10 for shipments within the United States, and $15 for international orders. [Exception: Vol. 16 is $15 within US, and $20 internationally.]

* Volumes 2 and 4 have been reprinted by DeProverbio.com, and are available for purchase through the internet bookstore Amazon.com.